早稲田大学現代政治経済研究所研究叢書44

EUの連帯とリスクガバナンス

福田 耕治【編著】

成文堂

はしがき

　EU／欧州諸国は、金融・財政危機、難民・移民危機、テロリズムなど多様かつ深刻なリスクに直面している。第2次世界大戦後、自由、人権、寛容、デモクラシーなどの高邁な理念のもとに進められてきたEU統合が、いま、なぜ頓挫しつつあるのか。欧州社会は引き裂かれ、人々は分断され、デモクラシーは危機的な状況を呈しているのは、なぜであろうか。EUの最大の特徴である「国境を越えるヒト、モノ、資本、サービスの域内自由移動」が、経済格差の拡大や貧困、労働市場の分断と社会的排除の深刻化など、政治・経済や安全・秩序にかかわる複合的なリスクを生み出した背景には何があるのか。EU脱退論も噴出し、欧州社会が壊れようとしている現在、加盟国間の連帯や人々の社会的結束が再び問われつつある。本書は、このようにEU崩壊の危機が懸念されるなかで、欧州地域の喫緊の課題に答えようとする早稲田大学の地域・地域間研究機構EU研究所、現代政治経済研究所のEU統合研究部会プロジェクト、科研費 基盤研究A、基盤研究Cによる共同研究の成果の一部である。

　グローバル化への対応としての新自由主義的なEU統合の推進は、欧州社会に格差拡大と貧困、社会的に排除される多数の若者を生み、テロリズムの温床ともなった。2014年の欧州議会選挙を経て社会民主主義政党の衰退が顕著となり、特に債務危機諸国では雇用や所得が不安定化し、社会保障のリスクも急速に高まってきている。政治・経済・財政問題、エネルギー問題も複雑化し、2015年以降、シリア、リビアをはじめとする北アフリカや中東からの大量の難民・移民の流入に伴って、EU懐疑派やEU脱退（イギリス・ギリシャ）を声高に叫ぶ勢力も増加する傾向にある。2015年後半以降、反難民・反移民といった世論も高まりを見せ、極右・極左のポピュリズム政党の伸長も顕著になってきている。

　さらに2015年11月のパリ、2016年3月のブリュッセルでの大規模なテロ事件は、欧州社会の安全とデモクラシーの危機といったリスクガバナンスの課

題に直結するだけではなく、6月23日に実施されるイギリスのEU脱退の是非を問う国民投票の結果にも大きな影響を及ぼしかねない。これらは、EUが欧州の連帯を確保する中核となり、リスクガバナンスの主体であり続けられるのか、という根源的な問題を提起している。他方では、こうした多様かつ複合的なリスクに対処するために、本書で取り上げたEUの連帯強化のための諸政策、財政・金融政策、人権政策、医療保障政策、難民・移民政策、環境エネルギー政策、安全保障・対テロ政策など、リスク管理者としてのEUによる国境を越えるガバナンスの重要性を再認識させ、EUの連帯政策による危機管理への貢献や野心的な取り組みへの人びとの期待も高まってきている。このようなEU/欧州統合をめぐる政治・経済・社会の喫緊の課題を取り上げ、政治学、経済学、法学、社会学、医学など各分野の専門的かつ学際的視点から欧州の現状と課題を総合的に考察し、日本への示唆が得られたら幸いである。

　なお、本書の上梓にあたり、早稲田大学EU研究所研究員の皆様、学外からもご寄稿いただいた日本EU学会理事の皆様、多数の寄稿者からの脱稿を忍耐強く待っていただいた出版社成文堂編集部の篠﨑雄彦氏、小林等氏に御礼を申し上げ、また早稲田大学現代政治経済研究所からの出版助成に対して、心から感謝の意を表したい。

　2016年3月

早稲田大学地域・地域間研究機構EU研究所所長
現代政治経済研究所EU研究部会代表
日本EU学会理事長

福 田 耕 治

目次

はしがき

第1章　EU/欧州諸国の連帯とリスクガバナンス
　　　　——理念・歴史・理論的枠組み——……………　福田耕治…1

　はじめに ……………………………………………………………… 1
　第1節　欧州諸国/EUにおける連帯と社会リスク ………………… 2
　第2節　新自由主義のグローバル化と社会経済制度の変容を
　　　　　捉える理論的枠組み ……………………………………… 8
　第3節　福祉レジームにおける連帯と欧州サードセクター …… 12
　おわりに …………………………………………………………… 16

第2章　EU/欧州福祉レジームにおける連帯と社会的包摂
　　　　——「時間銀行」の社会実験を事例として——
　　　　　　　　　　　　　　　　　　　　……………　福田耕治…23

　はじめに …………………………………………………………… 23
　第1節　EUにおける連帯の導入と社会リスクガバナンス ……… 24
　第2節　社会サービスの供給と連帯政策
　　　　　——リスク対応におけるサードセクターの役割—— ……… 28
　第3節　連帯による社会的包摂と雇用創出のための時間銀行
　　　　　システム ………………………………………………… 35
　おわりに …………………………………………………………… 41

第3章　ユーロ危機とヨーロッパ経済の動向 …　阿部　望…47

　はじめに …………………………………………………………… 47
　第1節　ユーロ危機の実態 ………………………………………… 48
　第2節　ユーロ危機の発生とその特徴 …………………………… 51

第3節　ユーロ危機の長期的・構造的要因 …………………… *56*
　第4節　今後のヨーロッパ経済の動向 ……………………… *61*
　結　語 ……………………………………………………………… *72*

第4章　政策レジームと社会的連合
　　　──均衡と危機の間のヨーロッパ・日本・アメリカ──
　　　　　　　　　　………………………………………… 眞柄秀子…*75*

　はじめに ……………………………………………………………… *75*
　第1節　旧レジームの限界──1980-90年代の回顧的概観── …… *76*
　第2節　新しい政策レジームを求めて ……………………… *85*
　第3節　暫定的結論 ………………………………………… *97*

第5章　EU脱退の法的諸問題──Brexit を素材として──
　　　　　　　………………………………………………… 中村民雄…*103*

　はじめに ……………………………………………………… *103*
　第1節　リスボン条約以前の EU 脱退権論議 ……………… *104*
　第2節　リスボン条約での EU 脱退権 ……………………… *107*
　むすび ………………………………………………………… *115*

第6章　パリ・ブリュッセルテロ事件に見る西欧先進社会の
　　　　危機と EU 共通テロ政策 ……………… 渡邊啓貴…*123*

　はじめに──欧州統合：(or 欧欧統合という)「国境を越えたリストラ」
　　の光と影── ……………………………………………… *123*
　第1節　フランスとベルギーの事件にみるテロの変容 ……… *124*
　第2節　社会統合とテロ──新しいタイプのテロリスト── …… *127*
　第3節　EU 共通政策とその限界 …………………………… *133*
　第4節　西欧型先進民主主義の理想と現実のジレンマ ……… *141*
　おわりに──新たな「西欧の没落」なのか── ……………… *143*

第7章　シェンゲンのリスクと EU の連帯 …… 土谷岳史…*147*

はじめに ………………………………………………………… *147*
第1節　シェンゲン空間と EU の移民・庇護政策 ……… *149*
第2節　シェンゲンのリスクと連帯 ……………………… *151*
第3節　EU における連帯と域内国境管理 ……………… *154*
第4節　国境管理の再導入手続きの改正案 ……………… *157*
第5節　理事会での議論と国境管理の法改正 …………… *160*
おわりに ………………………………………………………… *165*

第8章　EU の医療保障と連帯
　　　　　──国境を越える患者の権利を事例として──
　　　　　……………………………………… 福田八寿絵…*177*

はじめに ………………………………………………………… *177*
第1節　欧州における患者の移動の法的枠組み形成 ……… *178*
第2節　国境を越える患者の移動の権利と EU 司法裁判所判決　*180*
第3節　国境を越える地域間連帯
　　　　──医療サービスの地域間連携・協力── ……… *183*
第4節　EU における一時移動の健康リスク管理
　　　　──欧州健康保険カードの導入── ……………… *184*
第5節　EU における患者の移動の法的枠組みの調整と整備 … *185*
第6節　国境を越える患者の権利に関する EU レベルの
　　　　制度的枠組み …………………………………………… *187*
第7節　EU における患者の越境移動の権利に関するリスク管理
　　　　………………………………………………………… *189*
第8節　加盟国に対する患者の移動の法制度の適用の影響
　　　　──加盟国国内の社会連帯への影響── ………… *191*
おわりに
　　　　──国境を越える患者の移動と社会連帯、地域の連帯、

国家の連帯、国際的な連帯── ………………………………………… *197*

第9章　競争政策におけるEUの連帯 …………… 吉沢　晃…*203*

はじめに …………………………………………………………… *203*
第1節　EU競争政策の目的と範囲 ……………………………… *204*
第2節　経済的ナショナリズムに基づく外資排除のリスク …… *207*
第3節　経済危機下における国家援助競争のリスク ………… *210*
第4節　国際競争力の観点からのEU競争政策批判 …………… *214*
おわりに …………………………………………………………… *217*

第10章　EUエネルギー政策とウクライナ・ロシア問題
　　　　………………………………………………… 蓮見　雄…*223*

はじめに …………………………………………………………… *223*
第1節　EU各国のエネルギー事情とロシア …………………… *224*
第2節　ガス紛争を契機とするEUエネルギー政策の発展 …… *230*
第3節　ガス紛争からEUが得た教訓──相互接続の欠如── … *236*
第4節　相互接続強化による汎欧州エネルギー・ネットワークの
　　　　構築 ………………………………………………………… *240*
おわりに …………………………………………………………… *241*

第11章　EU加盟諸国の合意形成に向けた協調行動
　　　　……………………………………………………… 武田　健…*249*

はじめに …………………………………………………………… *249*
第1節　協調行動の具体的内容 …………………………………… *250*
第2節　協調行動をとるための諸条件 …………………………… *251*
第3節　基本権憲章の交渉におけるスウェーデンの協調行動 … *255*
第4節　EUへの法人格付与に対するフランス政府の行動 …… *260*
おわりに …………………………………………………………… *268*

　あとがき ………………………………………………………… *275*

第1章

EU/欧州諸国の連帯と
リスクガバナンス
——理念・歴史・理論的枠組み——

福 田 耕 治

はじめに

　グローバル化と新自由主義 (neo-liberalism) の経済思潮を背景に、アメリカ流の市場原理主義や株主至上主義の考え方が世界を席巻した。これへの対応として進められた欧州の新自由主義的諸改革は、「欧州社会モデル」(European Social Model) や社会民主主義的な基盤を侵食していった。緊縮財政を強いられたギリシャをはじめとする PIIGS 諸国では社会保障の根幹が根本から揺らぎ、現在もその影響が依然として続いている。グローバル化の負の影響が各国に及んだ結果、経済成長が減速・後退し、欧州諸国では少子高齢社会の進行と相俟って、従来のような社会保障や公共サービスを供給し続けることが財政的にも困難になってきた。グローバル化と人口構造の変化は、雇用・労働環境や社会保障などの分野で社会的リスクを高め、ユーロ危機以後、EU 諸国でも所得格差が拡大し、貧困や社会的排除の世代を超える連鎖など、多様な社会問題が顕在化してきている。

　EU 統合の新自由主義化に伴い、「政府の失敗」を市場が是正し、「市場の失敗」を政府の介入により調整・修復するという従来の二元論では対処できない状況に至っている。そこで政府も市場も失敗するリスクに備えた新たな問題解決の仕組み、リスクガバナンスの在り方が模索されているのである。ウルリッヒ・ベック (Ulrich Beck) は、1986年に「リスク社会の到来」を指摘したが、現在では欧州社会全体が制御困難なグローバルな金融リスクや難民流入リスクに晒され、「社会的、政治的なリスク、すなわち中流階級、貧困層、政治エリートたちそれぞれにとってのリスクの洪水に巻き込まれ

る⁽¹⁾」状況に陥っている。

　金融資本主義のグローバル化は、「機会」の増大と同時に、欧州諸国では緊縮財政と相俟って格差拡大、労働市場の不安定化、暴動やテロの脅威の拡散など、社会的・政治的リスクの増大と国境を越えるリスクの拡大、リスクの「欧州化」（Europeanization）を引き起こした。人々に襲い掛かる多様で複合的なリスクとその心理的ストレスは、2014年5月の欧州議会選挙後、EU懐疑主義者・反EU統合派と偏狭なナショナリストの増大という形で顕在化し、テロリズムの頻発や人種差別主義の台頭など欧州民主主義社会の根幹を揺るがすような政治的リスクを高めつつある。EUでは国境を越えるこうしたリスクにどのように対応し、いかなるガバナンスが要請されているのであろうか。

　本章では、まず欧州社会でなぜ、連帯の概念が形成されるに至ったのか、その歴史的経緯を概観する。次に、新自由主義的なEU統合と諸政策が引き起こすレジーム変化と社会的リスクをめぐる理論的諸問題を、政府、市場、家族や地域社会の機能をも射程に入れつつ検討する。最後に、貧困と社会的排除などへのリスク・ヘッジと雇用創出にもかかわる福祉レジームにおける社会連帯の在り方をめぐる理念と理論的枠組みに批判的検討を加え、課題を明らかにしたい。

第1節　欧州諸国/EUにおける連帯と社会リスク

1　欧州諸国/EUにおける社会リスクの増大と連帯の要請

　現代社会におけるリスクは、誰がどのようにして引き受けるべきなのか。EU/欧州諸国において実施されてきた新自由主義的な構造改革、雇用・労働市場や社会保障分野での改革は、欧州社会にどのようなレジーム変化を引き起こし、いかなる人々のリスクを高めて、彼らにどのような負担を強いることになったのであろうか。欧州の歴史を見れば、人生において生じる諸問題に対して、そのリスクを回避もしくは軽減するという共通の目的から、社会的な「連帯」によってリスクを分散し、「共通利益」を確保する努力が重ねられてきたことが分かる。社会におけるリスクに備える「連帯」の理念が

生成され、EUレベルでも導入され、EU基本条約において法制度化されるまでの経緯をまず確認しておこう。

　フランス語の「連帯」(solidaire) という言葉は、ラテン語の"in solido"（皆のために）から派生したといわれ、法律分野では1804年ナポレオン法典において、「人々が共通の義務に応える行為」を指すとされる[(2)]。欧州社会における「連帯の原則」(principle of solidarity) は、「補完性原則」(principle of subsidiarity) と同様、ローマ・カソリックの社会回勅を起源とするといわれている[(3)]。欧州で連帯の概念が生成された背景には、18世紀後半から19世紀にかけての産業革命と工業化に伴って都市部における社会問題の発生があった。すなわち、貧富の格差の顕在化、治安の悪化と社会不安、悲惨な労働状況や不安定な雇用、劣悪な住宅事情、蔓延する感染症、自然災害や事故、医療や教育にアクセスできない人々の増加、貧困など社会リスクの増大が生じていた。資本家・雇主と労働者との間の非対称な力関係、犯罪の蔓延やテロがおこり、世代を超えて貧困が連鎖する負のサイクルを生み出す社会構造が存在していた。そのような時代背景の下でフランスにおいて連帯の思想や概念が生み出され、近代経済学の創始者の一人であるL．ワルラス（Léon Walras）の『社会的経済の研究―社会的富の分配』など、1820年代から1860年代にかけてフランスでは「社会的経済」(léconomie sociale) の考え方が発展したとされる[(4)]。

　社会におけるリスクに備える連帯の必要性は、エミール・デュルケム（Èmile David Durkheim）、プルードン（Pierre-Joseph Proudhon）らの社会思想家によって議論され、「リスク社会」をはじめて捉えたレイモン・サレイユ（Raymond Saleilles）により法学分野にも取り入れられた[(5)]。

　また自由放任主義と社会主義が対立していた当時において、国際連盟初代理事会議長でノーベル平和賞受賞者、法学者でもあったレオン・ブルジョワ（Léon Victor Auguste Bourgeois）が自著『連帯』(solidarité, 1896年) において、社会における「義務としての連帯」の考え方を提示し、後のフランスにおける「社会保険法」(1930年) の成立に寄与した[(6)]。このように19世紀末から20世紀初頭にかけての労働者の多大な犠牲や苦難、社会運動を経て、「連帯」が理念から制度へと発展していった。欧州各国で職能団体、労働組合内にお

いて老齢、疾病、労働災害等の生涯リスクに備える相互扶助制度としての保険制度が作られ、共済組合、協同組合、協会（アソシエーション）などの非営利組織の形成による連帯の制度化に繋がった。さらに社会的にリスク管理が行われるようになり、後に国家政府による公的制度としての社会保障（社会保護）制度が構築され、実施されていったのである。

　第１世界大戦の教訓から1919年ヴェルサイユ講和条約に基づいて、1920年国際連盟（League of Nations）が創設された。また普遍的な平和の実現には社会的公正が不可欠であるという考え方に基づき、同時に国際労働機関（International Labour Organization：ILO）も設置された。この国際行政機関が各加盟国内の連帯と社会労働行政を支援することになった。連帯の思想は、欧州統合運動の起源ともなった『パン・ヨーロッパ[7]』（Pan-europa, 1923）の著者リヒャルト・クーデンホーフ・カレルギー（Richard Nikolaus Eijiro Coudenhove-Kalergi）の「友愛」（fraternitè）概念とも関連する概念である。しかし、「友愛」が同じ社会階級内にとどまるのに対し、「連帯」はむしろもっと広い「全人類の連帯」を含む包括的概念であったとされる[8]。

　連帯は、自由や平等という近代的個人を単位とする価値理念とは異なる。新自由主義に対抗するために生まれた1990年代以降のカナダ、中南米の「連帯経済」（solidarity economy）の考え方もこの連帯の系譜に属し、社会における信頼や共通利益の規範に基づく協調行動、互酬性に基づく社会関係資本（ソーシャル・キャピタル）[9]、社会的企業およびネットワーク・ガバナンス[10]の考え方とも親和性のある概念であるといえる。このような連帯の概念は、重田園江によれば、富裕者が貧困者に対して無償で支援を行う「施し」、慈善行為がモラルに基づいているのとは異なり、労働条件、労働の成果の再配分を行い、生活困窮者、高齢者や障がい者などへの生活支援を、個人の法的権利保障として位置づけ、政府が富裕層、資本家や企業に対して法的義務を課す概念であるとされる[11]。

2　EUにおける連帯の原則

　EU条約、EU運営条約に定める「連帯の原則」を、実際に適用する段階では、多くの問題を惹起する。ユーロ危機への対応の際、欧州理事会、欧州

委員会等のEU諸機関の意向とドイツなど、加盟国間連帯の観点から支援を提供する側にある債権国の立場と、支援を受ける債務国側との間、およびEU諸機関との間に齟齬が見られた。連帯の原則やその精神の重要性は認識するが、現実の支援の実施には財政的影響や政治的困難が伴う場合も少なくない。リスボン条約に規定する「連帯条項」の適用を通じて、EUは今後も欧州地域のリスク管理者であり続けられるのか、「福祉国家の危機」や「民主主義の危機」を乗り越えられるのであろうか。これが本書を貫く問題意識である。

EUにおける連帯の原則は、マクドネル（Alison. McDonnell）によれば、共通利益、互酬性、責任の共有を基礎とした、①財政的・経済的連帯と、②政治的連帯に分けられるとする[12]。財政的・経済的連帯の典型例は、ユーロ危機に際しての債務危機国への財政支援に見られ、政治的連帯の例は、同時に財政的・経済的連帯をも含む場合が多いが、国際テロ・国際犯罪へのリスク対策、難民・移民受け入れや域外国境管理に要するコストを、加盟国間で負担分担する場合などが挙げられる。また欧州大学院大学（College of Europe）のモナー（Jörg Monar）学長は、2014年10月の早稲田大学における講演で、EU条約では「連帯」について明確な定義がなされていないため問題が複雑化しているとし、連帯には、①「政治的連帯（political solidarity）」、②「財政的連帯（financial solidarity）」、③「運用上の連帯（operational solidarity）」の3つが存在するとした。特に難民・移民の受け入れをめぐる議論において、「財政的連帯」と「運用上の連帯」が連帯問題にとっての試金石になると指摘する[13]。「運用上の連帯」では、司法・内務問題における加盟国間協力を進めるうえで、難民受け入れの際に各国の負担分担をめぐって大きな問題になっている。2015年以降、内戦状態にあるシリアなどの北アフリカや中東地域から欧州諸国に難民・移民が毎日数千人単位で殺到し、EUと加盟諸国にとって大きな政治的・財政的リスクとなっている。2015年度、過去最多の80～100万の難民申請がなされたドイツでは、その対策費が80～100億ユーロ（1兆～1兆3000億円）にのぼるとされ、極右勢力の難民・移民排斥デモも各地で広がりを見せており、受入れ国の国民における世論も賛否両論に分かれ、連帯の実施をめぐる困難さを物語っている[14]。

EU条約、EU運営条約における連帯に関する諸条項、諸判例と学説、議論を考慮すれば、連帯の範囲や対象の捉え方、連帯と関係するアクターは、きわめて多様であることが分かる。EUと加盟国間での連帯、EU諸機関相互間とEU加盟国統治機構・地域・地方政府間における「政治的・行政的・法的な制度の機能的連帯」、加盟国内レベルにおける政府、民間企業、労働組合・NGO等との間の「社会的連帯」、人類もしくは欧州市民レベルの「人間の連帯」、そしてEU/欧州諸国と諸外国を結ぶ「国際的連帯」にまで広い範囲に及んでいる。つまり連帯の在り方や機能に着目すれば、①政治的連帯、②経済・財政的連帯、③社会的連帯、④制度運用における機能的連帯、⑤国際的連帯などに整理することが可能であろう。

3　リスクガバナンスの概念

このように含意のある連帯が、社会におけるリスクのガバナンスに貢献するとすれば、まず「リスクガバナンス」とは何かを定義しておく必要がある。「リスク」(risk) という用語は、人間の行為（あるいは不作為）によって生じる危害の発生する確率と危害の程度の両方を意味する。次に「ガバナンス」(governance) とは何か。ガバナンスの語源は、政府（Government）と同じ、船の「舵取り」を意味するラテン語 "guberuno"、ギリシア語の "Icubernan" から派生しており、統治、自治、管理、統制、調整など多様な目的や機能を内包する概念である。『ルモンド・ディプロマティーク』によれば、13世紀にフランス語 gouvernment と同義語として用いられ、14世紀 (1338年) に英語の語彙になったとされる。このガバナンス概念は、1986年ラギー (John Gerard Ruggie) らが政治学に導入した。またイギリスのローズ (R.A.W.Rhodes) も、1980年代後半にガバナンスを「相互依存、資源交換、ゲームのルール、国家からの自律性に特徴づけられる自己組織的な組織間ネットワーク」と定義づけ、行政学、公共政策論の分野にガバナンス概念を導入した[15]。こうして主権国家内におけるガバナンス論は、ファーストセクターとしての政府部門、セカンドセクターの民間企業部門、そしてサードセクターのNGO/NPO等の市民社会部門、これら3つのセクターを包摂して、「パブリック・ガバナンス」や「ローカル・ガバナンス」に焦点を当

て、官民連携ネットワークの「蛇取り」と「公益」確保のあり方を議論する際に頻繁に用いられる用語となった。

さらにガバナンスの概念は、「国際公益」の分野へも発展した。国連改革を検討した国連グローバルガバナンス委員会の1995年 *Our Global Neighborhood* と題する報告書以降、「グローバル・ガバナンス[16]」の概念が国際社会の秩序や意図を考察する際のキー概念のひとつになった。国際関係論では、ガバナンスを「家族から国際組織まで、あらゆる次元の人間行動におけるルールのシステムを包摂し、脱国家的な影響を伴うコントロールの支配による目的の追求[17]」(James Rosenau) であると捉える。このようにガバメント論からガバナンス論へと議論が移った背景には、狭義の政府（行政府）、あるいは統治機構（議会、官僚制、裁判所など）のみが、公共や公益を担う時代は過去のものとなったという認識がある。近年、「多中心的なガバナンス」(polycentric governance) にも関心が集まりつつあるが、国際機構、国、自治体などの「公的」政府アクターのみならず、民間企業やNGO/NPO、市民社会など、国内レベルでも国際レベルでも、「私的」な「非政府アクター」も同様に統治過程に参画している現実がある。ガバナンス論では、統治機構における「公式」の決定過程のみならず、機構・制度には至らないレベルの「私的」な多様なアクターの緩やかな非公式の慣行などの枠組みも含めて「新しい制度」として捉え、公益と公共政策との関連で従来認識し難かったものを照らし出そうとするところに新しい視角がある。リスクガバナンス論は、国内外における公益や安全、福祉レジームを考える上で役立つだけでなく、国境を越えるEUのような公共空間、「欧州公共圏[18]」(European Public Sphere) における規範、機関、企業および市民社会のネットワーク・ガバナンスの在り方、国際社会で要請される秩序やハイブリッドな組織の公共性を考えるうえでも有効性を持っている。これらを踏まえ、リスクガバナンスとは、社会における危害の発生する確率を低くし、また不幸にして発生した場合には危害の及ぶ範囲や程度を抑える目的から、リスクに備える官民連携ネットワークの「蛇取り」の制度設計、およびその実施に関わる「公益」確保のあり方である、と定義できよう。

それでは1980年代以降のEU/欧州諸国における新自由主義的改革を背景

とした経済社会変容のプロセスを、社会連帯によるリスクガバナンスの在り方に関する理論的枠組みや現実と比較しつつ、以下で考察してみたい。

第2節　新自由主義のグローバル化と社会経済制度の変容を捉える理論的枠組み

1　社会経済制度の理論的枠組み

　経済は、モノやサービスに対価として支払う貨幣のやり取りとかかわる活動である「実物経済」(object economy)と、モノやサービスを介在させず、「貨幣」自体を商品として取引する活動である「マネー経済」(monetary economy、銀行預金・株・生命保険等)に大別できる。金融のグローバル化に伴い、マネー経済は2000年代以降その規模が飛躍的に拡大した。それに伴い、社会的リスクも増大していった。

　2008年9月のリーマンショックを契機にしてバブル経済の形成と崩壊、金融危機が繰り返して起こり、世界に伝搬していくことが常態化した。金融資本主義、市場万能主義、株主至上主義を是とする新自由主義的改革では、社会における格差を拡げ、安定を損なう原因となりうることが、欧州における市場規制の緩和、経済への国家介入の縮小、労働市場改革などの制度変化に繋がり、社会的リスクの高まりを招いた。サプライサイド経済学や新自由主義的政策において、富は富裕層から貧困層へと滴り落ち、次第に浸透していくとしばしば喧伝されるが、トリクルダウン(trickle down)と呼ばれるこの仮説には何ら実証的根拠がない。EU諸国においてもユーロ危機以後、所得格差が拡大し、貧困や社会的排除の世代間連鎖など、多様な社会問題が顕在化してきた。新自由主義者が主張するような「トリクルダウン」効果は、グローバル経済下で国内への投資が増えないデフレ期においては現実に生じにくく、成長の恩恵が必ずしも社会の末端にまではいきわたらない。このことは2014年12月のOECDの研究報告で統計学的に実証され、新自由主義の問題点が指摘された[19]。むしろ新自由主義的改革の結果、持続可能な経済成長が困難となり、国家間でも一国内でも貧富の格差が広がり、貧困を再生産する場合さえ少なくないことが認識されるようになってきた。

J. スティグリッツ（Joseph Eugene Stiglitz）は、このような新自由主義は、経済学的な実証性のない理論仮説であり、むしろ政治的スローガンであり、所得格差を拡大し、富を富裕層に集中させるために作られた理屈に過ぎない[20]、と厳しく批判した。ドナルド・ドーア（Ronald Philip Dore）は、このような新自由主義による影響は、ドイツよりも日本の方が大きかったとし、制度変化にかかわる政治経済的プロジェクトに関する詳細な検討と深い理解の必要性を訴えた[21]。バブル崩壊や経済・金融危機、ユーロ危機の結果、日本と同様に、EU 諸国でも金融秩序の崩壊を防ぐ観点から、各国政府は銀行を救済する介入を繰り返した。同時に構造改革を行い、企業の競争力の強化の観点から「労働の柔軟化」を進めた。その結果、企業単位の正規労働者を中心とする雇用で成り立ってきた既存の社会保障制度は、若年労働者を中心に非正規労働者の占める割合が半分近くまで拡大するにつれて弱体化していった。

　欧州の資本主義国では、特に若年層の雇用不安が高まり、これが経済成長の基盤を揺るがし、社会保障の財政的基盤を損ない、社会の安定性を失わせるという問題を惹起した。P. A. ホール（Peter A. Hall）と D. ソスキス（David Soskice））らは、『資本主義の多様性[22]』において、資本主義には国ごとに多様性があり、国により統治構造、商慣行、企業組織、労使関係、規制環境が異なっている現実を政治経済学的に類型化した。そこで、いかなる統治構造の下で、どのような生産様式が、雇用や社会保障・福祉にいかなる影響を与えるのか、資本主義の形態と雇用、社会保障・福祉レジームの在り方を関連づけて国際比較を行うことが要請されるが、そのためには共通の理論的枠組みや分類が必要となる。まずこの分野の先行研究を確認しておこう。

　一般に経済活動は、①企業、②政府、③家族（家計）という3つの経済主体により担われている。企業は、人（労働力）・資本・土地を用い、商品やサービスを生産・販売し、その利潤のなかから、従業員に賃金、資本に利子、地代を支払い、設備投資や内部留保に充てる。家計では、家族の労働力を企業等に提供し、対価として賃金を得て、生活のためのモノやサービスを購入し、租税・社会保険料を負担し、余剰金を貯蓄する。国（地方政府）は、企業等や家計から徴収する税金を使い、社会保障・医療・福祉・教育・

国防・警察・消防・行政サービス等を提供し、道路・港湾等の産業インフラの整備を行う。

これら3つの経済主体間の関係を前提に、ソスキスらは、世界の多様な資本主義を分類する際に「生産レジーム」に着目し、このレジームを支える労使関係、職業訓練制度、企業間関係、企業統治の相互補完関係を明らかにしようとした。ソスキスらは、生産レジームついて労使関係に焦点を当て多様な資本主義経済を、図1のように、アングロサクソン諸国のような「自由市場経済」（Liberal Market Economy）と、大陸欧州諸国、北欧諸国、日本などの「調整された市場経済」（Coordinated Market Economy）に2分類した[23]。

欧州民主主義国家における「資本主義の多様性」研究で著名な「レギュラシオン（調整）」（Regulation）学派は、EU統合の単一市場による特定の方式による調整が、ネオリベラルなポスト・フォーディズムの方向へとEU諸国を導いたと論じる。レギュラシオン学派第1世代の代表ともいえるロベール・ボワイエ（Robert Boyer）は、保守主義的福祉国家を、さらに「国家資本主義」（大陸欧州諸国）と「メゾ・コーポラティズム資本主義」（日本）に分け、4類型とした[24]。さらにその弟子にあたるレギュラシオン学派第2世代のブルーノ・アマーブル（Bruno Amable）は、5つの基本となる制度として、①製品市場、②賃金労働関係、③金融仲介部門、④社会保障（社会防衛）、⑤教育・技能形成[25]を挙げる。この制度的枠組みに基づいて、R.ボワイエのいう「国家資本主義」を、さらに①大陸欧州型と、②地中海型に分け、③アジア型、④社会民主主義型、⑤自由主義型、の5つのモデルに分類した[26]（図1参照）。レギュラシオン学派の研究者達は、このように異なるタイプの資本主義の下で、賃労働関係と社会保障の分野で各国において異なる社会的、政治的妥協と調整が行われると指摘している。またファン・アペルドールン（von Apeldoorn）は、グラムシの「力の関係」（relation of force）分析とフォーディズム研究から着想を得て、ある蓄積体制や調整方式が別のものにとって代わる際の「権力蓄積過程」（power-laden process）を説明し、レギュラシオン理論を補完した[27]。さらにエビングハウス（Ebbinghaus）らは、生産レジームと社会保障レジームを結合し、連携関係で捉えようとして、図1のように、5類型（アングロサクソン諸国、西欧・中欧諸国、北欧諸国、アジア諸国、南欧

図1 資本主義国の類型化

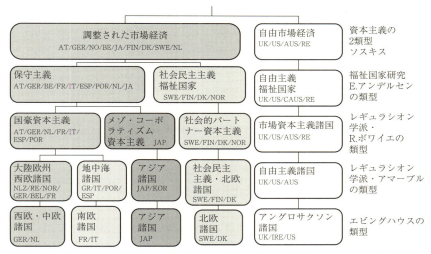

（出典）Schröder, Martin (2013), *Integrating Varieties of Capitalism and Welfare State Research: A Unified Typology of Capitalisms*, palgrave macmillan, p.59. から筆者が一部修正し、作成。

諸国）に分類した[28]。

　このような経済主体関係のなかで社会保障・福祉を生産・供給するのは、国家のみではない。「国家、市場、家族の間に配分される総合的なあり方」として「福祉レジーム」を捉えたのは、エスピン・アンデルセン（Gøsta Esping-Andersen）である。彼は、『福祉資本主義の3つの世界[29]』（1990）において、福祉国家研究の視点から「脱商品化」（de-commodification）の概念に着目し、①脱商品化指標、②階層化指標、③福祉サービス供給における国家と市場と家族の役割を指標とした[30]。また生産システムとは切り離して、E. アンデルセンは、ソスキスらの「調整された市場経済」をさらに保守主義と社会民主主義の2つに分け、図1のような3分類とした。

　つまりスウェーデン、デンマーク、フィンランドなどの北欧諸国を「社会民主主義的福祉国家レジーム」、ドイツ、オーストリア、フランスなどの大陸欧州諸国を「保守主義的福祉国家レジーム」、イギリス、アイルランドなどアングロサクソン諸国を「自由主義的福祉国家レジーム」と3分類し、各

国の雇用政策の在り方を前提にして福祉国家を類型化した[31]。

社会民主主義レジームは、「脱商品化」された普遍主義的な社会保障・福祉関連制度の下で、公的社会支援支出の規模が大きく、人生で出会う失業や貧困、疾病などのリスクに公的保険制度で対応し、給付レベルは就労時の所得に比例するシステムであり、公的に育児・介護サービス供給も行う女性の就労を促し、男女共同参画型社会を前提としている[32]。

保守主義レジームでは、伝統的な家族の役割を維持する制度であり、職域ごとの労使の協約により、年金、医療保険などの職域別社会保険制度が維持されている。特に家父長主義的な家族観の下、男性稼得者の所得の安定性を基礎にして、社会保険の給付対象外である未就労の妻（専業主婦）によって家庭において家事・育児・介護を無報酬労働で支える制度である。

自由主義レジームでは、市場原理主義の影響が強く、資力調査（ミーンズ・テスト）に基づく扶助と最低限度の社会保険を受ける低所得者層のため公的社会保障はあるがその規模は極めて小さい。大部分の国民は所得に応じて購入可能な範囲内での民間企業の提供する福祉サービスの購入や民間の保険、個人年金などを利用する市場中心型の制度となっている。このようにE.アンデルセンが類型化した3つの福祉レジームにおいて、社会における連帯の在り方はどのように位置づけられるのだろうか。

第3節　福祉レジームにおける連帯と欧州サードセクター

1　福祉レジームにおける連帯

表1の「連帯の在り方」に示すように、連帯における、市場・国家（政府）・家族（個別世帯）の役割は、レジームごとに基礎となる価値観が違い、重点の置き方が異なっている。図2のようにエヴァース（Evers, 1997）は、福祉レジームを、①市場、②政府、③家族（世帯）から成る3角形で捉えている。

E.アンデルセンの福祉レジーム3類型論に欠落する要素としては、第1に社会的経済、もしくはサードセクターの位置づけがないこと、第2に住宅保障の側面が看過されていること、第3に男性稼得型社会モデルを念頭にお

図2　福祉3角形と多元的経済の全体構造

市場（民間セクター・市場経済）　　　国家（政府・公共セクター・非市場経済）

中間領域

家族（世帯）・ボランティア団体
（シビックセクター・非貨幣経済）

(出典)　Evers, Adalbert and Laville, Jean-Louis (2004), *The Third Sector in Europe*, W & E, pp.15-16. から作成。

表1　連帯の在り方─形態・手段に関する3福祉レジーム間比較

	自由主義レジーム	社会民主主義レジーム	保守主義レジーム
家族の役割	周辺的	周辺的	中心的
市場の役割	中心的	周辺的	周辺的
国家（政府）の役割	周辺的	中心的	補足的
連帯の支配的形態	個人	普遍的	血縁関係
連帯の主たる場所	市場	国家	家族
脱商品化の程度	最低限	最大限	稼得者は高度
基礎となる主要価値	自由	公平性	安定
主要国	アイルランド・UK・USA	スウェーデン・フィンランド・デンマーク	ドイツ・フランス・ベルギー・イタリア

(出典)　Schröder, Martin (2013), *Integrating Varieties of Capitalism and Welfare State Research: A Unified Typology of Capitalisms*, Palgrave macmillan,pp.6-7. および European Commission (2014), Special Eurobarometer 415 Tables 0 results-2014, Eurocorp から筆者作成。

いている点が批判された。そこでE. アンデルセンは、『ポスト工業経済の社会的基盤[33]』（1999年）において「脱家族主義化指標」を導入し、ジェンダーの視点も取り入れ、「福祉レジーム論」へと発展させた。またレスター・サラモン（Lester M. Salamon）ら非営利組織（NPO）の研究[34]を踏まえて、サードセクター（非営利組織、non-profit organization）の重要性をE. アンデルセンも認めたが、国家、市場、および家族からなる「3極構造」（triad）のなかに福祉サービス供給における家族やジェンダーの視点を欠き、非営利セクターの機能については適切に位置づけることができていない、と批判された[35]。

そこで福祉レジームを支援する家族以外の欧州サードセクターの役割を位置づけるうえで、福祉多元主義や「連帯経済（多元的経済）」の視点から、図2のエバースの「福祉三角形」とルータン（Roustang）らの「多元的経済の全体構造」が参考になる。これらは社会保障と福祉レジームの連帯の構成要素を明快に示している[36]。前述のエバースの3角形は、①市場、②国家（政府）、③家族（世帯）から構成される。この3角形は、家族以外にボランティア活動を行う非営利組織、互恵・相互主義的交換など、非貨幣経済に属するサードセクター（シビックセクター）を加えており、ルースタンらの「多元的経済の全体構造」三角形とも重なる。また高齢者介護サービスを供給する連帯の体制、すなわち、①市場経済（民間セクター）、②非市場経済（公共セクター）、および③家族・個別世帯・集団的共助・ボランティア活動・地域通貨等（非貨幣経済）から成る多元的な混合経済の在り方、構成要素をも提示している[37]。

2　福祉レジームと雇用レジームの関係

　多様な資本主義を社会保障・福祉制度との関係において検討するために、「福祉国家レジーム」は、雇用と係る制度と政策、つまり労使関係、雇用保障制度、労働市場政策などとの連携から成る「雇用レジーム」との関連で捉え[38]、社会における「連帯」を経済活動との関連において捉え直す必要がある。そこでE.アンデルセンのいう「福祉レジーム」のうち、E.アンデルセンが適切に位置づけることができなかったと批判されている「福祉レジームにおけるサードセクターの役割」を再検討することが要請される。福祉レジームにおける脱領域化現象は、「公・私の関係性の在り方」にも関わっている。政府間レベルの国際機構や主権国家の政府・行政機関等の公的セクター（ファースト・セクター）と、私的セクターである多国籍企業、国内企業、業界団体、民間財団等などからなる市場セクター（セカンド・セクター）、およびNGO/NPO、市民団体などの市民社会セクター（サード・セクター）との間での縦・横の脱領域化と、公的領域と私的領域との間で脱領域化・相互浸透も同時進行している現実がある。

　さらに、デモクラシー論の観点からは、福祉レジームにおける民主主義の

質の問題と係るアカウンタビリティの確保の在り方、プリンシパルとエージェントとの関係をめぐって政治の正統性（legitimacy）をめぐる問題[40]が提起される。そこでこれらの複合化した諸問題を解決するために、脱領域的な社会「連帯」を実現するために社会イノベーションが要請される。福祉レジームの類型のうち、アングロサクソン型の自由主義レジームにおいては、労働運動も一般に脆弱であり、市場による統制が働き、民間の非営利組織あるいは営利組織による社会サービスが供給され、その財源は利用者が支払う料金による。大陸欧州型の保守主義レジームでは、キリスト教民主党政権と労働運動の緊張関係の中から政府の財源提供、社会保険支出が拡大し、社会サービスの供給は非営利組織のサードセクターに委ねられるが、政府が統制する公的補助金により財政支援されている。北欧型の社会民主主義レジーム

表2　EU15加盟国における欧州社会モデルの変数・特質

	北欧諸国	大陸欧州諸国	地中海諸国	アングロサクソン諸国
労働市場	規制された労働市場　積極的労働市場政策	調整された労働市場　雇用保護の多様な次元	規制された労働市場　高レベルの雇用保護	柔軟な労働市場　限定的な雇用保護
産業関係	組織率の高い中央集権化された労働組合・経営者団体が非常に簡潔な賃金構造の調整された交渉を行う	中央集権化された労働組合・経営者団体が労使協議会で調整された交渉を行う。	個別の労働組合が特別な国家介入と国家・労組危機協定の法的拡張下で非中央集権的な交渉を行う。	個別の労働組合　広範なボランティア団体と非中央集権的な交渉を行い、賃金分散増加
福祉支援	普遍主義的モデル　社会サービス志向	大部分雇用に基づく便益	不統一な範囲での限られた支援	就労増加志向の「最後の手段」としての社会的支援への強い信頼
EU諸国	デンマーク・スウェーデン・フィンランド・オランダ	ドイツ・フランス・オーストリア・ベルギー	イタリア・スペイン・ポルトガル・ギリシャ	イギリス・アイルランド

（出典）　Ebbinghaus, 1999, Amable, 2003, pp.174-175., Sapir, pp.376-377. MacCann, Dermot (2010), *The Political Economy of the European Union, polity*, p.134. および European Commission (2014), Special Eurobarometer 415-Tabeles 0 Results, 2014. から作成。

では、非営利組織が提供してきた社会サービスの多くを政府のファーストセクターが吸収し、ファーストセクター化した。サードセクターの規模自体は他の２つのセクターより小さくなるが、政府の公的補助金により賄われ、政府と民間非営利組織との協議により統制される方式で、サードセクターにサービス供給を委ねることが一般化してきた[39]。

　このような特徴は、高齢者や障がい者、疾病者への長期的な介護サービスの供給においても確認される。北欧、西欧諸国では、近年、市民社会におけるボランティア活動が福祉レジームで大きな役割を演じはじめている。スウェーデン、デンマーク、フィンランド、ドイツ、オランダ、イギリスのみならず、旧共産圏からの体制移行諸国であるスロヴァキア、ブルガリア、ポーランド、あるいは債務危機国でIMFの監視下に置かれたギリシャ、イタリアなどの地中海諸国でも高齢者福祉における市民団体のボランティア活動は観察されている。

　北欧、西欧諸国において高齢社会から超高齢社会への進行に伴い、一方では長期的な高齢者介護サービスの需要が増大する傾向にあり、他方では欧州債務危機以後、伝統的な家族制度が変化し、貧困層の増大、所得格差の拡大、困窮する高齢者や女性が労働市場への参加を余儀なくされた結果、伝統的な家族介護は困難になっている。他方では緊縮財政の影響から福祉予算が削減され、高齢者への公共サービスとしての介護の提供も困難となりつつある。近年、このような事情から貧困高齢者に対する介護サービスが欠落するなかで、介護サービスの供給にサードセクターの役割が再認識され、市民のボランティアによる支援の重要性が高まってきている。

おわりに

　グローバル化に伴い、競争原理を特徴とする新自由主義的な改革や諸政策がEU諸国でも導入され、社会経済的格差が拡大した。とりわけ経済・金融危機後、各種のデータが示すように、貧困と社会的排除の世代間連鎖など、多様な社会問題が顕在化してきた。人々の生活保障のためには、変数として、年金、育児や介護等の社会保障・福祉関連の制度のみならず、雇用や運

動市場に関連する制度、これらを支えるための政府の経済成長戦略や産業政策に加えて、非営利社会組織や家族の役割も考慮に入れる必要があることが以上の理論的枠組みの考察の結果、明らかとなった。そこで連帯の理念の生成から制度化に至る歴史を跡付け、以下のような特質、論点と課題を確認することができた。

第1に、欧州社会では、18世紀末から19世紀にかけて人生において生じうるリスクへの対処の観点から、連帯の理念が芽生え、老齢、疾病、労働災害、失業、貧困などに備える相互扶助による保険制度が職能団体の労働組合、共済組合など、まず民間組織において連帯の制度化が行われた。これが後に諸国家政府による公的社会保険制度へと発展し、20世紀の福祉国家における社会保障制度の拡充に繋がり、「欧州社会モデル」としての「リスクガバナンス」が構築された。

しかし、1980年代後半以降のグローバル化、金融資本主義の発展と新自由主義的諸改革を通じて、21世紀に入り、再び社会における資産・所得格差が無視できないほど拡大し、『21世紀の資本[41]』(T. ピケティ) や『21世紀の不平等 (格差)[42]』(A.B. アトキンソン) が指摘するように、格差・不平等が社会問題となっている。国際的な議論が高まるなかで、EUのみならずOECDをはじめとする国際機関も持続可能な経済成長とリスク回避のためには格差是正が不可欠であることを勧告する事態にまで至っている。

第2に、「福祉レジーム」や社会保障制度は、雇用と関わる制度と政策、労使関係、雇用保障制度、労働市場政策[43]などの連携から成る「雇用レジーム」との関連において捉える必要がある。しかし両レジーム間の理論的連関の検討は十分とはいえない。また社会経済制度の理論的枠組みの検討から、大陸欧州型、社会民主主義型、地中海諸国型、自由主義国型などに分類される欧州諸国の多様な資本主義の下で、①市場、製品市場、②賃金労働関係、③金融仲介部門、④社会保障、⑤教育・技能研修制度などの5つの基本となる制度の諸関係を包括的に捉え（アマーブル、2003：69：354）、EU・加盟国の両レベルで調整する必要があることが指摘されるが、その具体的な方策は不明なままである。不平等・格差問題の原因は、資本市場と労働市場の両方にある（A.B. アトキンソン、2015：354）。それゆえ、格差是正の処方箋として、

「貧困の連鎖」を断ち切るために、若年労働者の雇用創出と非正規雇用の在り方を再検討し、教育・研修の在り方にも配慮することが課題となる。

第3に、リスク・ヘッジのための社会連帯の在り方として、市場・国家・世帯からなる「福祉3角形」の下で、介護サービスの供給など、家族（世帯）を支援するシビックセクター、ボランテイア活動などの非貨幣的経済の役割の重要性は、先行研究の指摘する通りである。しかし、その理論的・実証的な検証は課題として残されている。市場、国家（政府）、家庭（血縁関係）のいずれを重視するのかは、自由主義レジーム、社会民主主義レジーム、保守主義レジームのそれぞれレジームにより異なっている。しかし、欧州にはサードセクターをファーストセクター、セカンドセクターに取り込むハイブリッドな事業体が多く存在する。欧州諸国の育児サービス、高齢者・障がい者の介護等の福祉サービスの提供においてサードセクターのリスク・ヘッジの役割については次章で具体的に検討することにしたい。

経済成長を図ることは社会目的の達成のための一つの手段となる。しかし、GDP成長率が高まっても、所得再配分が適切に行われないと格差が拡大し、国民の大多数の社会における連帯が破壊され、リスクガバナンスは脆弱化してしまう。貧困と社会的排除が深刻化すれば、犯罪や暴動、テロのリスクも増大し、民主主義の基盤を損なうことにも繋がりかねない。それゆえ、リスクガバナンスのためには、安定した雇用を前提とした人的資源への投資が要請される。これは企業の中核を支える将来への重要な基盤を強化し、企業のみならず社会の発展にとっても意義があることを認識する必要があろう。

(1) ウルリッヒ・ベック（山本　啓訳）(2014)『世界リスク社会』法政大学出版部、11頁。
(2) 西川　潤 (2007)『連帯経済―グローバリゼーションへの対案』明石書店、11頁。
(3) Rossi, Lucia Serrena, Casolari, Federico eds. (2014), *The EU after Lisbon; Amend Treaties?* Springer, p.60.
(4) 福原宏幸・中村健吾・柳原剛司 (2015) 編著『ユーロ危機と欧州福祉レジームの変容』明石書店、159頁。
(5) 重田園江 (2010)『連帯の哲学I―フランス社会連帯主義』勁草書房、xvii-xviii

頁、xx頁、103-112頁。
(6) 厚生労働省『平成24年版 厚生労働白書』、19-21頁。廣田明 (2008)「社会的連帯と自由」、政治経済学経済史学会、2008年春期総合研究会、報告レジュメ参照。
(7) Richard Nicolaus Coudenhove-Kalergi (1922). *Pan-Europa-Ein Vorshlag*, Neue Freie Presse、鹿島守之助(1970)『クーデンホーフ・カレルギー全集』①～⑨ 鹿島研究所出版会。
(8) Alan W. Cafruny, J. Magnus Ryner (2009), "Critical Political Economy", Antje Wiener, Thomas Diez, eds., *European Integration Theory*, Second Edltion, 2009., pp.221-240.
(9) 社会関係資本については、ブルデュー (Bourdieu) とコールマン (Coleman) の貢献が大きい。経済的市場、政治的市場、労働市場や共同体市場などにおいて「市場の場で見返りを期待して社会関係に投資すること」を前提に、諸個人は市場において利益を得るために相互行為とネットワークに参加していると考える。Lin, Nam (2001), *Social Capital: A Theory of Social Structure and Action*, Cambridge University Press、ナン・リン(筒井淳也・石田光規・桜井政成・三輪哲・土岐智賀子訳)『ソーシャル・キャピタル』ミネルヴァ書房、2008年、24頁参照。
(10) スティーブン ゴールドスミス、ウィリアム・D. エッガース (城山 英明・高木聡一郎・奥村 裕一訳)『ネットワークによるガバナンス―公共セクターの新しいかたち』学陽書房、2004年。
(11) 重田園江 (2010) 前掲書、xviii 頁。
(12) McDonnell, Alison (2014), "Solidarity, Flexibility. and the Euro-Crisis: Where Do Principles Fit In ? ", Rossi, Lucia Serena, Casolari Federico eds. (2014), *The EU after Lisbon:Amending or Coping with rthe Existing Treaties?*, Springer, pp.60-62.
(13) Jörg Monar (2015), "Solidarity as a challenge for the EU: The case of justice and home affairs"、日本EU学会編『日本EU学会年報―EUの連帯』第35号、1-27頁参照。Wed, 22 Oct 2014, http://www.euij-waseda.jp/whatsnew/20141022_1.html
(14) 『朝日新聞』、2015年9月7日朝刊 14版、p.3.
(15) フランスの「ルモンド・ディプロマティーク」によれば、ガバナンスという言葉は、13世紀のフランス語 "governance" を起源とし、"government" とほぼ同義語として用いられていたが、14世紀に英語の語彙としても用いられるようになったという。ところが「統治の技術や方法、政府」を意味する "government" が一般に用いられることが多かったため、ガバナンスという語彙はその後「死語」になったとされる。しかし1980年代末、世界銀行がその報告書のなかでこのガバナンスという用語を用いた結果、国際通貨基金 (IMF) や国連開発計画 (UNDP) などの国際機関の報告でも言及され、復活した。世界銀行は当初、この用語を、同国際機関が融資する公的資金の効率化、不正防止、財政支出を削減する手段として導入した。その後、民間企業において「コーポレート・ガバナンス」(企業統治) が声高に叫ばれ、経済学、経営学で

一般的に用いられる用語になった。Knud E.P., Jorgensen (1997), Reflective Approaches to European Governance, Macmillan PressLtd, p.1. 福田耕治（2002）「現代行政のグローバル化と国際行政」福田耕治・真淵勝・縣公一朗編（2002）『行政の新展開』法律文化社、19頁。福田耕治（2012）「リスボン条約の制定と欧州ガバナンス」押村高・小久保康之編『EU・西欧』ミネルヴァ書房、18-19頁。

（16） Ruggie, John Gerard (2014), Global Governance and "New Governance Theory": Lessons from Business and Human Rights, *Global Governance: A Review of Multilateralism and International Organizations*: January-March 2014, Vol. 20, No.1.

（17） Rosenau, James N. (1995), "Governance in the Twenty-First Century", *Global Governance*, Vol.1, No 1.

（18） 福田耕治編著（2010）『EU・欧州公共圏の形成と国際協力』成文堂を参照されたい。

（19） レーガン米大統領の新自由主義経済政策「レーガノミクス」の基礎となったサプライサイド経済学では、トリクルダウン仮説がしばしば喧伝される。しかし現実には部分的にしか効果は認められないと、OECDの最新の研究報告が時系列的実証データに基づき、トリクルダウン効果を否定し、物議を醸している。OECD Directorate for Employment, Labourand Social Affairs (Embargo: 9 December 2014), "Focus on Inequality and Growth" http://www.oecd.org/els/soc/Focus-Inequality-and-Growth-2014. pdf, Accessed on 1 Jan. 2015.

（20） Stiglitz, J. E. (2008), La fin du nèoliberalisme, Le Èchos, 21 July. Stiglitz, J. E. (2002), *Globalization and its Discontents*, New Yourk, W. W. Norton & Co. Stiglitz, J. E. (2006), *Making Globalization Work*, New Yourk, W. W. Norton & Co.

（21） セバスチャン・ルシュバリエ（2014）「日本における制度変化と新自由主義的政策」植村博恭・宇仁宏幸・磯谷明徳・山田鋭夫編『転換期のアジア資本主義』藤原書店、410頁。

（22） ピーター・A・ホール、デヴィッド・ソスキス編（遠山弘徳・安孫子誠男・山田鋭夫・宇仁宏幸・藤田奈々子訳）（2007）、『資本主義の多様性―比較優位の制度的基礎』ナカニシヤ出版、xxii頁。A. Hall, Peter, Soskice, David (2004), Varieties of Capitalism: The Institutional Foundations of Comparative Advantage, Oxford University Press.

（23） 同上、Schröder, Martin (2013), Integrating,Varieties of Capitalism and Welfare State Research: A United Typology of Capitalisms, Palgrave Macmillan, pp.58-59.

（24） Boyer. R. (2014), "How do polity and economy interact within Règulation Theory? Consequences for policy regimes and reform strategies", Hideko, Magara ed. (2014), *Economic Crises and Policy Regimes: The Dynamics of Policy Innovation and Paradigmatic Change*, E & E, pp.138-141.

（25） ブルーノ・アマーブル・田中素香・福田耕治・山田鋭夫・植村博恭（2014）「座談会・ユーロ危機と欧州統合のゆくえ」『環』藤原書店、69頁。

(26) Schröder, Martin (2013), op. cit., p.59. Amable, Bruno (2003). *The Diversity of Modern Capitalisms*, Oxford University Press, ブルーノ・アマーブル著（山田鋭夫・原田裕治ほか訳）（2007）、『五つの資本主義』藤原書店、28-31頁。
(27) CafrunymAlanW., Ryner, J. Magnus (2009), op. cit., pp.230-231. アンツエ・ウイナー・トマス・ディーズ著（東野篤子訳）（2010）『ヨーロッパ統合の理論』勁草書房、344頁。
(28) Schröder, Martin (2013), op. cit., p.59.
(29) G. エスピン・アンデルセン（岡沢憲芙・宮本太郎監訳、2001）『福祉資本主義の三つの世界』ミネルヴァ書房、2001年。
(30) 同上、28-31頁。
(31) Schröder, Martin (2013), ibid., p.58. エスピン-アンデルセン著 京極 髙宣（監修, 監修)、林 昌宏（翻訳）（2008）『アンデルセン、福祉を語る』NTT 出版。イエスタ エスピン-アンデルセン（著)、岡沢 憲芙・宮本太郎（監訳）（2001）前掲書。
(32) 大沢真理（2013）『生活保障のガバナンス』有斐閣、94頁。
(33) Esping-Andersen, G. (1999), *Social Foundations of Postindustrial Economics*, NewYork: Oxford University Press.、渡辺雅男・渡辺景子訳（2000）『ポスト工業経済の社会的基礎――市場・福祉国家・家族の政治経済学』桜井書店、116-132頁。
(34) 最新の研究は、Salamon, Lester M. (2014), *New Frontiers of Philanthropy: A Guide to the New Tools and New Actors That Are Reshaping Global Philanthropy and Social Investing*, Oxford University Press. を参照。
(35) Schröder, Martin (2013), ibid., p.60. 岡沢 憲芙・宮本太郎（監訳）（2001）『福祉資本主義の三つの世界』前掲書、265-266頁。大沢真理（2013）『生活保障のガバナンス』有斐閣、97-98、101-103頁。
(36) Evers, Adalbert and Laville, Jean-Louis (2004), *The Third Sector in Europe*, W & E, pp.15-16.
(37) Roustang, G. J. L., Laville, B. Eme, D. Mothé、B. Perret (1997), Vera un nouveau contrat social, Paris: Desclée de Brouwer. Evers, Adalbert and Laville, Jean-Louis (2004), op. cit., p.16.
(38) 宮本太郎（2008）『福祉政治』有斐閣、22-23頁。
(39) 西川 潤（2007）『連帯経済―グローバリゼーションへの対案』明石書店、37-38頁。
(40) 福日耕治（2007）「EU・欧州地域統合と新しい政治経済学：プリンシパル・エージェント関係と新制度論を中心として」藪下史郎・清水和巳編『地域統合の政治経済学』日本評論社、57-83頁。
(41) Piketty, Thomas (2014), *Capital in the Twenty-First Century*, The Belknap Press of Harvard University Press,
(42) Atokinson, Anthony, B. (2013), *Inequality: What can be done?* Harverd University Press, アンソニー・アトキンソン（山形浩生・森本正史訳）（2015）『21世紀の不

平等』東洋経済新報社。
（43） Koji Fukuda (2014), "The global economic crisis and the future of labor market policy regimes: implications for economic governance in the European Union and Japan"、Hideko, Magara, ed. (2014), *Economic Crises and Policy Regimes*, E & E, pp.314–336.

第2章

EU/欧州福祉レジームにおける連帯と社会的包摂
―― 「時間銀行」の社会実験を事例として ――

福 田 耕 治

はじめに

　現在ほどEUにおける「連帯」(solidarity)の在り方が問われ、またEUによるリスクガバナンスが要請される時期はない。本章は、世界経済・金融危機、ユーロ危機以降のEUの連帯と社会保障、特に「福祉レジーム[1]」におけるサードセクターの役割に焦点を当てる。EUにおける「社会的経済[2]」(Social Economy) の新たなパラダイムとなるボランティア活動の時間を管理する「時間銀行」(Time Bank) を事例としてリスクガバナンスの在り方を考察することを本章の目的とする。

　ところでサードセクターのいったい何を問題とするのか。時間銀行は、政治と経済のギャップを架橋する仕組みであり、市場経済と非市場経済との間の垣根を乗り越えようとする試みである。これは新自由主義的な「市場の放漫さ」(Polanyi) の脅威に対して、市民社会、非営利セクターとの協働によるハイブリッド組織の役割によって対処しようとする連帯経済社会の可能性を探る社会実験であるといえる。非営利組織、非政府組織はエバースのいう「市民社会における公共空間という次元」であり、時間銀行は「欧州公共圏」の媒介領域に位置すると考えられる[3]。

　本章では、欧州社会で連帯の概念がEU基本条約に取り込まれるに至った経緯を概観し、新自由主義的なレジーム変化と社会的リスクをめぐる諸問題を、政府、市場、家族や地域社会の機能をも射程に入れつつ検討し、貧困と社会的排除などのリスク・ヘッジと雇用創出にもかかわるEU/欧州福祉レジームにおける社会連帯の在り方を分析する。EU/欧州諸国における社会

経済制度の変化に呼応して、サードセクター、特に時間銀行によるリスクへの対処のための社会連帯経済ガバナンスの可能性と課題の考察を通じて、わが国への示唆が得られたら幸いである。

第1節　EUにおける連帯の導入と社会リスクガバナンス

　社会において連帯がない状況下で人々は貧困に陥る。貧困とは、ある個人や人々の集団が、別の社会集団との繋がりを欠いているか、あるいは適切なネットワークから排除されていることから生じる[4]。その結果、就業機会や労働条件において不利、不平等な扱いを受け、結果として差別される個人や集団が貧困化し、貧困層が形成され、経済格差も世代を超えて連鎖し、固定化される。このような社会的リスクを回避し、あるいは少なくともリスクを軽減させるために社会において連帯が要請されるのである。

　1985年当時の欧州委員会ジャック・ドロール（Jacque Delors）委員長（1985～1995年）は「欧州社会モデル」（European Social Model）を提唱した。ドロールは連帯の観点から社会的経済に関与する共済組合、協同組合、協会等、サードセクターに属するアクターの役割に強い関心を抱いていた。彼は、欧州委員会のために提出した『サードセクターにおける雇用創出—フランスのサードセクター』（1978年）において、初めて「サードセクター」という用語を用い、協同組合、ボランティア団体などの事例分析を行った[5]。彼によれば、サードセクターの起業組織、協同組合はフランスのみならず、スウェーデンやイタリアでも発達しているとする。特にスウェーデンの協同組合は地方自治体との協働が良好に進み、育児や高齢者介護などの対人サービスの供給においてサードセクターが既に重要な社会的役割を演じているという[6]。ドロールは、委員長就任後『単一欧州議定書の成功のために』（1978年）と題する報告書において「競争・協力・連帯」の重要性を謳い、農村部開発、地方開発を「構造基金」による補助金提供により進めていった。このような構造政策の実施過程でサードセクターが地域に密着したコミュニティサービスの供給に関与している実態が浮かび上がってきた[7]。

　EU統合を進める観点から、当時ドロール委員長は経済政策と社会政策の

両立の必要を訴え、域内市場統合計画の実現のためには、社会的公正の確保が不可欠であると強調した。彼のいう「欧州社会モデル」は、市場経済と民主主義、機会均等、団体交渉や社会保護など、連帯を尊重する価値観を基礎としている 。その背景には、フィリップ・シュミッター（Philip Schmitter）のいう「ネオ・コーポラティズム（neo-corporatism 新団体主義）[(8)]」の台頭と労使間の「社会的対話（social dialogue）」があった。こうした動きを踏まえてEECは1970年代半ば以降になって社会政策を導入し[(9)]、1993年発効のEU（マーストリヒト）条約にいて「連帯」という文言を規定するに至った。同条約では、EU社会政策の章が新たに挿入され、EUが社会民主主義的性格を強めたかに見えた。しかしドロールの域内市場統合計画の実施は、EUが1980年代半ば以降、新自由主義的統合へと大きく転換していく契機となった。域内市場における4つの自由移動をさらに促進する観点から、その障壁となりうる部分は各国の裁量権の範囲内におかれ、実質的にはEU条約に「埋め込まれた新自由主義」がその後のEU統合を方向づけたといえる。それは、グローバル化に対峙し、EUの国際競争力の強化を目指した「リスボン戦略」やEU（リスボン）条約の下での新成長戦略「欧州2020」にも色濃く反映された。

　21世紀に入り、欧州諸国で社会集団との繋がりを欠いた人々や社会的弱者が「社会的排除」（social exclusion）を受けた結果、就労機会や労働条件において不平等な扱いを受けて貧困に陥り、社会における貧富の格差拡大が顕著となっていった。グローバル化した金融資本主義と相俟って社会的リスクが増大し、自由と平等の関係、民主主義の理念と現実との間の乖離が再び問い直される時代となりつつあったため、連帯の理念がEU基本条約へと法的に文言化され、取り込まれるに至った。

　2009年12月発効したリスボン条約（「EU条約（TEU）」および「EU運営条約（TFEU）」、Treaty of Lisbon amending the Treaty on European Union and the Treaty establishing the European Community）では、以上のような欧州の社会的現実を背景に、EUの基本原則のひとつとして「連帯の原則」が法的文言として明示的に根拠づけられた。EUにおいては、国境を越えるリスク管理者[(10)]として、社会リスクガバナンスの観点から連帯の重要性が再認識されるように

なった。

　まず EU 条約第 2 条において、EU が人間の尊厳、自由、民主主義、平等、法の支配、人権の尊重などの価値に基礎を置き、多元主義、非差別、寛容、公正、男女平等などともに「連帯」を加盟国社会に共通の原則として位置づけている。また EU 条約第 3 条 3 項では、「EU は社会的排除および差別と闘い、かつ社会的公正と保護、男女平等、世代を超えた連帯、および子どもの権利保護を促進する。」とともに「EU は、経済的、社会的、地域的結束、および加盟国間の連帯を促進する。」と規定している。また EU 条約第21条では、EU の対外関係、国際社会における「平等と連帯の原則」を謳っている。さらに EU の対外政策、共通外交・安全保障政策を定める EU 条約第24条でも、加盟国に対し「相互的連帯」や「政治的連帯」を強め、発展させるよう義務付けている。

　EU 運営条約の前文では、「国連憲章の原則に則り、欧州と諸外国を結ぶ連帯を確固たるものとする」ことを求める。また競争法との関連では、同運営条約第106条 2 項で、「一般的経済利益を有するサービス」分野へは「市場競争（経済活動）」ルールを適用し、このルール適用が「任務遂行を阻害」する場合には適用を除外して「非経済的な一般利益を有するサービス（非経済活動）」をルールとすることを定める。

　EU 運営条約「第Ⅶ編　連帯条項」第222条では、EU および加盟国は、加盟国のいずれかがテロの攻撃対象もしくは天災・人災の犠牲となった場合に、「連帯の精神に則り、共同で行動する」ことを求めている。さらに「EU による連帯条項実施のための調整は、欧州委員会と共通外交安全保障担当 EU 上級代表による共同提案に基づき、EU 理事会が採択した決定により策定する」と安全保障分野における連帯条項の適用手続きをも明示している。

　リスボン条約発効と同時に法的効力を持った「EU 基本権憲章」においても、その第Ⅳ章「連帯」では、「企業内での情報提供及び意見聴取に対する労働者の権利」（第27条）、「団体交渉および団体行動に関する権利」（第28条）、「職業紹介サービスを受ける権利」（第29条）、「不当解雇の場合の保護」（第30条）、「公平および適正な労働条件」（第31条）、「児童労働の禁止及び職場

における若年者保護」(第32条)、「家族生活および職業生活」(第33条)、「社会保障および社会的支援」(第34条)、「保健サービス」(第35条)、「一般的経済利益のサービスの利用」(第36条)、「環境保護」(第37条)、「消費者保護」(第38条)の12カ条が連帯と係る分野として列挙されている。とくに第36条の一般的経済利益のサービスの利用では、「EU は、欧州共同体設立条約に従って、EU の社会的および領域的結束を促進するため、国内法および慣行によって規定される一般的経済利益を有するサービスへのアクセスを認識し尊重する[11]」と規定されている。

「連帯」や「社会保障」にかかわる公益性の高いサービス分野は、後者の「非経済的な一般利益を有するサービス」に分類され、競争法が適用される「一般的経済的利益サービス」とは区別された。しかし、現実には競争法の適用の是非が争われ、欧州司法裁判所で判断されるに至ったグレーゾーンともいえるいくつかの事例もある。それらは、年金基金の運用に関する Albany International 事件先行判決[12](1999年)、職業紹介サービスに関する Höfner and Elser 事件先行判決[13](1991年) および救急車サービスに関する Ambulanz Glöcner 事件先行判決[14](2001年) である[15]。これらいずれの事例も「一般的経済利益を有するサービス」に該当することが先行判決で認められた 。そこで「一般的経済利益を有するサービス」分野であるか否かを誰が決定するのか、という問題が生じる。この問題に関しては、BUPA 事件判決[16](2008年) において、市場サービス (経済活動) と非市場サービス (非経済活動) の区別を行う決定権は、原則として加盟国の権限内にあるとした[17]。欧州委員会の1996年コミュニケで示された通り、「補完性の原則」に則り、各加盟国の公共サービスの範囲については、各国の裁量的判断が尊重されたのである。しかし1990年代半ば以降、EU/欧州委員会は、従前の公共サービスのもつ「公益性」を尊重する立場から、市場競争による「経済的効率性」を重視する方向へと大きく舵を切り、EU 統合は一層新自由主義的性格を強めていくことになった。その結果、EU の社会リスクガバナンスは変容を余儀なくされた。

第2節　社会サービスの供給と連帯政策
——リスク対応におけるサードセクターの役割——

1　社会サービス供給と社会的経済、サードセクターの位置付け

　ケインズ主義的福祉国家は、男性稼得者の正規雇用・安定収入により扶養家族を支える社会保障制度に依拠してきた。人生で遭遇するかもしれない疾病、労働災害、失業等のリスクに備え、高齢となり退職後には社会保険制度によって年金による所得保障や医療保障を行うものであった。しかし新自由主義的改革によって、従来の社会保障制度が前提としてきた諸条件が大きく変わってしまったため、欧州福祉レジームは大きなリスクを抱えることになった。

　欧州諸国の保守政党は、グローバル化への対応として新自由主義的改革を行い、「労働市場の柔軟化」改革[18]を進めた。こうした市場主義的改革の結果、雇用と家族との関係を深刻なシステミック・リスクに晒すことになり、EU諸国では、既存の雇用政策、家族政策、福祉政策の抜本的な政策転換と制度変更を余儀なくされている。企業は国際競争力の強化のために、固定費となる正規雇用による人件費を削減し、景気変動に応じて調節弁とし易い任期付雇用や非正規雇用を一般化した。その結果、ギリシャをはじめ、若干の債務諸国では若年就労層の50％以上が失業し、就労者全体平均でも約25％が失業し、それ以外の就労者の多くは非正規雇用に置き換えられた[19]。新自由主義的な労働市場改革によって、若年層の失業者や非正規雇用の増大、中高年就労者の非正規雇用化が進行した。

　雇用の柔軟化に伴い一家の所得が激減し、経済的に困窮し、不安定化した家庭では、育児や高齢期の両親の介護を支える予定であった女性も家計リスクの増大に対処するため、不本意な労働条件、非正規雇用・低賃金であったとしても労働市場に参入することを余儀なくされ、「ソーシャル・ダンピング」が進行した。他方で若年層の多くが就労困難、ニートなどに陥り、貧困化しつつあり、社会保険にも加入できない層も増大してきている。彼ら若年層を支える同居家族も不安定な雇用と低所得に喘ぎ、就労所得のない老齢年

金生活者家族である場合も少なくない。こうした雇用環境、雇用政策の変化の影響を受け、これと連動する社会保障制度もその根幹が崩れ、制度への信頼と持続可能性を損ね、社会的リスクを高めてしまっている。EU社会政策では、こうした欧州諸国の就労困難な人々を「社会的包摂」（social inclusion）することを目指し、「欧州2020」新成長戦略との関連からも新たな雇用創出先として社会的経済に属する民間非営利組織、社会的企業、共済組合等のサードセクターの役割に注目することになった。

1992年欧州委員会は、『連帯の経済に向けて―社会的排除に対する闘いの強化[20]』と題する報告書において、「社会的排除は、排除の過程とその結果としての状態の両方を指す動態的な概念である。…個人や集団が社会的統合とアイデンティティを形成する実践や権利等の要素から排除されるメカニズム、あるいは個人や集団が社会的交流への参加から排除されていくメカニズム、…それは労働生活への参加といった次元を超える場合もある。つまり、居住、教育、保健、社会サービスへのアクセスなどの領域においても現れる[21]」として、社会的排除の概念を明確に定義づけた。2000年3月のリスボン欧州理事会では、10カ年に及ぶEU成長戦略である「リスボン戦略」が採択され、「貧困と社会的排除との闘い」によって、「欧州社会モデルの現代化」を図ることが合意され、社会的排除に関する具体的な指標[22]も明確化された。2004年11月「挑戦に立ち向かう―成長と雇用のためのリスボン戦略」（通称、「コック報告」または「新リスボン戦略」）によって、EUが経済成長と雇用に焦点を絞り、労使の参加、市民参加による支持、イノベーションと就労促進のために人的資源への投資を行い、社会的に連帯する必要性を訴えた[23]。

2006年3月欧州理事会では、欧州委員の「新たな社会的課題[24]」（2005）報告を受けて、①社会参加、②労働市場への参加、③積極的社会的包摂を政策的に促進し、貧困と社会的排除に陥る可能性の高い脆弱な人びとのリスクに備える必要を訴え、長期失業者に対する就業支援策として雇用機会と職業訓練を結び付け、「貧困の罠」を避ける「アクティベーション政策」を推奨した[25]。アクティベーションは、福原宏幸によれば、スウェーデンの雇用政策を起源とし、就労を条件とした社会保険制度と衰退産業から成長が見込める新しい産業へと労働力を移転する積極的労働市場政策から構成される、とい

う。これは、失業者への失業手当給付と職業訓練、教育・研修等を組み合わせた就労支援を通じて労働市場へと包摂し、就労を通じて生活保障を行おうとする社会政策である[26]。

新たな社会リスクへ対処する必要から、国家(政府)でも市場でもない、非営利組織、協同組合、地域型中間支援組織、ボランティア団体など、欧州でいうシビック・セクター、「市民社会」に再び注目が集まってきた。1990年代以降、市場原理とは異なる相互主義・互酬性を原則とする非営利サードセクター、中間支援組織の新たな役割が再認識されるようになった。欧州の協同組合、共済組合などの社会的経済は、前述のように19世紀を起源とするが、21世紀の新たな社会リスクの出現に対して、社会的経済、欧州市民社会セクターが就労困難者への就労支援プログラムや社会参加プログラム等に関わり、NGO/NPO や社会的企業等も財やサービスの生産・供給に関わるようになってきた。

特に既存の市場経済や公共サービスでは供給しがたい利用者のニーズに即した育児や介護等の対人サービスの供給を行う多種多様なサードセクターが形成され、ファーストセクターやセカンドセクターとの「協働」によって社会イノベーションを起こす「連帯経済、社会連帯基盤経済」(solidarity economy, social solidarity-based economy)システムへの期待が近年高まりつつある。市民社会との協働、市民参加によるハイブリッド型経済システムを構築することにより、政府や企業主導型の既存の経済システムの在り方を抜本的に変容させようとするいくつかの試みが現れてきている。これは主権国家内部の連帯のみならずグローバルなレベルでも連携し、国境を越えて EU 域内で国際的に連帯する「欧州公共圏レベルの連帯経済システム」の模索とみることもできる。

2　EU 新成長戦略「欧州2020」の連帯政策と社会イノベーション政策
　　──持続可能な連帯経済システムの模索

世界経済・金融危機の影響が欧州にも波及し、2009年以降のユーロ危機を招いた。新自由主義的な EU 域内市場統合を進めた結果、社会全体の利益、公益的視点は顧みられることが少なくなった。2010年6月欧州委員会は、

2020年までの10カ年間にわたる新成長戦略「欧州2020—スマートで持続可能な包括的成長のための戦略」(Europe2020：A Strategy for smart, sustainable and inclusive growth) を発表した。この新成長戦略では、「スマートな成長」、「持続可能な成長」および「包括的な成長」を目指す観点から、2010年「イノベーション・ユニオン」を謳い、イノベーション政策の推進に力点を置いている[27]。イノベーション政策では、環境・エネルギー、公衆衛生、技術革新など科学技術の研究開発の促進とその成果の産業化を支援するイノベーションと国際競争力強化のためのいくつかの支援枠組が計画され、社会が直面する喫緊の課題に対応する。これは地球規模課題である環境配慮型科学技術の振興のみならず、人口構造の変化に呼応して高齢社会に対応する保健・医療・福祉・介護の分野における社会イノベーションをも含み、安全で思いやりのある「社会的包摂」を実現することを企図する[28]。社会イノベーションとは、社会的な人の繋がり（絆）、ソーシャル・ネットワーク・システムの構築を通じた各種サービスの供給と雇用創出による経済成長が念頭に置かれている。たとえば、介護サービスにおいて非経済的サービスの供給に関わる社会的アクターとしては、政府、企業の他に、サードセクターなどの非営利組織が含まれ、市場経済、非市場経済、非貨幣経済を組み合わせた社会連帯システムの構築を社会イノベーションとして捉えている[29]。

　EU域内市場が適切に機能するためには、イノベーション政策のみならず、市場の不均衡を是正するための連帯政策も同時に要請される。パスカル・フォンテーヌによれば連帯政策には、EU域内の後進地域や衰退産業地域の開発・再開発支援など、欧州地域開発基金を活用した地域政策、共通農業政策、共通漁業政策による農業・漁業の現代化、欧州社会基金を通じた若者や長期失業者の就労支援など、EU社会政策による欧州社会の著しい不平等の是正など、社会に存在する多くのリスクに備える諸政策が含まれる[30]。社会的課題の解決のために、環境、福祉、教育、雇用、貧困対策などの分野において、人的資源やそのネットワークの在り方、商品やサービスの供給の在り方、組織・制度を含む社会制度のイノベーションを含んでいる。これらは、社会的リスクとニーズを把握して、財貨の生産、流通、供給、交換等に関わる包括的な社会的アクターの連携・協働のネットワークによる事業実施

方法の開発・展開を通じた社会連帯のためのイノベーションとして位置づけられる。

　ユーロ危機後も社会保障が比較的安定的に機能している欧州諸国の各地域・地方自治体では、協同組合、共済組合等のサードセクターと有機的な連携・協力関係を持つところが少なくない。特に北欧諸国における政府には、サードセクターとの間で社会的対話、社会的連帯の独自の理念と実践が重ねられている。例えば、スウェーデンの経営者団体がアソシエーションを設立し、イノベーションに繋がるベンチャー・ビジネスの立ち上げと活動資金や組織運営に支援を行い、地域・地方の新規起業家の人材育成にも関わっている。またフィンランド、デンマークにおいても民間企業、経営者団体と労働組合、サードセクターとの協働関係も発展している。前述のようにJ. ドロールは、こうした動向に着目し、EU域内市場の完成に向けて、欧州委員会におけるEU公共政策に、サードセクターを取り込むことを試みたが、加盟国ごとに法制度が異なり、財政的支援の在り方や法人格の適用基準が異なることから制度的調整が困難なため実現には至らなかった。ボランティア組織を「アソシエーション」という範疇で呼ぶにしても、サードセクター、社会的企業の「収益性の問題」を営利企業との関係においてをどのように位置づけ、法的・財政的にいかに扱うのか、といった諸問題が残されているのである。

　福祉多元主義、福祉ミックス[31]（welfare mixes）の観点から、高齢者・障がい者の介護サービス提供におけるサードセクターの役割は、ポランニー（Polanyi）経済理論に依拠するペストフ（Pestoff）のモデルを修正したエバースの図1が、欧州デモクラシー社会において連帯を基礎にした3者間の経済活動を考える参考になる[32]。アメリカ社会における歴史的背景・経験に基づく伝統的なガバナンス理論では、政府部門（ファーストセクター）と民間企業等の営利部門（セカンドセクター）、そしてNGO/NPO等の非営利部門（サードセクター）に3分類し、それぞれが独立のセクターとして認識される。「政府の失敗」（ファーストセクター）、「市場の失敗」（セカンドセクター）を補う主体として、NGO/NPO等の「非営利組織」（non-profit organization, サードセクター）の社会的役割が位置づけられ、これら3つのセクター間での相互補完によるガ

図1　市民・連帯に基づく経済:理念型

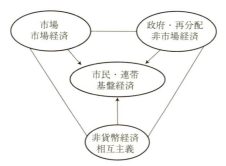

(出典) OECD (1996), *Reconciling Economy and Society: Towards a Plural Economy*, OECD, Paris.
Jean-Louis Laville,Marthe Nyssens (2000), "Solidarity-Based Third Sector Organizations in the "ProximityServices" Field: A European Francophone Perspective" International Journal of Voluntary and Nonprofit Organizations, Vol.11. No.1, p.79.

バナンスの重要性を主張する研究が少なくなかった。

　サードセクターの定義ともかかわるが、営利を目的としない、非営利組織をサードセクターと定義する点では、アメリカ型、欧州型とも共通している。しかし、アメリカ型サードセクターの捉え方は、利潤非分配という側面を特に重視して「非営利」という分類にこだわるあまり、非営利組織を狭義に捉え、協同組合や共済組合をサードセクターから除外している[33]。

　これに対して連帯志向の欧州型サードセクター論では、慈善団体や協会(アソシエーション)、ボランティア団体による社会貢献活動のみならず、これらの組織目的の達成の観点から、政府や企業と連携するハイブリッド型事業体も含め、非営利組織の範疇に入れて広義に捉える[34]。なぜなら欧州諸国では、サードセクターと自治体や企業が連携・協力する混合(ハイブリッド)形態による社会貢献活動に長い歴史があるからである。欧州諸国では、人々の幸福、健康、QOLの改善のためにボランティア活動を行う「フィランソロピー」(Philanthropy、人類愛・博愛・慈善)活動や「メセナ」(mécénat、文化の擁護)と呼ばれる企業による地域文化活動への財政支援・運営支援等が歴史的に存在してきた[35]。サードセクターが地方政府・公共セクターと結びつき、あるいは地域に立地する民間企業と結びついて、人的資源、財政的資源、施

設・ノーハウ等、それぞれのアクターが擁する資源を持ち寄って社会に役立つプロジェクトを企画・実施し、各セクターのコラボレーションでボランティアによる地域貢献活動は従来から伝統的に行われてきた実績がある。

　欧州では、サードセクターが公共セクターや民間セクターとの結びつき、連携協力を通じて社会福祉サービスを供給し、また公的な社会保障制度が形成されてきたという現実を重視する必要がある。高齢者福祉、障がい者福祉、児童福祉等の観点から、社会的リスクに対処し、育児・高齢者介護など対人サービスの供給は、生活保障を行う上で福祉レジームの不可欠な構成要素となっている。ユーロ危機以後の新しいリスクに対処するために、社会サービスの供給は非営利組織が担うが、保健・医療、育児・保育サービスや高齢者・障がい者への介護サービスの提供は、地域福祉、地域医療の根幹を支える活動であり、サービスの高度化と多様化するニーズに対応し、人的資源・財政的資源の面から社会連帯を確保し、持続可能な福祉レジームを確立してきた。つまりサードセクターが公益活動を発展させる主体であった歴史的経験に基づいて、組合構成員の積立掛金を原資にして、老齢、労働災害、疾病などのリスクに備える共済組合の結成や共通目的のための相互扶助組織である協同組合を設立する社会連帯の在り方をもサードセクターの範疇に入れて広義に捉えられる。この点がアメリカ型サードセクターとは大きく異なる欧州サードセクターの特徴である。

　一般に市場経済において財やサービスの分配は、需給関係によって決定される価格で貨幣を媒介にして交換が行われる。しかし、欧州の市場経済において市場原理は、社会的諸関係や経済制度とは別のものとして認識される。市場経済は、非市場的経済、非貨幣的経済よりも優先されるため、新自由主義的な欧州経済統合の下では、エバースらの研究が指摘するように、市場、再分配、相互報酬の連帯関係において「市場経済が第一義、非市場経済が補完、非貨幣経済が残余とそれぞれみなされる[36]」ヒエラルヒーの構造下に置かれるのは否めない。現実にはサードセクターと他の２極との間で各セクターが「混成（ハイブリッド）化」される場合が少なくなく、欧州では政府（行政）や企業とサードセクターとの間で常に緊張関係があるところにその特徴を見出すことができる。

第3節　連帯による社会的包摂と雇用創出のための時間銀行システム

1　社会的経済組織

　EUにおける社会的経済に関する欧州経済社会評議会の報告書[37]によれば、共済組合、協同組合、相互扶助組織、アソシエーション、非営利組織、社会的企業などが「社会的経済」と呼ばれる範疇に属し、政府セクターでも民間セクターでもない、第3のセクターとして位置づけられる。この社会的経済に属する事業体は、18世紀後半に欧州諸国で結成された相互扶助組織を起源としている。欧州委員会によれば、こうした事業体は200万以上存在し、欧州全体の事業体の10％にあたり、労働人口の6％を占める1100万人の雇用を維持している[38]という。2009年現在、EU27加盟国で207000以上の事業体が経済活動に貢献し、これらの事業体が470万人の雇用を生み、1億800万人の会員を擁している[39]。また保健医療・社会福祉分野の相互扶助組織は、1億2000万人以上の人々を援助し、保険共済組合は、24％の市場規模を持つに至っている。2010年現在、EU27加盟国でアソシエーションが860万人の直接的な雇用を生み、これは全GDPの4％以上を占め、その会員はEU市民の50％にまで広がり、成長を続けている[40]。

　EUに社会的経済を導入する背景には前述のドロール委員長の意思と1989年秋フランスが議長国となり、欧州委員会が同年12月『社会経済セクターにおけるビジネス』と題する報告書を提出したことが契機となっている。1990年代に欧州委員会は社会的経済の考え方を定義づけ、流布し、2000年には協同組合、相互扶助組織、協会、基金に関する常設委員会を設置した[41]。欧州経済社会評議会は、EUの社会的経済に属する事業体の特徴として、①資本をめぐる個人的かつ社会的な目的の優先、②ボランティアかつ開かれた会員組織、③会員による民主的運営、③会員・利用者の利益、および一般的利益の融合、④連帯と責任の原則の維持と適用、⑤自律的な管理と公的機関からの独立、⑥剰余金の大部分は、持続可能な発展、会員に利益のある業務や一般的利益の追求に用いる[42]、ことを挙げている。また欧州委員会は、①効率的に市場競争に寄与し、②利潤の追求を活動の第1目標とはせず、③組織の

会員が1人1票を持ち事業体の方針決定に参加し、連帯と互酬性に基づく組織運営を行い、④社会経済環境の変化に柔軟で革新的に対応し、⑤会員が自発的に参加し、積極的に参画していることを社会的経済の事業体の特質としている[43]。

ボランティア組織協会（Association for Voluntary Organization：AVSO）によれば、欧州におけるボランティア活動の担い手は、就労時間や期間に制限のあるパートタイムの活動であるのか、常勤のフルタイムによる活動かを区別し、非営利組織（non-profit organizations）内において公式の活動と非公式の活動を峻別している。ILOが定義するボランティア活動とは、「ボランティアの仕事は、無賃金で非強制的な仕事」である。

欧州委員会の『EUにおけるボランティア[44]』に関する報告（2010年）では、ボランティア活動の社会的有用性と持続可能性の強化という観点から、ボランティア活動に対する制度的、法的、経済的および文化的戦略の必要性を強調している。EU加盟国内の法令では、ボランティアを、①個人の自由意思で実施し、②非営利、非政府組織の枠内で発展し、③専門職としての性格を持たず、④無報酬、⑤共同体や第3者の便益のために遂行される活動を条件として挙げている[45]。また欧州委員会の「雇用と社会連帯の欧州共同体計画」によって支援された研究『脆弱な集団の包摂と雇用促進におけるサードセクター雇用サービスの役割』（2010）において、伝統的なボランティア組織は、限られた数の対象者に対して無報酬の奉仕活動を行うことを前提とする社会貢献活動であり、所属組織への高い忠誠心を要求するものであった。

しかしEUが提唱する新しいタイプのボランティア組織（NPO）は、資格のある専門家であることを条件とし、ボランティアの動機づけを強め、無報酬で提供するサービスにも品質管理と一定水準を維持し、介護ニーズのある人々の必要条件を満たす能力がある、人的資源管理にも配慮したシステムである[46]。

2　時間銀行・時間預託システム

新しいボランティアの在り方として、地域福祉と世代間連帯の視点から、地域通貨の一種ともいえる時間預託制度が注目される。1990年代からのドイ

表1 雇用全体に占める社会的経済セクターの有給雇用の割合

国	社会的経済雇用	雇用全体	社会的経済が占める割合（％）
オーストリア	233.53	4,096.30	5.70%
ベルギー	462.54	4,488.70	10.30%
ブルガリア	121.3	3,052.80	3.97%
キプロス	5.07	385.1	1.32%
チェコ共和国	160.09	4,885.20	3.28%
デンマーク	195.49	2,706.10	7.22%
エストニア	37.85	570.9	6.63%
フィンランド	187.2	2,447.50	7.65%
フランス	2,318.54	25,692.30	9.02%
ドイツ	2,458.58	38,737.80	6.35%
ギリシャ	117.12	4,388.60	2.67%
ハンガリー	178.21	3,781.20	4.71%
アイルランド	98.74	1,847.80	5.34%
イタリア	2,228.01	22,872.30	9.74%
ラトビア	0.44	940.9	0.05%
リトアニア	8.97	1,343.70	0.67%
ルクセンブルグ	16.11	220.8	7.30%
マルタ	1.68	164.2	1.02%
オランダ	856.05	8,370.20	10.23%
ポーランド	592.8	15,960.50	3.71%
ポルトガル	251.1	4,978.20	5.04%
ルーマニア	163.35	9,239.40	1.77%
スロバキア	44.91	2,317.50	1.94%
スロベニア	7.09	966	0.73%
スペイン	1,243.15	18,456.50	6.74%
スウェーデン	507.21	4,545.80	11.16%
英国	1,633.00	28,941.50	5.64%
クロアチア	9.08	1,541.20	0.59%
アイスランド	0.22	165.8	0.13%
EU-15の合計	12,806.37	172.790.40	7.41%
EU-27の合計	14,128.13	216.397.80	6.53%

＊16-65歳の労働人口、Eurostat（2010年）。
（出典）European Commission (2010), Volunteering in The European Union, Educational, Audiovisual & Culture Executive Agency (EAC-EA) Directorate General Education and Culture (DG EAC) p.48.

表2 成人人口に占めるボランティア活動人口の割合

国	成人人口（％）	ボランティアの数
オーストリア	37%	2,638,255
ベルギー	26%	2,341,994
ブルガリア	12%	784,501
キプロス	23%	153,531
チェコ共和国	23%	2,072,862
デンマーク	43%	1,949,371
エストニア	30%	341,166
フィンランド	39%	1,740,611
フランス	24%	12,646,908
ドイツ	34%	24,065,072
ギリシャ	14%	1,355,390
ハンガリー	22%	1,878,243
アイルランド	32%	1,124,535
イタリア	26%	13,484,222
ラトビア	22%	426,628
リトアニア	24%	679,138
ルクセンブルグ	35%	144,534
マルタ	16%	55,975
オランダ	57%	7,787,384
ポーランド	9%	2,914,610
ポルトガル	12%	1,082,532
ルーマニア	14%	2,549,410
スロバキア	29%	1,332,145
スロベニア	34%	598,298
スペイン	15%	5,867,518
スウェーデン	21%	1,636,160
英国	23%	11,774,457
クロアチア	n.a.	n.a.
アイスランド	n.a.	n.a.

（出典）European Commission (2010), Volunteering in The European Union, Educational, Audiovisual & Culture Executive Agency (EAC-EA) Directorate General Education and Culture (DG EAC). p.51. ユーロバロメーター／欧州議会75、2：無料奉仕活動。

ツでの取り組みでは、貨幣を介在させないが、時間や体力に余裕のある時期に、生涯の空いた時間に社会貢献活動を無償で行う新しいタイプのボランティア活動、介護サービスを提供するサードセクターによるボランティア活動の在り方がある。これは、ボランティア活動時間を管理する地域の「時間銀行・時間預託[47]」(Time Bank[48]) を設け、各自の「ボランティア活動時間」をポイントとして貯蓄する制度である[49]。時間銀行は、ボランティア活動にかつて従事した人が、将来、高齢者・障がい者となり介護サービスが必要となった時に、「時間銀行」に預託した自らのボランティア就労の貯蓄時間ポイントを利用して無償で介護サービスの提供を受けられる、一種の世代間での互酬、相互主義的な連帯の仕組みであり、「地域(対人サービス)交換取引制度」(Local Exchange Trading System[50]) と捉えることができる。このような方式であれば、「一人は万人のために、万人は一人のために」(Each for all and all for each) という理念を制度化でき、ボランティア活動にインセンティブを与えることで育児や介護などの対人サービスの供給を非貨幣的手段によって持続可能な状態で維持することができる。中高年や定年退職者で新たな雇用先が見つからない場合でも、介護業務の人的資源として社会貢献をすることで、介護が必要となる将来の自分にとっての備えをすることが可能となる。もちろん高齢者・障がい者の介護サービスの必要度に応じて、ポイント不足分を有償の介護サービスを現金で購入することも可能である。

家庭内介護であれ、高齢者施設や病院、ナーシング・ホーム等での施設介護であれ、「時間銀行」に預けている自らのポイントを利用可能とする仕組みの活用範囲は広い。時間銀行に貯蓄した自らのポイントは、介護サービス等の福祉分野のみならず、スポーツ・クラブでトレーニングを受けたり、生涯学習・カルチャースクール等の費用、食品等の購入にも利用できる一種の「地域通貨」としての機能を有するため[51]、貨幣を交換間手段としない新たな地域社会における連帯のツールとなりうる。EU加盟国におけるボランティア活動への参加者は、表4に示すように国別に年齢層に違いがみられる。

EU諸国におけるボランティア活動への参加は、中欧・東欧、地中海諸国では、若年・青年層が多いが、一般的には成人・中高年層(30～50歳)で最

表 3　時間銀行の現状

到達状況	誰が便益を得るか	機能	事例
ソーシャルネットワーク	公共サービス	社会問題の発生を防ぐ、相互支援ネットワーク	手術を含む医療ロンドン Rushey Green Bank
所属意識を含む社会的包摂	孤立高齢者、難民	時間銀行が共同体内の活動記録を管理	ロンドン King's Cross Time Bank は、多人種間横断的に支援する人々の情報を管理
雇用可能性	失業者・アルコール依存症や精神疾患のある人々	各人に存在意義を感じさせ、若者がコンタクトをとる	バルセロナ Time Bank はこの分野に特化
世代間関係	高齢者層		公正な配分・高齢者に特化した必需品支援
心理的福祉、自信－自尊心	高齢者層・認知症患者等	友人を見つけ、自己の有用感を感じさせるように支援	Time Bank 評価の共通項を発見
物理的福祉	高齢者層	高齢者の居住・生活の支援	Time Bank が関与し、80歳代以上高齢者を対象とするニューヨーク訪問看護サービスの研究

（出典）　Stewart, James. ed., Institute for Prospective Technological Studies (JRC-IPTS) (2014), The Potential of Time Banks to support Social Inclusion and Employability, An Investigation into the use of reciprocal volunteering and complementary currencies for social impact. p.18.

　も活発かつ参加者数も多くなっている。ドイツのように全年齢層で比較的参加率が高い国でも一部に法的規制があり、市場経済において十分就労可能な年齢層には平日のボランティアを禁止している国もあるが[52]、余暇や退職後で体力的に余裕のある時期を有効に活用できる仕組みは必要である。次にボランティア参加者のジェンダー・バランスについては、表5のように女性の参加割合の高い国がある一方で、男性の参加割合が高い国もあり、男女の参加率に均衡がとれている国もある。

　ボランティアが活躍する分野としては、スポーツ、社会福祉、保健・医療、宗教組織、文化、レクリエーション・レジャー、教育・研修・研究などが挙げられ、オランダでは、年金基金制度の下に医療介護サービス部門で同

表 4　EU 諸国におけるボランティア活動への参加者の年齢

傾向	EU 加盟国
若年・青年層（15〜30歳）が最も活発に参加	ブルガリア・チェコ・ラトビア・リトアニア・ポーランド・ルーマニア・スロヴァキア・スロヴェニア・スペイン
成人・中高年層（30〜50歳）が最も活発に参加	ベルギー・キプロス・デンマーク・エストニア・フィンランド・ハンガリー・ポルトガル・スウェーデン
全年齢層で比較的参加率が高い	オーストリア・フランス・ドイツ・アイルランド・イタリア・オランダ・イギリス
高齢者層の参加が増大中	オーストリア・ベルギー・フィンランド・フランス・ルーマニア・スロヴェニア・スペインスウェーデン

（出典）European Commission (2010), Volunteering in The European Union, op. cit., p.71.

様のポイント制度が運用され、発展しつつある[53]。このような時間銀行による地域介護サービス交換取引制度は、持続可能かつ、高齢社会の人口動態の変化とニーズに対応できる。継続的な長期介護サービスの提供を担うことのできる人的資源の育成と管理のために、高齢社会を支える社会イノベーションと時間銀行ガバナンスの戦略が要請される。EU と加盟国の両レベルでの中長期的な政策調整・財政調整を行い、社会連帯によるリスクガバナンスの仕組みと持続可能な運営が今後の重要な課題となろう。

おわりに

以上、考察の結果、EU/ 欧州福祉レジームにおける連帯と社会的包摂を強化する観点から、次のような課題が浮かび上がってきた。

第 1 に、時間銀行は一種の地域通貨としての性格をもつため、ボランティア活動参加者が、他の地域や加盟国へと移動する場合に、その「貯蓄ポイントの互換性」をどのようにして保つのか、という問題が提起される。人の自由移動政策がとられている EU において、貯蓄ポイントのモビリティ確保は EU レベルで検討すべき重要な課題といえる。

第 2 に、地域ごとに言語、文化、宗教などが異なる社会環境にあって、ボランティアの供給可能人数も地域間で格差があり、需給関係の調整を地域間

表5　EU諸国におけるボランティア活動参加のジェンダー・バランス

傾向	EU加盟国
女性の参加が多い	ブルガリア・チェコ・マルタ・スロヴァキア・イギリス（イングランド・北アイルランド・スコットランド）
男性の参加が多い	オーストリア・ベルギー・デンマーク・フランス・ドイツ・ハンガリー・イタリア・ルクセンブルク・ポルトガル・スロヴェニア・スウェーデン
男女間で参加は均衡	キプロス・エストニア・フィンランド・アイルランド・リトアニア・オランダ・ポーランド・ルーマニア
情報不足・不明	ギリシャ・ラトビア・スペイン

（出典）European Commission (2010), Volunteering in The European Union, op. cit., p.69.

や世代間でどのように調整するのかという問題が提起される。

　第3に、対人サービスの質や内容をいかに評価し、どのように同レベルのサービスの質を維持し、提供可能にしていくのかという問題もある。自らが若い時期に提供した介護サービスの内容、質など、同レベルのサービスを高齢者となってから享受できることを誰しも期待するに違いない。これは日本の介護士のように、介護サービス従事者としての専門職資格を必要とする業務とするのか、あるいは誰でも参加可能な素人による役務の提供に留めるのか、という問題でもある。

　第4に、介護サービスなどのボランティア活動を行って得た貯蓄ポイントを、医療サービスや医薬品、食品や生活必需品の購入にも使えるようにするために、ポイントと貨幣の互換性をどのようにするのか、貨幣と同様の交換手段に用いられることの是非の検討とともに、その交換レートや交換の仕組みを整備することも必要となる。

　第5に、各人の保有する貯蓄ポイントの管理は、誰がどのように管理するのが望ましいのか、EU/欧州委員会や加盟国・行政機関（バルセロナ市のような自治体）か、民間企業か、NGO/NPO等の非営利団体か、あるいはそれら組織による共同管理が望ましいのか、時間銀行はいかなる主体が担うべきか、今後の検討課題となるであろう。

　EUのリスクガバナンスのためには、ギデンズ（Anthony Giddens）が指摘

するように欧州市民の連帯感と帰属意識を作りだし、強化する必要がある[54]。その観点から、時間銀行など社会的経済が活用されているフィンランドやスペインが社会保障支出を増加し、失業者に対する就職斡旋や職業訓練などの積極的支援プログラムを実施し、結果的には失業率との相関が強いとされる自殺率も減少し、経済回復に向かっている事実に注目する必要がある[55]。

　社会連帯を基盤とする経済活動、公益に配慮する連帯経済社会の構築のために、国際制度−国内制度の連携による社会リスクのガバナンスが今後の重要な政策課題となるであろう。経済成長を図るためには、最も層の厚い中間層を貧困化させる政策ではなく、むしろ企業やサードセクターに雇用創出や労働者の包摂を促すようなインセンティブを与え、中間層を強靭化する連帯政策こそが要請される。政府部門、民間企業部門とともに、協働する社会的経済部門の活用を通じて、層の厚い中間層の可処分所得の増大を図ることが可能となる。これは消費を拡大させ、経済成長の好循環を生み出す原動力となり、高齢社会を支える社会保障の財政基盤を強化し、若年労働者の雇用創出と所得の安定化に繋がる。

　とりわけ超高齢社会においては、福祉レジームにおける3つのセクター間の連帯によるリスクガバナンスの重要性を強く認識する必要がある。EUと加盟国は、社会的経済との連携を政策的に後押ししていくことが要請される。将来にわたって介護サービスを確実に提供できる欧州における社会的経済の役割、時間銀行等のモデルや経験は、人類がいまだ経験したことのない超高齢社会を迎える日本でも活かすことができ、社会リスクのガバナンスと世代を超えた連帯の実現のために喫緊の検討課題となるであろう。

(1) Esping-Andersen, Gosta (1999), *Social Foundations of Postindustrial Economies*, Oxford University Press, pp.35-36. G. エスピン・アンデルセン（渡辺雅男・渡辺景子訳、2000）『ポスト工業経済の社会的基礎』桜井書店、65頁。エスピン・アンデルセン（Espin-Andersen）によれば、「福祉レジーム」とは、国家、市場、家族が構成するレジームを意味し、福祉サービス供給における3者間関係の比重の違いがレジームの制度構造を規定すると捉える。宮本太郎（2013）『社会的包摂の政治学』ミネルヴァ書房、94頁。

(2) 欧州・EUにおける社会的経済とは、協同組合、共済、相互扶助組織、民間非営利団体、基金、社会的企業などの事業体の総称であり、政府・公共部門(ファーストセクター)、民間企業(セカンドセクター)とは異なる市民社会のシビックセクターであり、サードセクターとも呼ばれる。European Economic and Social Committee (2012), *The Social Economy in the European Union*, p.10.

(3) ウルリッヒ・ベック(山本 啓訳)(2014)『世界リスク社会』法政大学出版部、11頁。

(3) Jean-Louis Laville (2014), *The Third Sector in Europe*, E & E, p.206. A. エバース・J. L. ラヴェル編(内山哲朗・柳沢敏勝訳)(2007)『欧州サードセクター』日本評論社、276頁。福田耕治(2010)『EU・欧州公共圏の形成と国際協力』成文堂、3‐5頁。

(4) 重田園江(2010)『連帯の哲学Ⅰ―フランス社会連帯主義』勁草書房、xvii頁。

(5) Delors, Jacqes (2014) "European Union and the Third System", Adalbert Evers、Jean-Louis Laville (2014), *The Third Sector in Europe*, E & E, p.206. A. エバース・J. L. ラヴェル編(内山哲朗・柳沢敏勝訳)(2007)『欧州サードセクター』日本評論社、281頁。

(6) Delors, Jacqes (2014), op. cit., p.207. A. エバース・J. L. ラヴェル編、前掲訳書、284頁。

(7) Delors, Jacqes (2014), Ibid., p.211. A. エバース・J. L. ラヴェル編、前掲訳書、289頁。

(8) Gerhard Lehmbruch and Philippe C. Schmitter (1982), *Patterns of corporatist policy-making*, eds. Sage Publications.(山口定監訳『現代コーポラティズム(2)先進諸国の比較分析』、木鐸社、1986年)

(9) European Commission (1994), COM (94) 333 Final Brussels. 27. 07. 1994 *European Social Policy, A Way for the Union, A White Paper*, pp.2-3.
http://www.ab.gov.tr/files/ardb/evt/1_avrupa_birligi/1_6_raporlar/1_1_white_papers/com1995_white_paper_european__social_policy.pdf 2015年1月1日閲覧。

(10) Boin, Arjen, Ekengren, M., Rhinard, Mark (2013), *The European Union as Crisis Manager*, Cambridge University Press. Blockmans, Steven ed. (2007), The European Union and Crisis Management: Policy and Legal Aspects, T/M/C Press.

(11) EFTU 第222条

(12) Case C-67/96 Albany International BV v.Stichting Bedrijfspensionfonds Textielindustrie [1999] ECR 1-5751, [2000] 4 CMLR 446.

(13) C-41/90 Höfner and Elser v. Marotron GmbH [1991] ECR1-1979, [1993] 4CMLR306.

(14) Case C-475/99 Firma Ambulanz Glöckner v Landkreis Südwestpfalz [2001] ECR1-8089.

(15) 青柳由香(2013)『EU競争法の公共サービスに対する適用とその限界』日本評

論社、92-95頁、227頁。
(16) BUPA事件については、庄司克宏（2014）『新EU法―政策篇』352-356頁を参照。
(17) 青柳由香（2013）、前掲書281頁。
(18) Koji Fukuda (2014), "The global economic crisis and the future of labor market policy regimes: implications for economic governance in the European Union and Japan"、Hideko, Magara, ed. (2014), *Economic Crises and Policy Regimes*, E & E, pp.314-336.
(19) Koch, Max, Frit, Martin, ed. (2013), Non-Standard Employment in Europe, Palgrave, pp.194-197.
(20) European Commission (1992), *Towards a Europe of Solidarity: Intensifying the Fight against Social Exclusion*.
(21) Ibid., p.8.
(22) Anthony B. Atkinson, Eric Marlier, Brian Nolan (2004), "Indicators and Targets for Social Inclusion in the European Union", JCMS, Vol.42, February 2004, p.45, pp.47-75.
(23) 福田耕治編（2011）『多元化するEUガバナンス』早稲田大学出版部、98-101頁。
(24) European Commission (2005), COM (2005) 33 final Communication from the Commission on the Social Agenda
(25) 福原宏幸・中村健吾・柳原剛司編著（2015）『ユーロ危機と欧州福祉レジームの変容』明石書店、28頁。
(26) 同上、また福原宏幸（2014）「アクティベーション：社会的連帯経済の可能性」岩先晋也・岩間伸之・原田正樹編『社会福祉研究のフロンティア』有斐閣を参照されたい。
(27) European Commission (2015), Europe 2020 Flagship Initiative Innovation Union SEC (2010) 1161, https://ec.europa.eu/research/innovation-union/pdf/innovation-union-communication-brochure_en.pdf.Accessed 1 Feb. 2016.
(28) Ibid. p.19.
(29) Ibid.. pp.24-27.
(30) パスカル・フォンテーヌ（2013）『EUを知るための12章・第2版』駐日欧州連合代表部、33-36頁。
(31) Evera A. and I.Stvetlik (1993), *Balancing, Pluralism, New welfare Architecture for Europe?: Report to the Belgian Presidency of the EU*, Brussels: CEC.
(32) Evers, Adalbert and Laville, Jean-Louis (2004), op. cit., P.17.
(33) A. エバース、J. L. ラヴィル（内山哲朗・柳沢敏勝訳）（2007）『欧州サードセクター』日本評論社、262-264頁。
(34) 同上、264頁。
(35) Jacques de Chalendar, Guy de Brébissen, Conseil de L'Europe ed., Mécénat

en Europe, 欧州評議会編（大野朗子訳）（1991）『ヨーロッパのメセナ』社団法人企業メセナ協議会。
(36) A. エバース、J. L. ラヴィル、前掲書、26-27頁。
(37) European Economic and Social Committee (2012), The Social Economy in the European Union, Report by José Luis Monzón & Rafael Chaves. pp.34-37.
(38) http://ec.europa.eu/growth/smes/promoting-entrepreneurship/we-work-for/social-economy/index_en.htm（2015年10月1日アクセス）福原宏幸・中村健吾・柳原剛司編著（2015）前掲書、158頁。
(39) European Economic and Social Committee (2012), The Social Economy in the European Union, p.18
(40) Ibid.
(41) 福原宏幸・中村健吾・柳原剛司編著（2015）前掲書、159頁。
(42) European Economic and Social Committee (2008), *The Social Economy in the European Union*, Summary of the Report drawn up for the European Economic and Social Committee by the International Centre of Research and Information on the Public. Social and Cooperative Economy (CIRIEC), p.8.
(43) 福原宏幸・中村健吾・柳原剛司編著（2015）前掲書、158頁。
(44) European Commission (2010), Volunteering in The European Union, Educational, Audiovisual & Culture Executive Agency (EAC-EA) Directorate General Education and Culture (DG EAC).
(45) Ibid., p.55.
(46) Ibid.
(47) http://www.volunteernow.co.uk/volunteering/timebanking
(48) http://www.reconomy.org/economic-enablers/alternative-means-of-exchange/complementary-currencies/
(49) Ibid.
(50) http://www.transaction.net/money/lets/8Oct, 2015.
(51) Stewart, James ed.、Institute for Prospective Technological Studies (JRC-IPTS) (2014), *The Potential of Time Banks to support Social Inclusion and Employability, An Investigation into the use of reciprocal volunteering and complementary currencies for social impact*. p.33.
(54) Giddens, Anthony, (2014) *Turbulent and Mighty Continent: What Future for Europe?*, Revised and Updated Edition, Polity, p.8.
(55) Strucker David, Basu, Sanjay (2013), *The Body Economic*, Conville & Walsh Limited, デビッド・スタックラー＆サンジェイ・バス（橘明美・臼井美子訳）(2014)『経済政策で人は死ぬか？公衆衛生学から見た不況対策』草思社、196-204頁。

第3章
ユーロ危機とヨーロッパ経済の動向

阿 部 　 望

はじめに

　2007年のアメリカ発のサブプライムローン危機と2008年9月のアメリカの投資銀行（リーマン・ブラザーズ）の倒産を引き金にして、EUとりわけユーロ圏において金融財政危機が発生し、2009年末にその危機が深刻化した。この危機は「ユーロ危機」と呼ばれるが、より正確には「ヨーロッパ金融財政危機」あるいは「ユーロ圏危機」と呼ばれる現象で、EUではアイルランド、ギリシャ、ポルトガル、スペイン等を中心に発生した。これらの国では公的債務の返済が不可能となったり、債務超過となった民間銀行の救済が不可能となったりしたのである[1]。本稿では、EUにおける複数の国でなぜこうした危機的な事態が生じるに至ったのかに関して長期的かつ構造的な視点から考察する。

　以下本稿では、最初にユーロ圏における経済危機の意味について確認し、ユーロ危機の実態について検討する。次いでユーロ危機の発生した背景について分析する。その際に、その背景を全体的・多角的観点からと長期的・構造的観点からとに分けて考察する。そして最後に現在のEUの経済・社会情勢を前提としたとき、今後EU経済はどのように展開するかについて展望し、考察する。

第1節　ユーロ危機の実態

1　ユーロ圏における経済財政危機の意味

　2008年以降のユーロ危機は、EU内（ユーロ圏）のいくつかの国（アイルランド、ギリシャ、ポルトガル、スペイン等）で生じたのであり、その意味ではさしあたり一国経済の問題である。しかしながらEUの経済通貨同盟（EMU）の枠内、すなわちユーロ圏においては、それは直ちにEU全体（あるいはユーロ圏全体）の問題に転化する。というのは、EMUは実際上は、①加盟国間での経済政策の調整、②財政政策の調整（特に政府債務および財政赤字の上限枠の設定）、③欧州中央銀行（ECB）による独立した通貨政策の実施、④ユーロゾーン内での金融機関の単一の規則と監督、⑤単一通貨とユーロゾーン、を意味するからである 。ちなみに2008年以降ユーロ危機に直面した4カ国はいずれもユーロ加盟国である。

　このようなEMUの規制は、ユーロ圏加盟国にとっては基本的にはユーロの通貨価値を維持することを直接的な目的とするが、現実的には一国の経済政策の自由度に対して非常に大きな制限を課すことを意味する。というのは、EMUへの加盟を希望する国は、その参加資格たる「経済の収斂基準」（マーストリヒト基準）を満たす義務を負うことが事前に通告されていたからである。その収斂基準とは、具体的には、①財政赤字がGDPの3％以内であること、②公的債務残高のGDP比が60％以内であること、③消費者物価水準の変化率がその最も低い国3カ国の平均に1.5％を加えた水準を上回らないこと、④長期金利が③で特定された3カ国の長期金利の平均に2％を加えた水準を上回らないこと、⑤自国の通貨価値を少なくとも2年間一定限度内に維持すること、の5つを指す。それに加えて、ユーロ圏加盟国は上記の基準を満たすだけではなく、その後もその基準を中期的・長期的に維持し続けるためのモニタリングや是正措置（「安定成長協定」、「安定収束プログラム」、「過度の赤字手続」など）を受け入れることが求められており、その意味で、ユーロ圏の維持のための一通りの制度上の準備態勢はできていたのである。これらの基準や措置から直ちに理解されるように、EMUに加盟し、共通通貨を

導入することは、その国にとって独自の金融政策の発動を放棄するだけではなく、独自の財政政策の発動をもかなりな程度制限されること、そして自国の経済状態に対して恒常的にモニタリングと必要に応じて是正措置の勧告を受けることを余儀なくされることを意味していたのである。

しかしながらいくつかの国にとってはこれらの規制の意味が十分に理解されていたとは言えないこと、あるいはそれを順守しようとする意志が欠如していたことがその後明らかとなってきた。たとえばギリシャである。この国は他のユーロ導入第一陣の諸国よりも2年遅れて2001年にユーロの導入が最終的に認められたのであるが、その際に提出した公式統計が実はマーストリヒト基準を満たさない粉飾されたものであったことが後日明らかにされた。このことは、申請時においてギリシャが正確な公式統計を提出していたとすれば、この国はユーロの導入を認可されなかった可能性が存在したことを意味するのである。

2　ユーロ危機のマクロ経済に及ぼした影響

そこで次に、2008年以降ユーロ危機が発生したことにより、各国経済にいかなる影響が出たかについて確認しておこう。ユーロ危機は基本的に金融財政危機であるが、その直接的な影響は政府の財政状態において発現する。ここでは2003年〜2014年までの期間の政府財政収支と政府債務残高の動向について、ユーロ危機に直面した4カ国（アイルランド、ギリシャ、スペイン、ポルトガル）を中心として考察する。ここでは2009年を境にユーロ危機以前の時期（前期）と以後の時期（後期）とを区別し、各時期の経済実績を検討する。（表1）を参照されたい。

この表からわかる通り、これら4カ国の政府財政収支の赤字規模は、前期においてはその平均値はEU28カ国の平均値よりもポルトガルを除いて小さかった。しかし後期においては、これら4カ国の赤字規模は全てEUの平均値よりも悪化している。特にこの間、いくつかの国は複数の年度にまたがり、10％を超える赤字規模を計上している（特にアイルランドの2010年の赤字規模（32.5％）が注目される）。次に政府債務残高の推移を見ると、前期においてはアイルランドとポルトガルでは債務残高が増加したのに対し、スペインで

表 1　ユーロ危機の経済実態

A. 政府財政収支（対 GDP 比（%））

	2003	2004	2005	2006	2007	2008	期間平均(%)	2009	2010	2011	2012	2013	2014	期間平均(%)
EU28カ国（平均）	-2.7	-2.0	-1.5	-0.9	-0.1	-1.8	-1.5	-6.0	-6.1	-4.5	-4.2	-3.2	-2.9	-4.5
アイルランド	0.8	1.4	1.3	2.8	0.3	-7.0	-0.1	-13.9	-32.5	-12.7	-8.1	-5.8	-4.1	-12.9
ギリシャ	:	:	:	:	:	:	:	:	:	-10.2	-8.7	-12.3	-3.5	-8.7
スペイン	-0.4	0.0	1.2	2.2	2.0	-4.4	0.1	-11.0	-9.4	-9.4	-10.3	-6.8	-5.8	-8.8
ポルトガル	-4.4	-6.2	-6.2	-4.3	-3.0	-3.8	-4.7	-9.8	-11.2	-7.4	-5.6	-4.8	-4.5	-7.2

B. 政府債務残高（対 GDP 比（%））

	2003	2004	2005	2006	2007	2008	期間変化率(%)	2009	2010	2011	2012	2013	2014	期間変化率(%)
EU28カ国（平均）	46.8	45.5	44.6	42.7	40.8	43.8	-6.5	52.4	57.5	65.0	68.6	72.2	73.6	40.6
アイルランド	30.1	28.3	26.2	23.8	24.0	42.6	41.5	62.3	87.4	111.2	121.7	123.2	109.7	76.1
ギリシャ	:	:	:	:	:	:	:	:	:	171.3	156.9	175.0	177.1	:
スペイン	47.6	45.3	42.3	38.9	35.5	39.4	-17.2	52.7	60.1	69.2	84.4	92.1	97.7	85.4
ポルトガル	58.7	62.0	67.4	69.2	68.4	71.7	22.1	83.6	96.2	111.1	125.8	129.7	130.2	55.7

C. 長期利子率（国債利子率（10年）（%））

	2003	2004	2005	2006	2007	2008	期間平均(%)	2009	2010	2011	2012	2013	2014	期間平均(%)
EU28カ国（平均）	4.4	4.4	3.7	4.1	4.6	4.6	4.3	4.1	3.8	4.3	3.7	3.0	2.2	3.5
アイルランド	4.1	4.1	3.3	3.8	4.3	4.5	4.0	5.2	5.7	9.6	6.2	3.8	2.4	5.5
ギリシャ	4.3	4.3	3.6	4.1	4.5	4.8	4.2	5.2	9.1	15.8	22.5	10.1	6.9	11.6
スペイン	4.1	4.1	3.4	3.8	4.3	4.4	4.0	4.0	4.3	5.4	5.9	4.6	2.7	4.5
ポルトガル	4.2	4.1	3.4	3.9	4.4	4.5	4.1	4.2	5.4	10.2	10.6	6.3	3.8	6.7

D. 実質 GDP 成長率（%）

	2003	2004	2005	2006	2007	2008	期間平均(%)	2009	2010	2011	2012	2013	2014	期間平均(%)
EU28カ国（平均）	1.5	2.5	2.0	3.4	3.1	0.5	2.2	-4.4	2.1	1.7	-0.5	0.2	1.4	0.1
アイルランド	3.0	4.6	5.7	5.5	4.9	-2.6	3.5	-6.4	-0.3	2.8	-0.3	0.2	4.8	0.1
ギリシャ	6.6	5.0	0.9	5.8	3.5	-0.4	3.6	-4.4	-5.4	-8.9	-6.6	-3.9	0.8	-4.7
スペイン	3.2	3.2	3.7	4.2	3.8	1.1	3.2	-3.6	0.0	-0.6	-2.1	-1.2	1.4	-1.0
ポルトガル	-0.9	1.8	0.8	1.6	2.5	0.2	1.0	-3.0	1.9	-1.8	-4.0	-1.6	0.9	-1.3

（出典）Eurostat のデータベース（http://ec.europa.eu/eurostat/data/database）より作成。

は債務残高は減少した。スペインの減少率は、EU28カ国のそれを大きく上回っている。しかしながら後期に入るとこれら3カ国はいずれも債務残高を増加させ、その増加率はEU平均を大きく上回っている。ただしこれまでのデータの解析に際しては、ギリシャのケースについて特別な配慮が必要である。というのは、これらの統計データにはギリシャのデータが欠如しているからである。その理由としては、欧州統計局がギリシャの当該データを信頼できるものとして受け取っていないことがあげられる。このことは実は非常に重大な問題を引き起こすのであるが、後段で別途検討する。

さてこのような財政状況の悪化は、当然のことながら長期金利に影響を及ぼす。（表1）からわかる通り、前期においてはこれら4カ国の長期金利はEU28カ国の平均とほぼ同じかそれよりも若干低めであったのに対し、後期においては逆にEU平均をかなりな程度上回るようになった。その中でもギリシャとポルトガルで特に2011年以降非常に高い水準に達している。このことは当然にも各国の経済成長に影響を及ぼす。各国の実質GDP成長率を見ると、前期においてはユーロ危機に直面した4カ国のうち、ポルトガル以外の3か国はEU平均を上回る実質成長を達成していた。しかしながら後期に入ると、ほぼすべての国がEU平均以下の成長、すなわちマイナス成長に陥ったことがわかる。特にギリシャでは2009年〜2014年の平均成長率はマイナス4.7％を示している。また（表1）の中では示されていないが、失業率のデータを見ると、実質GDPの実績から得られる結論がほぼそのまま該当することが確認される。特にギリシャとスペインで高失業率が発生しており、後期の失業率の平均がそれぞれ19.8％と22.4％となっている[2]。

第2節　ユーロ危機の発生とその特徴

1　なぜユーロ危機が発生し、その影響が広範に及んだのか

それではなぜ2008年にEUにおいてユーロ危機（金融財政危機）が生じたのであろうか。しばしば指摘されるように、その直接的な契機は、2008年9月のリーマン・ショックである。EUにおけるその影響の大きさと構造は、EUの各国、特に危機の発生した4カ国ごとにそれぞれ具体的に指摘するこ

とができるであろう(3)。しかし本稿ではそのような個別的な展開ではなく、リーマン・ショックの影響がなぜこれほどまでに広範に及んだのかという問題に焦点を当てる。つまりユーロ圏のガバナンス上の問題点に焦点を当てることとする。

前述しておいたように、ユーロ圏に加盟するためにはそのための前提条件（マーストリヒト基準）を満たす必要があるが、そのことはユーロ導入国が一定の経済パフォーマンスを維持する能力を有することを要求するものであった。そしてそれを中期的・長期的に維持し続けるためのモニタリングや是正措置の制度についても一通りの準備態勢はできていた（「安定成長協定」など）。しかしながら今回の危機を通してこれらの従来の支援スキーム（経済ガバナンス・システム）では決定的に不十分であることが明らかとなったのである。EUの公式見解によれば、その経済ガバナンス・システムの欠陥は以下の5つの要素に集約される(4)。

a）加盟国の財政赤字に過度のウェイトを置いたこと。
b）加盟国の競争力とマクロ経済不均衡の監視が不足していたこと。
c）EUの規制の実施面で実効性を欠いたこと。
d）必要とされるEUの政策に関する意思決定が迅速になされなかったこと。
e）加盟国が危機に陥った時に緊急に金融支援を行うためのメカニズムが存在しなかったこと。

そしてこれらの認識の下で、EUにおける経済ガバナンス強化の観点から、いくつかの機関や制度を新設したり、再編したりしてきている。それらは、「安定成長協定」、「EMUにおける安定化・調整・統治条約」、「ヨーロッパ・セメスター」、「ユーロ・プラス条約」、などである(5)。

さて以上の指摘に基づくならば、ユーロ危機の発生と今後のEU経済の動向について議論する際には、少なくとも上記の5点について触れなければならないであろう。しかしながら本稿ではEU経済を取り巻く構造的・長期的要因に焦点を当てて検討することにしたい。すなわち、上記のリスト中の「b）加盟国の競争力とマクロ経済不均衡の監視が不足していたこと」を中心に取り上げることとする。

2 EU経済の多様性

　以下本格的な考察に入る前に、もう一つ重要なEU経済の特徴について論じておかなければならない。それはEU経済が非常に多様性に富んでいる点である。すでによく知られているように、1990年代半ば以降、世界を取り巻く社会経済環境に非常に大きな変化が生じてきている。それはグローバル化、ICT化、そして特に先進工業国を中心とした少子高齢化の動き、等である。これらの動きはすべての国に対しその経済行動パターンの変更を強く迫るものである。それに成功する国は長期的な経済発展を達成することができ、失敗する国はそれができないことになる。さてEU28カ国を見ると、その社会経済システムには非常に大きな相違があることに気づかされる。そこで本稿ではEU28カ国につき、1995年までにEUに加盟した先行15か国を中心として検討することにするが、その社会経済システムの特性に基づき、これら15カ国を4つのモデルに区分する。その4つのモデルとは、「北欧モデル」(デンマーク、スウェーデン、フィンランド)、「大陸モデル」(オランダ、アイルランド、ドイツ、フランス、オーストリア、ベルギー、ルクセンブルグ)[6]、「アングロサクソン・モデル」(イギリス)そして「地中海モデル」(イタリア、スペイン、ポルトガル、ギリシャ)である。この4モデルの原型はA・サピールおよびB・アマーブルによって与えられたものである[7]。ただしこのようなモデル区分は固定的に受け取られるべきではない。ここ数年を見ても各国の社会経済ステムは徐々に変化を遂げてきているからである。しかしここでは上記の4モデルを分析の際に用いることとする。またここで最初に取り上げた2008年以降にユーロ危機に直面した4カ国のうちのアイルランドを除く3カ国は、地中海モデルに属する点に注意されたい。ただし本稿では基本的にはこれらのモデルの詳細には立ち入らず、それらの主要な経済実績に着目する。

3 EU先行15カ国のモデル別経済実績(2003年〜2014年)

　本稿ではEU経済の構造的・長期的要因を考察する。以下では最初に2つのマクロ経済実績を取り上げる。期間としては2003年〜2014年の12年間を対象とする。一つは各年のGDP成長率の平均値であり、もう一つはEU28カ国平均を100としたときの各国の一人当りGDPの水準である。ここでは

2003年と2014年の2つの年を取り上げる。(表2)を参照されたい。

まずこの間のGDP成長率の各年の平均値に着目すると、EU28カ国では1.1％の成長を遂げたことがわかる。4つのモデルでは、この間地中海モデル以外の3モデルにおいては、その実績はEU平均を上回っている。ただし地中海モデルは平均で0.0％の成長で、スペイン以外の国は全てマイナス成長に陥った。この間最も平均成長率が高かったのは、2000年以降の加盟国のグループ（新規加盟国）である。次に一人当りGDPの水準に目を転じてみよ

表2　4モデルの経済実績（2003年～2014年）

	GDP成長率（期間平均値）2003年～2014年：(％)	一人当りGDP（水準）EU28=100	
		2003年	2014年
北欧モデル（平均）	1.2	121.7	119.3
デンマーク	0.6	124	124
スウェーデン	2.0	127	124
フィンランド	1.1	114	110
大陸モデル（平均）	1.3	125.2	123.3
オランダ	1.0	133	130
アイルランド	1.8	141	132
ドイツ	1.2	116	124
フランス	1.0	111	107
オーストリア	1.4	127	128
ベルギー	1.3	123	119
アングロサクソン・モデル	1.6	123.0	108.0
イギリス	1.6	123	108
地中海モデル（平均）	0.0	95.8	85.0
イタリア	-0.2	112	97
スペイン	1.1	100	93
ポルトガル	-0.1	78	78
ギリシャ	-0.6	93	72
新規加盟国（平均）	2.8	53.6	68.0
EU28カ国（平均）	1.1	100.0	100.0

（注）上記のモデルの中では、各国の平均値を扱うため、人口が100万人以下の3カ国（マルタ、ルクセンブルグ、キプロス）のデータは除外してある。
（出典）Eurostatのデータベースから作成。

う。2003年と2014年の実績を見ると、北欧モデルと大陸モデルにおいては各モデル平均および各国平均でそれほど大きな変化は見られない。他方アングロサクソン・モデル（イギリス）では、その相対的な水準はかなり低下していることがわかる。ここでも問題は地中海モデルである。地中海モデルは2003年時点でEU平均の95.8％の水準であったが、2014年には85.0％の水準にまで落ち込んでしまった。そして2003年時点ではイタリアとスペインの一人当りGDPはEU平均を上回っていたのが、2014年には両国とも下回ることとなった。以上の基礎データから、地中海モデルは経済実績の面で大きな困難に直面していることが読み取れる。

さて以上の検討は国ベースの実績に基づいて行われたが、実は現在のEUにおいては、一国レベルの経済実績の検討だけでは不十分なことが強調されてきている。というのは現在のEUの基本戦略（「ヨーロッパ2020」）において3つの優先項目（「スマートな成長」、「持続可能な成長」、「包摂的な成長」）があり、そのうちの第3の優先項目（包摂的な成長）の中で、「社会的および地域的結束」が目指されているからである[8]。このことは仮に一国の経済が順調に成長を遂げたとしても、その国の内部で地域格差が著しく拡大するならば、それは現在のEUにおいては許容されないことを意味する。その意味で最近EUにおいては地域データがますます注目されるようになりつつある。EUにおいて地域を語る場合、2つの地域レベルがしばしば登場する。NUTS 2とNUTS 3である。このうち本稿で扱うNUTS 2のカテゴリーではEU28カ国で272の地域が存在することとなる。ここでは地域データの全体を用いた分析は複雑になりすぎるため、一つのサンプルとして北欧モデルから一国（スウェーデン：NUTS 2 - 8 地域）と地中海モデルから一国（ギリシャ：NUTS 2 -13地域）を取り上げ、その地域発展の特徴について考察する[9]。先ほどと同じく、最初に各地域ごとの実質経済成長率を見てみよう。ここではデータの制約の関係で、2000年から2011年にかけてどれだけの実質経済成長がみられたかを検証する。まずスウェーデンであるが、ここでは8つの地域のうち最大の成長率は48.8％で最低の成長率は25.6％となっている。そして8地域の平均成長率は35.7％である。他方ギリシャに目を転ずると、13の地域のうち最大の成長率は54.6％で最低の成長率はマイナス3.5％であり、13地

域の平均成長率は19.4％となっている。次に、同時期について、EU28か国平均と比べてその経済水準はどの程度変化したかを調べてみよう。スウェーデンについては、8つの地域のうち最大の経済水準の上昇率は13.6％で最低の上昇率はマイナス8.5％となっている。そして8地域の平均上昇率はマイナス1.2％である。他方ギリシャにおいては、13の地域のうち最大の水準上昇率は11.5％で最低の上昇率はマイナス18.5％であり、13地域の平均上昇率はマイナス12.8％となっている。以上の実績から見て、スウェーデンにおいては各地域の発展が一定程度見られ、かつ地域間格差の増大はある程度抑制されていることがわかるのに対し、ギリシャにおいては地域の発展は総じて低レベルであり、かつ地域間格差は著しく増大していることが理解される。

第3節　ユーロ危機の長期的・構造的要因

1　EUの4モデルの機能的特性～国の競争力の観点から～

　それではなぜこのようなことが発生したのか、別言すれば地中海モデルはなぜ経済的に「失敗した」のか。この点について検討しよう。既に（表1）と（表2）で見たように、この間EU加盟国はその経済実績において大きな格差を示してきている。そのような経済格差をもたらす重要な要因（の一つ）として、産業競争力を考えることができる。このような産業競争力の要因としてはこれまでいくつかの指標セットが提案されてきている。本稿ではそのうちEUにおいても大きな影響力を有する世界経済フォーラム（WEF - World Economic Forum）の「グローバル競争力指標（GCI）」を参考にする。ここで主として取り上げる2014年版についていえば、その指標セットは3つの群（基礎的要請群、効率促進要因群、イノベーション群）の12指標から構成される（具体的に使用される個別指標は全部で112である）。また調査対象国は144か国に達する[10]。その結果について、EUの4モデルを中心に要約したものが（表3）である。GCIはスコア（1～7）でも示すことができるし、ランキング（144カ国中の順位）でも示すことができる。ここではEUの各国の競争力が世界の各国の中でいかなる位置にいるかを簡明に理解してもらうため、世界の144か国中のランキングの方を用いる。

この表の中では、以前と同様EU14か国の順位を4つのモデル別に表示してある。最初に全ての個別指標を集計した総合指標についてみてみる。すると北欧モデルにおいては3つの構成国のいずれも高い競争力を持つことがわかる。その結果、北欧モデル平均でも144国中の9.0位というランキングとなる。これはアングロサクソン・モデル（イギリス）と同じ水準である。次いで大陸モデルが登場する（平均で16.7位）。それに対し地中海モデルのGCIは平均で50.3位となっており、それほど高い競争力とはなっていない。特にギリシャの競争力は低く81位であり、これは全調査対象国の中でも下位の半分の中に位置する。

今度は競争力の特性について調べてみよう。この表は世界の144か国中のランキングを示したものである。ここでは非常に強い分野（144カ国中の10位以内）と弱い分野（100位以下の順位）に注目してみよう。すると北欧モデルではⅡ－効率促進要因群のうちの5－高等教育・訓練群（8.3位）と9－テクノロジーの利用可能性群（6.7位）、そしてⅢ－イノベーション群の11－ビジネス洗練度群（9.3位）と12－イノベーション群（6.3位）の4つの分野が非常に強い競争力を有することが明らかとなる。それからこの点でもう一つ注目すべきことは、これらの分野においては4つの国のいずれも高い競争力を有しており、その意味でモデル内で共通性がみられる点である。別言すれば、以上の諸分野では北欧モデルの4カ国は共通して強みを持つということである。大陸モデルに関してはGCIに関しては必ずしも明確な共通特性は検出されず、逆にドイツとオランダの強い競争力が印象的である。

そこで問題となるのは地中海モデルである。このモデルにおいては弱い競争力（100位以下のランキング）を有する分野は3つ存在し、3－マクロ経済の安定性群（123.0位）、7－労働市場の効率性群（109.3位）、8－金融市場の洗練度（111.0位）である。これらの3分野においては、4カ国とも等しく弱点を抱えており、その意味で地中海モデルに共通する欠陥といってよいであろう。さて、これらの中で地中海モデルは3－マクロ経済の安定性群では脆弱性を持つことは（表1）と（表2）からすでに予測されたことである。それでは残りの2つの指標群（7－労働市場の効率性および8－金融市場の洗練度）についてはどうであろうか。ここではこの2つの指標群につき、より詳細に個

表3　4モデルの国際競争力（2014年）～144か国中のランキング～

	GCI 2014							
	Ⅰ. 基礎的要請群					Ⅱ. 効率促進要因群		
	1 制度	2 インフラ	3 マクロ経済安定性	4 健康・初等教育	Ⅰ群一総合指標	5 高等教育・訓練	6 財市場の効率性	7 労働市場の効率性
北欧モデル（平均）	10.3	20.7	25.3	16.3	11.0	8.3	19.3	18.3
デンマーク	16	21	16	25	13	10	23	12
スウェーデン	2	19	43	1	8	14	17	20
フィンランド	13	22	17	23	12	1	18	23
大陸モデル（平均）	19.8	12.8	63.0	11.0	19.3	14.0	20.0	39.7
オランダ	10	4	39	5	10	3	9	21
アイルランド	15	27	130	8	31	17	10	18
ドイツ	17	7	24	14	11	16	19	35
フランス	32	8	82	18	26	28	46	61
オーストリア	22	13	33	19	16	15	22	43
ベルギー	23	18	70	2	22	5	14	60
アングロサクソン・モデル	12	10	107	21	24	19	13	5
イギリス	12	10	107	21	24	19	13	5
地中海モデル（平均）	76.3	22.0	123.0	30.3	53.3	36.0	69.3	109.3
イタリア	106	26	108	22	54	47	73	136
スペイン	73	9	121	34	42	29	75	100
ポルトガル	41	17	128	24	41	24	44	83
ギリシャ	85	36	135	41	76	44	85	118

（出典）World Economic Forum (2014) から作成。

別指標まで降りてその特性を見てみよう。まず前者についてであるが、それは7－A柔軟性と7－B人的能力の効果的活用の2つのサブ指標から構成されており、Aはさらに5指標から、そしてBも5指標から構成されている。この7－A指標群の5つの個別指標の中で地中海モデル平均のランキングが100位以内に入らなかった指標は4つ存在する（「労使関係における協力」＜100.8位＞、「賃金決定の柔軟性」＜116.5位＞、「雇用・解雇の柔軟性」＜115.5位＞、「労働インセンティブに対する課税の（負の）効果」＜135.5位＞）。7－B指標群につい

8 金融市場の洗練度	9 テクノロジーの利用可能性	10 市場規模	II群—総合指標	III. イノベーション群		III群—総合指標	総合指標	対象EU14カ国中のランキング
				11 ビジネス洗練度	12 イノベーション			
14.7	6.7	48.3	13.0	9.3	6.3	6.3	9.0	4.0
27	6	54	17	11	11	9	13	6
12	3	36	12	8	7	7	10	5
5	11	55	10	9	1	3	4	1
37.8	13.8	26.3	16.3	11.2	14.0	12.5	16.7	6.5
37	9	23	8	5	8	6	8	3
61	12	57	21	20	20	20	25	10
25	13	5	9	3	6	4	5	2
23	17	8	19	22	19	19	23	9
43	18	37	23	7	18	14	21	8
38	14	28	18	10	13	12	18	7
15	2	6	4	6	12	8	9	4
15	2	6	4	6	12	8	9	4
111.0	32.5	31.5	45.0	47.0	44.8	43.3	50.3	12.5
119	38	12	47	25	35	29	49	13
91	27	14	31	38	37	39	35	11
104	26	51	37	51	28	31	36	12
130	39	49	65	74	79	74	81	14

ては、ここでも3つの指標で100位以内に入っていない（「賃金と生産性」＜125.0位＞、「人材を国内に引き留める国の能力」＜103.8位＞、「人材を外国から引き付ける国の能力」＜107.5位＞）。次に8－金融市場の洗練度群についても2つのサブ指標群が存在し、8－A効率性（5つの個別指標）と8－B信頼度（3つの個別指標）である。ここでも100位以内に入らない分野は、8－Aで2つ（「ローンへのアクセスの容易さ」＜128.8位＞と「ベンチャー・キャピタルの利用可能性」＜111.5位＞）、そして8－Bで1つ（「銀行の健全性」＜114.3位＞）存在する。要

約すれば地中海モデルの競争力上の弱点は、マクロ経済の安定性を除くと、特に労働市場の効率性と金融市場の洗練度に集約されているといってよいであろう。その意味で、地中海モデルの諸国においては特に上記の3分野を中心としてグローバルな競争上不利な立場に追い込まれ、近年経済パフォーマンスを向上させることができず、その結果としてユーロ危機を迎えることとなったと考えられるのである。

2　EUの4モデルの機能的特性——地域競争力の観点から

すでに本節で示唆しておいたように、現在のEUにおいては経済発展の問題が一国レベルのみならず、「包摂的な成長」の観点から各国の地域のバランスの取れた発展も同時に強く意識され、追及されるようになってきている。このことは政治当局者だけでなく、なによりも市民の間で強く意識されていることに注意が向けられなければならない。この点の確認は本稿の議論にとって大きな意味を持ってくるのであるが、その詳細な分析は次節において行うこととする。

まず初めにここで我々の依拠するデータについて説明しよう。それは欧州委員会の専門部会（専門家グループ）が発表している「EU 地域競争力指標 2013（RCI-2013）」である[11]。このRCIは、前節で紹介したWEFのGCIとほとんどの部分で連動している。RCIでもGCIでも3つの指標群が採用されており、その構成もおおむね同等となっている。もちろんRCIでは基本的には地域指標（ただし一部の群では一国指標）が、GCIでは一国指標が使用されている。RCI-2013の結果を整理要約したものが、〈表4〉である。

この表でも、指標のスコアではなく全地域（262地域）中のランキングが示されている。この表ではまず4モデル別に各国の地域数（基本的にはNUTS2）が示されている。ここでも大きなばらつきがみられ、ここで対象となる14か国については、最大の37地域（ドイツ）から最少の2地域（アイルランド）に及んでいる。初めに総合指標としての地域競争力指標（RCI）に着目すると、国ごとに地域のランキングの最高ランクと最低ランクそして地域平均ランクが示されている。そうするとオランダの11地域がその平均ランクでもっとも高いことが判明する。このことは対象14カ国の中でオランダの地

域競争力が最も強いこととして理解することができるであろう。次いでドイツ、ベルギー、デンマーク、フィンランドが強い平均的な地域競争力を有することがわかる。またモデル別にみると、ここでも北欧モデルの地域競争力が平均的に強く、次いで大陸モデル、アングロサクソン・モデルとなり、ここでも地中海モデルの地域競争力の弱さが突出していることがわかる。ただし以上の考察は地域競争力の平均値に基づいており、より詳細にみると、たとえば北欧モデルに属するスウェーデンでは、もっとも高い地域競争力を持つ地域のランキングが4位であるのに対し、最も低い地域のランキングは119位である。このことはスウェーデンの国内において、地域間の競争力のバランスをとる必要が他の諸国よりも強く迫られる可能性があることを示唆している。このようなケースはもちろん他の国においても観察される。

第4節　今後のヨーロッパ経済の動向

1　想定されるいくつかの可能性

　これまで見てきたように、現在のEUの経済状況は国によってかなり大きな隔たりがあるといってよい。そのことを前提として今後のEU経済の動向を予測してみよう。そこには大きく分けると2つの相異なる方向が見えてくる。一つは現状維持、あるいは現状と同じ方向で規模が拡大するケースであり、もう一つは現状とは明らかに異なる方向を目指すケースである。

　はじめに前者のケースをみてみよう。そこではEUの加盟国が増え、かつEMUに加盟する国が増大するケースが考えられる。この現状維持コースこそ、現在のEUの多数派の想定するあるいは希望するコースであろう。他方、後者のケースについてはいくつかのバリエーションが想定しうる。まず基本線はEUの加盟国の拡大であるが、それと同時に、いくつかの国がEU自体から離脱する可能性が存在する。その可能性を秘めた国としては、イギリスやギリシャなどが現時点で想定されている。他方で、EUからの離脱ではなく、ユーロ圏からの離脱のケースも可能性としては考えうる。その一つの候補国はギリシャであり、また極端なケースにおいては、ギリシャとは正反対の理由からではあるが、ドイツもその可能性を秘めているかもしれな

表4　4モデルの地域競争力指標2013（RCI2013）

（EU262地域中のランキング）

	地域数	Ⅰ. 基礎指標群			Ⅱ. 効率性指標群		
		最高ランク	最低ランク	（ランク平均）	最高ランク	最低ランク	（ランク平均）
北欧モデル	17	1	84	37.7	11	131	81.4
デンマーク	5	35	68	50.6	12	96	66.8
スウェーデン	8	27	84	56.4	11	128	83.9
フィンランド	4	1	10	6.0	47	131	93.5
大陸モデル	93	2	212	77.3	2	262	76.6
オランダ	11	2	24	10.0	2	72	23.3
アイルランド	2	165	177	91.3	147	187	62.8
ドイツ	37	13	87	43.1	16	117	62.9
フランス	26	61	212	137.8	8	262	155.5
オーストリア	8	8	93	109.4	68	121	98.1
ベルギー	9	30	127	71.9	14	119	57.0
アングロサクソン・モデル	34	40	133	171.0	1	137	167.0
イギリス	34	40	133	171.0	1	137	167.0
地中海モデル	60	110	253	197.3	46	260	195.2
イタリア	21	139	226	188.2	111	246	174.2
スペイン	19	110	193	152.3	46	260	176.5
ポルトガル	7	182	225	205.1	120	225	187.3
ギリシャ	13	236	253	243.7	156	258	242.8

（出典）Annoni, P. and Dijkstra, L. (2013) から作成。

い。以上はいわばEU弱体化経路であるが、それとは逆に現状の経済通貨同盟としてのEUを政治同盟と財政同盟とを結合させることで一層強化する経路も可能性としては存在する。

　以上で述べた可能性（特に現状維持路線とは異なる事態の生じる可能性）については、その大小は別として、今後のEUの経済動向を予測する際には考慮しておかなければならないであろう。しかしながらそれが生じるためには、EU経済全体あるいはそのうちのいくつかの国で経済的な大混乱あるいは大不振が発生することが前提となる。以下本節では、そのようないくつかのシ

第3章　ユーロ危機とヨーロッパ経済の動向

III. イノベーション指標群			地域競争力指標（RCI）			EU 14カ国中のランキング
最高ランク	最低ランク	（ランク平均）	最高ランク	最低ランク	（ランク平均）	
1	151	69.5	4	119	66.7	5.0
4	107	63.4	9	89	62.8	4
1	137	63.3	4	119	69.9	6
21	151	81.8	22	91	67.3	5
3	192	81.3	1	239	77.1	5.2
9	112	50.7	1	56	24.0	1
36	103	90.1	120	162	74.1	7
3	109	52.8	7	118	53.6	2
6	192	119.4	8	239	145.6	10
52	162	113.5	75	124	105.9	8
7	123	61.1	14	122	59.1	3
12	223	69.5	2	140	141.0	9
12	223	69.5	2	140	141.0	9
48	254	194.4	57	260	197.1	12.5
118	226	178.0	128	235	180.0	12
48	230	174.2	57	236	174.3	11
95	229	190.4	127	228	190.6	13
144	254	235.0	174	260	243.6	14

ナリオの実現する確率を予測するのではなく、そうした事態を避けるための条件、換言すればいかなる条件が満たされるときEUにおいて大なり小なりバランスの取れた経済発展が実現されるのかに焦点を当てて考察することとしたい。

2 EUにおける価値観と政策の優先順位の多様性

そこで以下ではEU経済の持続可能な発展を実現するための方法について検討を加えることとなるが、その際にはこれまで検討してきた各国の産業競争力が議論の前提となる。つまりそれを前提として、各国ごとに産業競争力のどの分野を改善すればいいのかが検討されることとなる。その後それを実現するための戦略や政策が問題となる。しかしながらここでEU（あるいはユーロ圏）の場合複雑な問題が発生する。それは個別政策の政策主体は、EUレベル、加盟国政府レベル、地域政府レベルのどこが担うべきか、そして取り組む政策の優先順位はどうあるべきか、さらには個別課題に対し政府が担当すべきかあるいは民間に委ねるべきかについて、EU内で一定の合意が求められることである。この問題を考える場合には、政策の企画立案および実施の面でのEU内での多様性に目を向ける必要がある。具体的には、EUの市民が政策の優先項目をどのように考えているのか、それから実際に社会経済政策を企画立案し、実施する政策当局に対して、そもそも信頼を置いているのか、そしてその背景として公的な政策の実施の際に当然予測される不正行為や汚職についてどのような判断をしているのか、といった市民の価値観に関する理解が大変重要になってくる。こうした前提的知識なしには、特に政策の効果を重視する場合には、一般的な政策メニュー論議はそれほど有効性を持たないであろう。以下では限られた分野ではあるがEU市民の価値観について世論調査の結果を整理してみよう。ここでも前節の議論との整合性を求めて、EU28カ国全体の状況というより、4モデルの14カ国に焦点を当てて考察することにする。

はじめはEUにおける社会・経済の優先度に関する世論である。（表5）を参照されたい。

ここでは3つの質問項目が取り上げられている。最初は現在のEUの直面する最も重要な問題を2つ質問している（各加盟国の直面する重要な問題ではない）。それによるとEU28カ国平均では、「経済状況」が最も多く、次いで「失業」、「加盟国の財政状態」となっている。各モデルの平均値を見ても、この3つが3大問題であることには変わりない（ただしアングロサクソン・モデル（イギリス）においては、3位と4位が入れ替わっている）。それ以降について

第3章 ユーロ危機とヨーロッパ経済の動向　65

表5　EUにおける社会・経済の優先度に関する世論（4モデル−2014年）

(%)

質問項目	現在EUの直面する2つの最も重要な問題								グローバル化は経済成長にとってチャンスだ		EUの将来について	
	経済状況	失業	加盟国の財政状態	移民	インフレ	税金	気候変動	環境	そう思う	そう思わない	楽観的	悲観的
EU28カ国（平均）	40	33	25	16	12	6	5	4	52	35	53	40
北欧モデル（平均）	43.7	37.7	31.3	13.3	4.0	1.3	15.0	10.7	74.7	19.7	63.3	34.0
デンマーク	51	45	20	18	3	1	11	8	76	18	66	32
スウェーデン	46	39	28	10	1	0	22	17	77	18	62	35
フィンランド	34	29	46	12	8	3	12	7	71	23	62	35
大陸モデル（平均）	41.3	34.2	32.3	16.0	11.3	4.5	6.0	6.0	60.0	31.5	56.8	37.7
オランダ	55	38	34	10	4	1	5	3	71	21	63	33
アイルランド	39	44	17	12	13	8	5	6	63	22	65	27
ドイツ	36	29	42	22	10	3	8	4	69	25	60	35
フランス	42	33	25	18	15	4	5	11	43	48	42	52
オーストリア	37	28	50	12	14	6	6	7	56	36	48	44
ベルギー	39	33	26	22	12	5	7	5	58	37	63	35
アングロサクソン・モデル	39	22	19	20	11	3	4	3	56	28	44	46
イギリス	39	22	19	20	11	3	4	3	56	28	44	46
地中海モデル（平均）	46.5	42.5	24.0	10.5	11.3	10.5	1.5	2.0	36.8	47.8	42.8	50.5
イタリア	42	50	14	10	17	22	1	2	34	53	41	51
スペイン	49	38	21	15	8	6	2	2	42	34	51	38
ポルトガル	49	44	28	4	14	8	1	1	41	39	42	53
ギリシャ	46	38	33	13	6	6	2	3	30	65	37	60

(出典) Special Eurobarometer 415 (March 2014), p. 37, p. 40, p. 89から作成。

は、各国ごとあるいは各モデルごとに優先度はかなり異なってくる。その中で特に注目されるのは「インフレ」と「税金」そして「気候変動」と「環境」である。まず「インフレ」については北欧モデルの人々はそれをEUの問題としてはほとんど考えてはいないが、それ以外のモデルの人々は10％以上の人々がEUの大問題だと回答している。「税金」についても同じ傾向がみられ、北欧モデルの人々はほとんど問題視しないのに対し、地中海モデルの10％人々がそれを大問題だととらえている。それとは逆に「気候変動」と「環境」に関しては、北欧モデルの人々と地中海モデルの人々では優先度の付け方が逆方向に大きく異なっている。

（表5）の中の第2の質問は、「グローバル化は経済成長にとってチャンス」か否かに関するものである。これもEUの長期発展戦略に関する基本的な問いである。これに対し、北欧モデルの人々はほぼ全ての国で等しく70％以上がEUにとって「チャンス」であるととらえている。逆に地中海モデルの人々でそう考えているのは35％前後にとどまり、そう考えない人々が多数派を占める（約50％）。このことは、グローバル化に対する政策に関してそのアプローチの方向と優先順位づけに対し国ごとに大きな相違が出てくることを示唆している。最後にEUの将来に関する質問であるが、北欧モデルでは63％がその将来について楽観的であり、悲観的な人は34％に過ぎない。他方地中海モデルでは43％が楽観的であるのに対し、51％が悲観的となっている。大陸モデルとアングロサクソン・モデルの人々はその中間の立場をとっている。これも政策立案にあたり、EUのなすべきことについて国ごとの見解の相違を際立たせることとなる。

次に検討するのは、EUの市民が政策当局たる政治主体に対してどれくらい信頼をおいているかの調査である。われわれが持続的な経済発展政策が必要であると考える場合、各国の国民がどの程度の信頼を政策当局においているかを知ることは、政策がどの程度円滑に実施されるかを判断する際の一つの材料となるであろう。そして一般に人々の政策当局に対する信頼度が高ければ高いほど、人々の期待が強くなりかつ人々の協力も期待できるであろう。その意味で、人々の政策当局の信頼度は政策の実効性に大きな影響を及ぼすと考えられる。（表6）を参照されたい。

第3章 ユーロ危機とヨーロッパ経済の動向　67

表6　信頼を置ける政策主体に関するEUの世論調査（2014）

（信頼を置けると回答した人の比率（％））

	政党	自国政府	自国議会	EU	地域・地方政府	（平均）
EU28カ国（平均）	17	26	27	32	46	30
北欧モデル（平均）	38.3	48.7	63.3	46.7	69.7	53.3
デンマーク	35	34	57	46	76	50
スウェーデン	43	59	72	44	66	57
フィンランド	37	53	61	50	67	54
大陸モデル（平均）	26.5	37.7	40.2	36.7	59.7	40.1
オランダ	37	47	52	41	60	47
アイルランド	14	23	20	34	39	26
ドイツ	31	46	46	31	68	44
フランス	9	17	23	28	55	26
オーストリア	36	47	53	37	69	48
ベルギー	32	46	47	49	67	48
アングロサクソン・モデル	14	25	29	22	53	29
イギリス	14	25	29	22	53	29
地中海モデル（平均）	7.5	10.8	10.5	21.8	23.0	14.7
イタリア	7	10	10	19	13	12
スペイン	8	10	9	24	24	15
ポルトガル	9	14	13	26	34	19
ギリシャ	6	9	10	18	21	13

（出典）Special Eurobarometer 415-Tables of Results-2014 (March 2014), pp. T23-T27から作成。

　この表は、各国ごとに主要な政策当局に対し信頼を置けるか否かを質問した結果を表している。ここで政策当局としては、政党、自国政府、自国議会、EU、地域・地方政府の5つを取り上げている。その結果、EU28カ国の平均では相対的に最も多くの人々の信頼を受けているのが地域・地方政府であり、次いでEU、自国議会、自国政府の順になっている。次に4つのモデルに着目すると、いずれにモデルにおいても地域・地方政府への信頼度が一番高いことがわかる（ここでは特定主体に対し信頼する人の比率を当該主体の信頼度と表記する）。ただし興味深いことは、北欧モデルではその信頼度は70％であるのに対し、地中海モデルのそれは23％に過ぎない。また北欧モデルと大陸

モデルとアングロサクソン・モデル（イギリス）では自国議会に対する信頼度が EU に対するそれよりも高いのに対し、地中海モデルでは EU に対する信頼度が自国議会に対するそれよりも大きくなっている。最後にこれら 5 つの政策主体に対する平均的な信頼度であるが、EU28カ国の平均信頼度は30％であるのに対し、北欧モデルでは53％、大陸モデルでは40％、アングロサクソン・モデル（イギリス）では29％、そして地中海モデルでは15％となっている。このことは政策当局全般に対する信頼度が地域ブロック（地域モデル）ごとに大きく異なっているという現実を示している。

政策当局に対する国ごとの信頼度の大きな格差が存在する背景として、実は「不正・汚職」の蔓延度の相違が存在し、このことは EU の政策分野でしばしば問題として取り上げられている。ここでは詳細に立ち入る余裕はないが、たとえば「自国において不正行為の問題は広範に蔓延っていると思うか？」という質問に対しそう思うと回答した人の比率は、北欧モデルでは31％、地中海モデルでは95％、そして「自国において情実（えこひいき）や不正行為のためビジネスの競争が妨げられているか？」という質問に対しそう思うと回答した人の比率は、北欧モデルでは40％、地中海モデルでは82％となっている[12]。このことは、自国における政策当局に対する信頼度と「不正・汚職」の蔓延度との間にかなり明確な関係があることを示している。

いずれにしても自国および地域モデルにおける政策当局に対する信頼度の相違は、各地域の政策の実効性に無視できない程度の影響を及ぼすであろう。そしてもう一つ、EU における政策全般の重要性を考える場合、EU の政策と自国の政策と比べ、地域・地方の政策がそれと同等か場合によってはそれ以上に重要となりうることに注意しなければならない。

3　持続的な経済発展の可能性——ギリシャのケースを中心に

さて EU 加盟国、特にユーロ圏加盟国は、今後長期にわたり持続的な経済発展を遂げることは可能なのであろうか。そのことを可能にする要素を本稿では「産業競争力」と呼んでいるが、この産業競争力は EU にとって実に重要なテーマであり、そのことは現在の EU の10ヵ年戦略「ヨーロッパ2020」の中でも明記されている。周知のように、この戦略には 5 つの主要指標群

(雇用、R&D、気候変動とエネルギー、教育、貧困と社会的排斥)が盛り込まれているが、そのうちの3つ(R&D、気候変動とエネルギー、教育)は、競争力指標の主要部分をなすと考えられるのである[13]。

　より詳細にみると、EUにおいては競争力分野の政策に関していくつかのレポートが発表されてきているが、その中でここで特に強調しておきたいのは以下の3つのレポートである(最新版のみを示す)。①「ヨーロッパ競争力レポート2014」[14]、②「加盟国の競争力レポート2014」[15]、③「EU 地域競争力指標2013」[16]である。これらのレポートにより EU 全体、加盟国そして加盟国の地域の競争力に関する現状分析と勧告がなされている。その限りでこれらのレポートは各政策主体にとって非常に有益な情報を提供しているといえるであろう。以下ではスペースの制約もあり、本稿で検討してきた4モデルの中でも最も経済的困難に見舞われている地中海モデルのギリシャに焦点を当て、上記のレポートの中で何が勧告されているのかを要約しておこう。

　最初は「加盟国の競争力レポート2014」である。この中では独自の競争力指標が採用され(ここでは「加盟国競争力指数(MSCI-2014)」と呼ぶ)、それは本稿第2節で取り上げた WEF の GCI とは異なるものである(もちろん共通する指標も含まれるが)。まずこのレポートの中では EU 加盟国は以下の4つのグループ、a)「競争力が強くかつ向上している加盟国」、b)「競争力は強いが低下している加盟国」、c)「競争力は中位だが向上している加盟国」、d)「競争力は中位で低下している加盟国」に分類されている。このレポートではギリシャは、スペイン、ポルトガルなどと並び、c)「競争力は中位だが向上している加盟国」の中に区分されている[17]。それではこのレポートの中でギリシャはどのような勧告を受けているのであろうか[18]。まずデータ(MSCI-2014)が示され、それによるとギリシャはほぼすべての指数につき EU 加盟国平均を大きく下回っていることがわかる(その一つの例外が、ビジネス立上げに要する時間である)。その上でギリシャは構造改革の結果競争力を向上させ、「経済調整プログラム」(後述)によりマクロ経済と財政の不均衡を縮小しつつあること、しかしながら中小企業向の資金アクセスが非常に厳しいこと、イノベーションの実績が EU 加盟国平均以下にとどまること、近年いくつかの分野の立法措置のためにビジネス環境の向上がみられるとはいえ、そ

れは EU 加盟国平均以下であり、依然として規制の程度が高いこと、などが述べられている。データ（MSCI-2014）に基づくこれらの指摘が真摯に受け止められ、かつ実行に移されれば、それはギリシャの競争力向上につながる可能性は存在するといえるであろう。

次にもう一つのレポート「EU 地域競争力指標2013」を見てみよう。この指標についてはすでに簡単に紹介しておいたが、ここではギリシャの観点から地域の発展のためのヒントが得られる。そこでは全部で11の指標群が扱われているが、ここではその中か、「制度」と「労働市場の効率性」の2つの指標群を取り上げる。「制度」の指標群で、「不正行為」、「法の規制」、「政府の効率性」、「選挙の公平性」の4指標が用いられており、その結果この指標群で見ると、ギリシャの13地域は全262地域中222位から241位に分布していることがわかる。また「労働市場の効率性」の指標群においては7つの個別指標（「就業率」、「失業率」、「長期失業率」、「労働生産性」、「男女別失業率」、「男女別就業率」、「女性失業率」）が用いられ、それぞれについて地域レベル（ギリシャの場合では13地域）でのデータが入手可能である。ここではこの指標群の集計数値を参照する。するとギリシャの13地域は、データが利用可能な EU262地域のうち、第227位から第260位とその最底辺に固まっていることがわかる。これは非常に深刻な事態であると言わざるを得ない。このようなレポートを真摯に受け取れば、自己の地域において何が欠けているかの有力な情報が得られることになる。

ところで、特にギリシャの場合、もう一つ別のルートからその競争力の向上に関する情報を入手する機会が生じた。あるいはより正確には競争力向上のための包括的な努力をすることが求められた。この情報はギリシャが金融支援を受けるための前提条件として、当初「ユーロ・プラス条約」の活動の一環として EU のトロイカ（欧州員会、IMF、欧州中央銀行（ECB））とギリシャ政府との間で合意された「ギリシャのための経済調整プログラム」（2010年5月）として登場した[19]。その後この経済調整プログラムは原則的には4半期ごとの検証作業を経て何回か改定され、現在に至っている。その内容は、財政政策、構造的財政改革、各種構造改革（労働市場改革、製品市場改革、金融制度改革、統計等）等非常に広範にわたっており、かつ詳細を極めている。そこ

で扱われている項目及び内容は、大筋で前述の「加盟国の競争力レポート2014」ではなく、WEFのGCI-2014と重なり合っていることが確認される[20]。そしてこれらの詳細な事項に対してはEU（ユーロ圏加盟国）側が定期的な検証を行っているのである。この報告書では実に多様な問題が扱われており、マクロ経済と金融の展開、構造改革プログラム（各種構造改革、労働市場改革、ビジネス環境の改善、等）の実施、政府債務の持続可能性の項目を含んでいる。それによれば、ギリシャは経済調整プログラムを多くの分野で一定程度の進展を示しているが、もちろん満足しうる水準に達しているわけではなく、その端緒についた段階であるという包括的な評価がなされている[21]。より詳細にみてみよう。ここでも「不正との戦い」と「労働市場改革」の2つの分野を取り上げてみよう。前者の分野では国家の反不正調整官の指名や反不正国家行動プランの採択などのいくつかの手段が提案された。その結果、その提案はおおむね実現されつつあるがいくつかの立法措置では遅れが出ている、と評価されている[22]。ただし、その結果ギリシャ市民の政策担当者に対する信頼度が高まったか否かは現段階では明確となってはいない。また後者の労働市場改革の分野では、ギリシャ政府がこの間実施してきた各種改革（最低賃金制度改革、集団的雇用差し止め制度改革、一時的雇用に関する制度改革、社会保険料の大幅削減、職業訓練の質的量的向上、など）の成果を一定程度評価しつつ、その不十分さも併せて指摘している[23]。

　このようなEU側の評価を受けて、ギリシャ政府は「経済改革プログラム（2015年版）」を2015年4月に発表している。そこでもかなり詳細なプログラムが提案されており、その内容はこれまで各所で指摘されてきたものを大部分踏襲していると判断される[24]。

　さてここで実は一つの重要な問題が提起されていることに注意しよう。本稿では、現在EUにおいては少なくとも4つの社会経済モデルが存在すること、しかしながらその持続可能な成長の可能性を判断する基準として採用した各種競争力指標およびそれと密接に関連している「経済調整プログラム」は、上記のモデル別に設定されているわけではなく、一元的な指標・基準に基づいて設定されている点である。このことは、たとえばギリシャの場合、今後その社会経済政策を実施する場合に、地中海モデルにとどまりその中で

改革を行うのか、それとも地中海モデルから離脱することになるのかといった選択を余儀なくされることを意味する。後者のケースでは、単に制度やシステムの変革だけではなく、それらが正常に機能する上で必要とされるステイクホルダーの行動パターンの変更・定着も求められるのである。その意味でこれは非常に規模の大きくかつ影響の大きな変革を迫るものであるといえる。なお付け加えれば、前者の場合（同じモデルに止まる場合）にはこれまでに多数の処方箋が提示されて来ているが、後者の場合（別なモデルに移行する場合）には、その包括的な処方箋はいまだほとんど存在しないといってよい。

いずれにしても以上のギリシャのケースで見たように、現在のEU（そしてユーロ圏）においては、加盟国の経済発展を支援するための様々なスキームが存在している。したがってそれらを有効に活用できるのであれば、自国の持続的な発展を実現する可能性は高まるであろう（この場合、自国の社会経済モデルとしてどのモデルを目指すのかが問われることとなる）。しかしながらそれはその実現が自動的に保証された経路では決してない。そのためには政策当局および国民を中心とする各種のステイクホルダーの関心と覚悟が必要とされるであろう。そこでは国民と政策当局の間の信頼関係も大きな役割を果たすこととなる。したがって本節のテーマである今後のヨーロッパ経済の動向についてであるが、その答えはかなりな程度、EU加盟国の政策当局と国民の改革意欲と努力に加えて、加盟国の経済発展を支援するための様々なEUの支援スキームがどの程度機能するのか、そして現在の支援スキームで十分なのか否かという問題に依存しているといえるであろう。

結　語

本稿では2008年以降のユーロ危機の発生した長期的・構造的な要因に焦点を当てて考察し、その後今後のEU経済の動向について検討した。その中で特に強調したのは、EU加盟国（28ヵ国）およびユーロ圏加盟国（19ヵ国）の間にみられる多様性である。こうした多様性の中にあって、全世界的には1990年代後半以降、またユーロ圏に関してはユーロが本格的に導入された2002年以降、実に大きな社会的・経済的変化が生じてきている。そうした中

で現在の EU の多様性を前提とすれば、今後 EU が持続的な発展を遂げていくためには、すべての加盟国が何らかの形で一定程度以上の経済発展を遂げること（換言すれば、最低限の産業競争力を保有すること）が求められる。そのためには EU 全体でそれを可能とするような経済的な協力・支援体制が不可欠となる。それが保証されない限り、EU は崩壊に向かわざるを得ないであろう。この点が不鮮明である以上、現時点で EU 経済の動向を確実に予測することは不可能であるといわざるを得ない。

(1) ユーロ危機の実態については、たとえば白井さゆり（2010）を参照されたい。
(2) データの出所は Eurostat のデータベース（http://ec.europa.eu/eurostat/data/database）。
(3) この点について、白井さゆり（2010）（特に第 2 章〜第 6 章）参照。
(4) EU のホームページ（http://ec.europa.eu/economy_finance/explained/index_en.htm）参照。
(5) この分野の新しい展開については、福原宏幸、他（編著）（2015）、第 2 章参照。
(6) 以下本稿においては統計データを扱う場合、その人口の少なさを考慮して、大陸モデルからルクセンブルグを除外している。
(7) Sapir, A.（2006）および B・アマーブル（2005）を基に編成。サピールのモデル区分は主として社会・労働システムに着目して行われているが、社会・労働システムは当然それと親和的な経済システムとセットで理解されなければならない（制度補完性の問題）。この点で、製品市場、労働市場、金融、福祉、教育の 5 分野を視野に入れて考察しているは B・アマーブル（2005）である。ただしこの区分は確定的なものとは必ずしも言えない。たとえば、オランダは本稿では大陸モデルに属しているが、視点を少し変えると、それは北欧モデルに属するとも判断しうる。またサピールやアマーブルが考察した時代（2000年前後）以降、各国の社会経済ステムには一定の変化がみられるが、本稿ではその基本線は現在でもおおむね維持されているという立場に立っている。
(8) European Commission (2010b).
(9) 以下で引用するデータは Eurostat のデータである。
(10) 詳細については World Economic Forum（2014）参照。
(11) Annoni P. and Dijkstra L.（2013）参照。
(12) 出所は、Special Eurobarometer 397（February 2014）。またここで「汚職・不正行為」とは、便宜提供、賄賂やキックバックや高価な贈答品の要求または受取、私的な利益のための権力の乱用などを含む広義の不正行為として定義されている。
(13) さしあたり Eurostat（2015）参照。
(14) European Commission (2014a)

(15) European Commission (2014b)
(16) Annoni P. and Dijkstra L. (2013)
(17) European Commission (2014b), pp. 6-7.
(18) Op. cit., pp. 123-128.
(19) European Commission (2010a).
(20) Ibid. またこの経済調整プログラムの検証報告の最新版については、European Commission (2014c) 参照。
(21) European Commission (2014c).
(22) Op. cit., p. 35, p. 208.
(23) Op. cit., pp. 47-49, pp. 228-231.
(24) Greece-National Reform Program 2015
(http://ec.europa.eu/europe2020/pdf/csr2015/nrp2015_greece_en.pdf) 参照。

参考文献

Annoni P. and Dijkstra L. (2013), *EU Regional Competitiveness Index RCI 2013*, European Commission Joint Research Centre

European Commission (2010a), *The Economic Adjustment Programme for Greece*, European Economy Occasional Papers 61, May 2010

European Commission (2010b), *COMMUNICATION FROM THE COMMISSION-EUROPE 2020-*A strategy for smart, sustainable and inclusive growth, COM (2010) 2020 final

European Commission (2014a), *European Competitiveness Report 2014*, SWD (2014) 277 final

European Commission (2014b), *Member States' Competitiveness Report 2014*, SWD (2014) 278

European Commission (2014c), *The Second Economic Adjustment Programme for Greece, Fourth Review–April 2014*, European Economy, Occasional Paper 192

Eurostat (2015), *Smarter, greener, more inclusive? –Indicators to support the Europe 2020 strategy-*, 2015 edition

Sapir, Andre (2006), "Globalization and the Reform of European Social Models", *JCMS*, Vol. 44, No. 2, 369-90

World Economic Forum (2014), *The Global Competitiveness Report 2014-2015*, Geneva

アマーブル、B. (2005)、『五つの資本主義』、藤原書店
白井さゆり (2010)、『欧州激震』、日本経済新聞出版社
福原宏幸、他（編著）(2015)、『ユーロ危機と欧州福祉レジームの変容』、明石書店

第4章

政策レジームと社会的連合
―― 均衡と危機の間のヨーロッパ・日本・アメリカ ――

眞　柄　秀　子[1]

はじめに

　世界金融危機以降、新自由主義後のパラダイム転換の可能性を分析する際に「政策レジーム[2]」という概念が新しい重要性をもつようになった（Magara 2014, Przeworski 2014）。経済的突破口に向けた政策刷新は、政治的リーダーシップと経済学者による新理論の双方を必要としているが、新しい政策レジームは、その内部で最も重要な政策的要求が満たされることとなる社会グループによる幅広い連合の支持があるときにのみ安定する。

　この流動的で非安定的な状況を分析する必要性の認識から、本稿では資本主義デモクラシーの様々な制度的・戦略的側面を検討し、普遍的かつダイナミックな分析枠組み――すなわち、社会的連合と政策レジーム変化に関する枠組み――の構築を目指す。どのような条件のもとで、政治リーダーと市民が有効な社会的連合を構築することにより民主主義につきものの脆弱性を克服し経済危機から脱出することができるのだろうか。

　本稿は、経済パラダイムを維持する社会的連合の役割に焦点を当てる。社会的連合は政治経済的均衡を持続させる。それらは経済成長を支えるが、弱体化すると危機を引き起こすものとなる。

　顧みれば、それぞれの歴史的パラダイムにおけるキーアクターのアイデンティティは変化してきた。権威主義から民主主義への移行期には、ブルジョワジーが最も重要な役割を演じたとしばしば指摘された（Moore 1967）。一方、第二次世界大戦後は、各国の経済成長を可能とした政治的連合の形成において、農業者の役割が決定的に重要であった。産業への農業者の支持は保

守的成長モデルをもたらしたが（日本）、農業者が労働者との連携を選択したところでは、経済成長は社会民主主義モデルに基礎を置くものとなった（スウェーデン）。

　現在、新自由主義的政策レジームの正統性が問われている。新自由主義のもとでは、各国経済パフォーマンスは他に類を見ないほど悪かったが、新政策レジームへの移行を試みる政治エリートがいる一方で、現状維持を選好する政治エリートも存在する。経済成長の新時代への鍵は現在、誰が握っているのだろうか。

　今日の先進各国における政治運営の問題の核心は、経済変容の形態と関連している。経済は現在、旧秩序から新秩序への移行の最中にあり、その変容はしばしば非線形的であるといわれる。以下の節では、まず1980-90年代に遡り、コーポラティズム的連合に基礎を置いた社会民主主義政策レジームが、なぜ、いかにして崩れたのかを示したい。次いで、新自由主義政策レジームが続く現在の世界的文脈を前提に、新しい政策レジームへの移行の可能性と困難性を検討するための分析枠組みを提示したい。

第1節　旧レジームの限界——1980-90年代の回顧的概観——

　もしも社会民主主義的政策レジーム——すなわち新自由主義に先行した政策レジーム——が経営者と労働者の連合に基礎を置くものであったのなら、そのポジションの変化に分析の焦点を当てなければならない最重要プレイヤーとは、労働組合であっただろう。

　1980年代には既に、テクノロジー革新やフレクシブル・スペシャリゼーションなどの潮流は、ほぼすべての産業においてみることができたが、そのような産業調整は特に左派にとって問題となる傾向があった。これらの過程は左派政党にイデオロギー的忠誠と資本主義的効率性とのトレードオフというジレンマを突きつけるものであった（Smith 1995: 2）。

　1970年代初頭まで、政治アクターとしての西ヨーロッパの労働勢力は、非常に強い影響力を背景に福祉国家を確立することができた。しかし労働運動は1965年から1975年の間にすでにその頂点を通過していた（Therborn 1984:

5-38)。各国経済の国際化は避けることができず、国家は伝統的権力を失いつつあった。国際経済において極度に相互依存的な関係が出現しており、各国政府はそれぞれの経済政策を世界経済に適合させざるを得なくなった。政府の自立性は急速に低下した。

これらの国際化の波は、社会民主主義、福祉国家およびネオ・コーポラティズムにダメージを与え、労働勢力は、あっという間に各国における政治経済の主人公の地位を失った。各国の社会民主主義政権は、国際化への対応において労働の再定義に失敗し、同時に、コーポラティズムの集権性は労働サイドの国際化への適切な対応を遅らせた。ヨーロッパ統合が引き金を引いた国際競争の激化は一国完結的な福祉国家に危機をもたらした。高賃金は労働コストを増大させ、高度福祉の供給は生産性の低下と結びつくともいわれた。弱体化する国際競争力の問題を解決しなければ、福祉国家は生き残ることができないように思われた。

皮肉なことに、国際化に迅速に対応し、労働の新しい定義づけに成功し、労働者に仕事のインセンティブを与えたのは、経営側であった。国際競争に生き残るために、経営者たちはハイテク化を推進し、余剰労働力を削減する一方で、高度な教育を受けた、能力の高い、知的なスペシャリストに十分な自律性と仕事の責任とモチベーション与えた（Jacobi et al. 1986; Piore & Sabel 1983）。コーポラティズムの予測とは反対に、西ヨーロッパでは1980年代に、資本は国内市場に集中するというよりは国際的に広がり、労働者の組織率は低下し、新保守主義的政権は労働組合の特権の除去に余念がなかった。さらに、新サービス部門のプロフェッショナルたちは階級に沿った集合行為に無関心であった。このような現実に直面し、西ヨーロッパ研究の専門家たちは、組織された資本主義は終焉しつつあり（Lash & Urry 1987）、ヨーロッパ労使関係の分権化（Ferner & Hyman 1992）とフレクシビリティの新しい挑戦（Baglioni & Crouch 1990）が始まった、と論じた。

コーポラティズムの崩壊には様々な説明がなされた。コーポラティズムとは元来、国内的な連合であり（Streech & Schmitter 1991）、その妥協の内容は国内リソースの分配に依存しがちであった。しかし経済の国際化が始まると、各エコノミーの輸出依存が急激に強まり、経営者と労働組合の間の国内

的妥協のプロセスを通じて犠牲にされるものを評価することが次第に困難になっていった。海外生産が増加する一方、サービス部門も拡大し、これらは従来コーポラティズムの基盤となっていた大量生産部門の重要性を低下させた。同時に、大量生産部門における労働のリーダーシップの弱体化、民間セクターと公共セクター間の亀裂の深まり、そして熾烈化する国際競争に押される国内セクター——これらすべての要因が複雑に作用し、階級を基礎とする労働者のアイデンティティは溶解し過去のものとなっていった（Lash & Urry: 123-4）。今日の資本主義の変容は、労働自体の内側の利益衝突を軸に展開しているのである（Schmitter 1990）。

1　二つの成長モデルの限界——社会民主主義モデルと日本モデル

　戦後の政策レジームを支えた社会的連合は、しばしば「戦後和解 postwar settlement」もしくはケインズ主義的福祉国家と呼ばれ、そこでは労働組合と経営者が主要な役割を演じた。しかしその中でも、国家に加えてもうひとつの主人公であった農業セクターが誰と提携したかによって根本的に異なる少なくとも二つのサブタイプを区別することができる。一つはスウェーデンモデルであり、そこでは農業セクターが労働者と手を結んだ（Esping-Andersen 1988）。もう一つは日本モデルであり、農業者は資本家との連合を選択した（Kabashima 1984）。これらのモデルはそれぞれ社会民主主義的政治もしくは保守的政治に支持されて優れた経済パフォーマンを達成した。しかしながら農業者セクターも労働者セクターもともに、ほどなく縮小してしまう運命にあった。

　1980年代初頭には既に、三つの経済パタンが先進諸国を覆うという懸念から西ヨーロッパ労働政治に関する悲観論がみられた（Esping-Andersen 1992）。第一のパタンはハイテク＝低雇用パタンであった。輸出志向型経済においてハイテク製造を追求する競争的企業は、労働リストラを促進することで国際的地位を維持しようと試みる。彼らは資本集約的生産テクノロジーに焦点を当てるが、同時に大量のレイオフを実施する。R&Dを特に重視する経営者は、非熟練労働者を見限り、高度でフレクシブルなテクノロジーの技術をもつ従業員のみを選択する。付加価値は高まるが労働コストも増大する。堅固

で集権的な労働組合構造により、サービス部門が失業を吸収することはできず、サービス部門はインフォーマル化し成長できなくなるかもしれない、という。第二のパタンは企業内福祉のパタンであった。団体交渉はローカルもしくは企業レベルで行われ、ミクロ規制が支配的になる。労働は多様化する。個々の従業員の福祉は、彼らが働いている個別企業のパフォーマンス次第となる。フリンジベネフィットの差は増大し、労働市場の二重構造はいっそう深刻化する。第三のパタンは低賃金サービス経済と関連していた。そこでは、フルタイムの労働者さえ良い生活を手に入れることができないようなサービス部門が生まれる。低賃金の不安定雇用が制度化され構造化されてゆく、という。

　もちろん、すべての先進社会がまさにこの通りの道を歩むわけではない。しかしながら、1970年代までの政治経済パタンにはコーポラティズム、デュアリズム、多元主義という多様性がみられ、それらの経済パフォーマンスも国ごとに異なっていたものの（Goldthorpe 1984）、既に1980年代初期には先進諸国はいくつかの共通する特色を有していたことには留意すべきであろう（Regini 1992）。経営者が経済および政治の双方で労使関係をローカル化するイニチアチブを獲得した一方で、労働の細分化と失業の急激な増加は顕著な問題となっていた。

　かつては、1980年代の国際経済の変化と先進諸国における労働組合の凋落を引き起こした最も重要な要因は、世界市場における日本の台頭と日本の経営スタイルのインパクトである（Turner 1991）、という議論がみられた。この見方によれば、日本は低コスト高品質の製品を世界市場に送り出し世界市場のマーケットシェアを急速に拡大しただけでなく、市場の変化に素早く対応できる日本企業の生産モデルが先進各国の生産パタンの刷新に決定的な影響を与えた、という。

　各国の企業は生産の場を世界中に分散させた。そしてハイテク化を加速させた。世界市場はいっそう相互依存的かつ競争的になった。生産のリストラとテクノロジー刷新は死活問題となった。企業にとって内部労働市場を再組織化する必要性が増大した。経営者・資本家は、彼らの国際競争力を維持強化するためには、労働組合との団体交渉の古いパタンを終焉させ、仕事のシ

ステムを再構成することが根本的に重要だと認識し、仕事の場でのフレクシビリティを追求し、労働者側のより強い責任を求めていた。彼らは生産の新しいパラダイムを構築したがったのである。これらの変化は工場——すなわち生産の場——において起こったため、従業員の関心は自らが所属する会社のみに集中し、労働組合の全国的アイデンティティは失われた。労働力のリストラは、高い生産性をもたらすかもしれないが、同時に労働力の削減につながるかもしれなかった。

これらの現象は「ジャパナイゼーション」という言葉で一括される傾向があった。しかしながら、いわゆる日本的経営は、ヨーロッパ企業が樹立しようとしていた新経営スタイルとは異なるものであった。この違いを明確にするために、筆者は古い政策レジームにおけるヨーロッパと日本を労働のインセンティブ、雇用、所得分布、労働市場のパフォーマンスに関して手短に比較検討してみたい。

2　労働インセンティブと雇用——「不自由な完全雇用」vs「不活発な完全雇用」

社会民主主義モデルでは、集権的で包括的な労働組合が労働者による管理とほぼ同じ意味をもっていた。生産手段は私的に所有されていたが、特定のイシューに関する戦略や強力な交渉力により、労働者が経営者からかなりの譲歩を引き出すことが可能であった。しかし労働組合にも限界があった。彼らが望んでいた結果をいつも手にする保証はなかったのである。例えば、労働組合は賃金に関して強い影響を及ぼすことはできたが、彼らのパワーは雇用や投資の水準を決定する際には相対的に限定されていた。

社会民主主義の脆弱性は、福祉国家のもとでの生産性低下問題に直面した際にとりわけ顕著になった。競争的労働市場において、企業は労働者に怠業させないように標準的賃金よりも高い賃金を支払う。ある企業が賃上げ後も割が合えば、どの企業も賃上げしても割が合うことになる。あらゆる企業が賃金を引き上げると、労働者は職場で怠けないためのインセンティブを失う。しかし、労働需要が低下し失業が発生する。なぜなら、すべての企業が賃金を引き上げるからである。失業のもとでは、すべての企業が同一賃金を

払ったとしても労働者は怠業を決して始めない。もしも解雇されると、新しい職を見つけるのが困難だからである（Elster & Moene 1989: 6）。

終身雇用が制度化され労働市場が二重構造であった日本モデルでは、たとえ失業率は低く保たれていても、仕事を変えるコストは極度に高い。職を変えることが低い階級への降格を意味するため、失業率が低くても、労働者は強く賃上げを要求したり仕事を怠けたりすることなく一定水準の生産性を維持していた。

日本モデルにおいてみられるように経営者が転職のコストを高く設定している場合か、失業率が高い場合は、労働者は怠業しない。労働者は、同様の仕事を他所で容易に見つけることができる場合には怠けるようになるかもしれない。日本スタイルの「不自由な完全雇用」を選択するイニシアティブを有していたのは経営者だった一方で、ヨーロッパの社会民主主義勢力はとても長い間、失業と「不活発な完全雇用」の間の苦い選択を迫られてきた。

3　所得分配・再分配——公的解決 vs 私的解決

他の先進諸国と比較して、日本における市民への福祉供給は、1955年以降、保守政権のもとで最も低い水準とどまってきた。日本の市民は、国家に日常の公的便益の供給を期待することができなかったが、日本の企業は、自らの労働者に各企業の福祉制度を通じて私的便益を供給していた。このような状況のなかで、労働者は政治から撤退し、自らが働いている企業への忠誠に没頭した。特権的セクター（大企業）と他のセクター（小企業）の所得格差はおよそ無視できるものではなかったし、統計的な数字に表れることのないフリンジベネフィットの差も一貫して大きかった。

しかしながら後者の従業員は、これらの問題の政治的是正——すなわち福祉国家を通じた是正——を選択しなかった。むしろ彼らは、所得格差には目をつぶる一方で、自らを前者に結び付けることによって、そして、国民経済全体のパイを大きくすることによって、日本の政治経済運営パタンに暗黙のコンセンサスを送っていた。弱いセクターの利益は常に強いセクターの利益と一致しているわけではなかった。しかし彼らは、ゲームはポジティブ・サムであると考えていた。経営者と従業員はまた、いつも共通利益をもってい

たわけでもなかったが、両者は共に、経済運営に関してお互いに協力することによって経済成長を促進したがっていると考えていた。この文脈で、特権的セクターの経営者と従業員だけでなく、弱いセクターの労働者も福祉国家の役割を理解しなかった。彼らは自らの便益は市場における企業活動を通じてのみ獲得することができると信じ、公的次元や政治的次元は矮小化した。政治は日々の問題を少しも解決しないと感じるとき、投票者の政治的アパシーは決定的なものになった。しかしこの構造は、その後、グローバル競争の激化と世界政治経済の圧力によって崩壊していった。

西ヨーロッパの社会的連合は、日本とはまったく異なっていた。低所得層のステータスを向上させるために、政府は所得政策や連帯的マクロ経済政策を実施した。弱いセクターの従業員は、私的解決を選択した日本の従業員とは異なり、福祉国家を活用することによって公的に所得格差の縮小を試みた。経済ブームの局面では、ミドルクラスもこれらの政策を受け容れた。実際に、彼らはこの協調から恩恵を得ていたのである。しかし、不況の始まりにより、働く人々の間の関係はポジティブ・サム・ゲームからネガティヴ・サム・ゲームへと転換した。経済危機とその後のリストラの波は、すべてのセクターに等しく打撃を与えたわけではなかった。強いセクターは次第に利己的になり、弱いセクターへの景気後退の悪影響を緩和するための政策にもはや同意しなくなった。

4　労働市場のパフォーマンス

日本とヨーロッパの労働市場はどのような実績をあげたのだろうか。1980年代前半には、失業とは生産性に対して過剰に高い賃金によって引き起こされると考えられていた。このような見方によれば、失業をなくすために市場メカニズムは向上しなければならない。また、完全雇用に向けた最善の調整とは労使関係を改革することだとも論じられた。硬直した労働市場がヨーロッパの経済パフォーマンスの低下をもたらしたと考えられ、強い労働組合の存在と国家の規制が批判の標的となった。

しかし1980年代末になると、競争的賃金決定、労働組合組織率、失業率の間の関係は新自由主義者が考えていたよりもずっと複雑であることが認識さ

れるようになった。1970年代末から1980年代にかけて、労使関係の分権化が先進諸国に広がった。にもかかわらず、失業は増大した。これを背景として、高い雇用水準は労働市場のフレクシビリティによってではなく、適切なマクロ制度によって実現できると再び論じられるようになった (Tarantelli 1986; Bruno & Sacks 1985)。何の調整もない競争的市場は高失業と結びつく、というのである。この議論にしたがえば、(1) 市場メカニズム、(2) マクロ制度を通じたコンセンサス形成、という二つの要因の組み合わせが失業問題の解決にとって最善であるとされた (Bowles & Boyer 1990)

とはいえ、労働市場のパフォーマンスを評価するための指標は、失業率だけでは十分ではないという指摘もなされた。先進社会における問題のひとつは、低賃金の仕事が増えつつあることであった。したがって、特にセクター間およびジェンダー間の賃金格差が顕著な場合には、統計上の低い失業率は常に良い労働市場のパフォーマンスを意味していたわけではなかった (Rowthorn 1992)。不安定な仕事に就く低賃金の人々の数は徐々に増大しつつあり、いわゆる「ワーキングプア」層が先進社会の経済を下から支えていた。ローソーンの研究は、集権的な労働組合を有し経済パフォーマンスも「よかった」とされる典型的なコーポラティズムの国オーストリアでは、セクター間およびジェンダー間ともに賃金格差が他の西ヨーロッパ諸国よりもずっと大きいことを示した。また日本は、典型的な非コーポラティズムの国ながら労働市場のパフォーマンスが「例外的によい」とされていたが、アメリカ合衆国よりも賃金格差は大きかった。(表1)

社会民主主義の凋落については、さまざまな議論が展開されてきた。社会民主主義政党の後退をポスト・フォード主義的産業変容という経済要因で説明しようと試みる研究者たちは、とりわけ二つの構造的変化——(1) 小規模生産への転換と (2) 民間非工業部門における雇用の増大——がヨーロッパの社会民主主義政党の低迷をもたらしたという。産業のリストラは社会民主主義政党に二つの問題をもたらした。第一に、伝統的労働組合はもはやかつてのような組織票を生み出すことができず、第二に、労働組合と社会民主主義政党のつながりは、非組合員が次第に労働組合を利己的な利益集団であるとみなるようになるにつれて、むしろ重荷に変わってしまった (Pontusson

表1　1980年代末の賃金格差（時間当たり）

	分散係数 (%)		F/M 比率 (%) (ILO データ)
	工業	工業+サービス	
オーストリア	18	27	70
ノルウェー	12	15	82
スウェーデン	9	10	87
デンマーク	13	14	85
フィンランド			76
ドイツ			73
オランダ	11	17	77
ベルギー			77
ニュージーランド			72
オーストラリア	17	18	74
フランス	19	18	82
イギリス	18	21	73
イタリア			86
日本	34	35	49
スイス	17	18	70
アメリカ合衆国	20	30	68
カナダ	21	28	64

(出典) Bob Rowthorn, "Corporatism and Labour Market Performance," p. 91

1995: 495-533)、という。

　逆に、経済要因によってのみポスト・フォード主義的変容を説明することの不適切性を指摘する議論もあった。この見方によれば、脱産業主義的国際経済秩序が社会民主主義政党の難局をもたらしたのは事実だが、各国の政党の対応には大きな違いがあり、それらは政党自らのインフラ構造、綱領、イデオロギーを反映している、という。ポスト・フォード的転換とは、重工業部門の労働者数の減少、労働組合の弱体化、他の雇用および低賃金サービス業の増大によって特色づけられる。しかし、各国の労働政治は大きく異なっている点を見過ごすべきでなないだろう。各国左派政党の差は、政治のあり方によってだけではく、ポスト・フォード的経済リストラのパタンによっても大きく左右された。帰結の差は左派政党がどれくらい傷を負ったのかにもよるが、それらの多くはポスト・フォード的変容のコストをうまく軽減し、成長および市場シェアの両面において世界経済に適切に対応したのである

(Piven 1991: 11-12)。

　1980年代以降、労働組合が受けてきた打撃の大きさは国によって異なっていた。製造業からサービス業への労働者のシフト、集団主義から個人主義への労働者の意識変化、脱工業的価値の興隆——これらは、先進諸国において共通の現象であり、なぜある国の労働組合が他の国と比較してより深刻な打撃を受けたのかを説明するものではなかった。個人主義と集団主義の境界線はむしろ微妙な問題であった。労働運動の絶頂期においてすら、ほとんどのメンバーは集団主義そのものではなく、自らの個人主義的目標を達成するために参加していたと考えるのがより現実的であった。

　極端な場合には、下位メンバーは雇用関係と結びついた多くの官僚的な諸制度の中の単なる一つとして受動的に労働組合に属していたかもしれない。実際に、「新しい個人主義」が団体交渉の古い経済主義よりもより広範な生活の質的側面へのより大きな関心であるとするなら、労働組合にとっては単なる挑戦だけでなく機会にもなりうるのである (Hyman 1992: 160-161)。

　しかし、雇用リストラは労働組合に全く新しい機会を与えているのも事実である。女性、パートタイム労働者、非製造業部門のプロフェッショナル——これらの人々の重要性の増大は、労働組合主義の刷新が差し迫った課題であり、新しい組織、新しい行動、民主主義の新しい形が強く求められていることを示すものである (Regini 1992: 13)。

第2節　新しい政策レジームを求めて

　社会民主主義的政策レジームはその後、国際金融と巨大グローバル企業の利益の政治的連合として知られる新自由主義政策レジームに置き換えられた。しかしながら、新自由主義レジームは高まる非難の声に抗して生き残ることができるのだろうか。あるいは、何らかの他の政策レジームの可能性はあるのだろうか。本稿が前提にしているのは、新しい政策レジームへのシフト——すなわち、政策イノベーションを通じたパラダイム転換——は社会的利益連合の変化によって制約されているという点である。本稿は経済危機と経済成長に影響を与える一連の政治変数を発見することを目指している。こ

の節では、レジーム転換の力学を分析するための基本枠組の構築を試みる。

1　政策レジームと社会的連合

　私は、既に他所において新自由主義政策レジームの特性について検討した（Magara 2014）。本稿では、新自由主義政策レジームのもとでは民主主義が深刻な挑戦を受けており、政治的意思決定プロセスが公的領域から乖離し、ごく限られた経済的政治的エリートが公共政策を左右するというプロセスが存在している（Crouch 2013）ことを再び強調したい。総じて、エコノミーがより新自由主義的になるほど、その政治はより民主主義的でなくなるという傾向がみられる。

　アマーブルとパロンバリーニは、ブロック・ブルジョワという特殊な社会連合の支配によって特色づけられる特別な社会的政治的均衡の困難な出現がフランスとイタリアにみられることに注目している。逆説的ではあるが、フランソワ・バイル氏が2007年と2012年のフランス大統領選でブロック・ブルジョワの旗をかざしたものの、それが政治的に存在しているわけではない。アマーブルとパロンバリーニは、大多数の市民——特に庶民階級——が民主的な利益表出メカニズムから事実上排除されている状況をブロック・ブルジョワということばを用いて示している。そこでは、政治は上流および専門職階級の利益をおもに反映するものとなる（Amable & Palombarini 2014）。

　最も狭義な意味におけるブロック・ブルジョワとは、極度に限定された利益に基づく、クラウチが「ポスト・デモクラシー（Crouch 2005）」と呼ぶところの形態と類似したものとして定義できる。それは政治の新たな形である。支配的ブロックとしての困難さにもかかわらず、ブロック・ブルジョワの概念は、自由民主主義モデルが限界を示しているものの他の安定的連合の形成が未だ困難なところでみられる「公的生活の主要な現実（Crouch 2013: 220）」とみることができるかもしれない。

2　均衡と危機の間の社会的連合

　ほぼすべての先進諸国が直面している現在の政治経済危機は、アノマリィ（常態からの乖離）とみなすことができるだろう。通常の状況においては、各

国の制度的構造は政治システムの構造と相関すると考えられている。そこでは政党の政治的選択は、政治的要求の基本的構造を反映するものとなる。政党はまた、政治的要求がどのように政党政治に統合され政権にある政治連合によって実現されるのかを表現するものでもある。したがって、経済モデルの変化につながる政治戦略こそがまさに鍵となる。

経済の制度的構造は、さまざまな社会的政治的グループによる連合から構成された安定的な支配的ブロックが形成されているか否かにかかっている。これらのグループは相互に異なる利益を戦略的に妥協し事実上の連合を維持している（Amable 2003）。制度とは社会紛争の帰結としてもたらされる妥協を具現化したものであり、異なる利益を有するさまざまなアクター間の紛争を解決すべく設計されている。かりに社会紛争が現行のゲームのルールで解決できなければ、パラダイム転換の可能性が高まるかもしれない。

民主主義のもとでは、制度は複数の社会グループが共有する利益を代表する、影響力が大きな政治ブロックによって支えられる必要がある。そのような連合は現行の制度的構造を前提に形成される。制度とは、妥協を具体化するものとして、安定的な社会的政治的ブロックを形成する。政治家は支配的な社会ブロックの支持を確保することで権力の維持を試みるため、当該ブロックに資する制度変化を実現し、それを害する変化を防止しようとする（Amable 2003: 10-11）。たとえば、アメリカ合衆国では金融の政治的影響力がとりわけ大きい。政策決定者との緊密な連携により、アメリカの金融業者は、潜在的な政府介入から自らの利益を守るために自らのパワーを頻繁に行使する。ウォール街とワシントンの間には、共和党だけでなく民主党にも、金融業者と政策決定者の通常の個人的関係を大きく超えた深い相互依存関係がみられる（Chinn & Frieden 2011: 83-84）。

この現象の背後には、強力な利益連合のロビー活動という社会的政治的要因が作用している。これらのエリートは、自らの富、パワー、名声を最大限に活用し効果的なロビーを行い、伝統的なルールを弱体化させることができる。例えばシャドーファイナンスのロビイストたちは、それまでの統制を取り外し、新しい規制的政策をブロックすることで、世界経済危機の深まりに深く関与していた（Martinelli 2014）。

より深刻な問題は、企業活動がロビー活動の域を大きく超えることである。グローバル経済においては、国内政府は弱い傾向にあり、トランスナショナルな企業はより大きな自律性を享受しているといえる。政府が企業の圧力に応じるとき、政府の市場への介入は歪みがちになる（Crouch 2013）。そのような歪みが、2008年に起きたシステム破局のようなアノマリィを引き起こす。

　逆説的ではあるが、政策レジーム転換は、アノマリィのもとにおけるアクターの自律的な行動を通じて起こるかもしれない。政策変化が支配的ブロックの中のいくつかのグループの利益を脅かすかもしれないため、そのコストとベネフィットは、個々人に異なった影響を与える。政策は、支配的社会ブロックの要求に対応するために、可変的なものとなる（Amable 2003: 66-68）。

　そのような要求が満たされるか否かは、さまざまな社会的政治的グループ間の力関係に依存する。ある程度の政治的ウエイトをもつグループは特定の政策変化を促進することができるだろう。しかし、新しいゲームのルールに関して、彼らが必要なコンセンサスの確保に失敗すると、彼らはさらに大きな制度的変容の波にのみこまれるかもしれない。そのような変容は、支配的社会ブロックを脅かし、その再編を迫るかもしれない（Amable 2003: 12）。

　近年の経済危機において、財政的ジレンマは政治的ジレンマでもあることを認識するのは重要であろう。有力なグループや危機の解決を試みる人々が巨大な政治的反対に直面することが危機を長びかせている。例えばアメリカ合衆国では、オバマ政権は景気後退に対処する際に、さらなる自由を求める銀行側と金融業界へのさらなる政府支援をきらう選挙民とのあいだで板挟みになるという難局にぶつかった（Chinn & Frieden 2011: 160-168）。

　このような環境は、新自由主義政策レジームが、一連の深刻な経済危機に直面しているにもかかわらず、また経済エリートと政治エリートのみに過度に資するものであるにもかかわらず、なぜ今も死んでいないのかを部分的に説明している。実際に、新自由主義とは、自由主義市場とはまったくかけ離れており、公的世界の巨大多国籍企業による支配に過ぎないとみることもできる（Crouch 2013: 219）。したがって、どのようなメカニズムが新政策レジームをもたらすのかだけでなく、変化が起きた後に新レジームがどのように安

定化するのかを考察することが重要となる。

　支配的社会ブロックは、彼らの利益が確保される限りにおいて制度変化を求める。彼らはハイアラーキーの頂上の諸制度と両立する制度的・政策的解決に向けた政治戦略を支持する。経済は大幅な制度変化の局面にさしかかるかもしれない。しかし、ハイアラーキーの頂点の制度が以前のままでは、経済モデルの変化は起こりえない（Amable 2003: 72）。支配的ブロックにとっては、ハイアラーキーの頂点に位置している諸制度が最も重要である。そのような制度が変化すれば、当該ブロックの内側やその周辺の個々人間の所得分布も大きく変化せざるをえないかもしれないため、いかなる政策レジームの転換も通常は困難なものとなる（Amable 2003: 69）。

　逆に危機的状況では、新しい均衡が社会的政治的連合の改造を通じて可能となるかもしれない。その結果として生まれる新しい支配ブロックは、従来とは異なるプライオリティをもつ。したがって新しい妥協は、古い妥協に根差していたものとは異なる争点に沿ったものとなるだろう（Amable 2003: 100）。

3　イデオロギーと浮遊する社会経済グループ

　世界金融危機の最も重要な特質は、金融エリート、企業エリート、官僚、知的エリートを席巻した文化的な方向性であろう（Martinelli 2014）。実際に、政策レジームにおいては、イデオロギーが重要な役割を演じ、さまざまな投票者のポジションに影響を与えている。政策レジームが変わると、社会経済グループも彼らのポジションを変化させる。

　政治的要求とは元来、投票者の客観的経済利益を自動的に反映したものではない。実際のところ、それらは、どのような要求を社会的政治的グループが正統なものであると感知するかによって左右される。政治的要求のそのような感知や表現は、支配的イデオロギーによって形成される。支配的イデオロギーは、投票者が自らの利益をどのように感知するか、彼らがどのように社会グループを形成するか、そしてかれらがどのように自らの要求を表現するかに影響を与える。イデオロギーは投票者の社会的アイデンティティを定義し、彼らが特定のグループに属していることを気づかせ、それによって彼

らが組織に統合されることを促進するのである。このプロセスは、例えば、コーポラティズム的諸制度が既に存在しているところでは労働者の組織化が容易である、というように、経済の制度的構造の影響を受ける（Amable 2003: 49-50）。

この文脈では、投票者が支配的イデオロギーの変化にどのように反応するのかを観察することが重要だろう。政策レジーム転換は、たんに支配的連合のメンバーの組み合わせが変化することによってのみ起こるのではない。むしろ、投票者分布自体が新しい方向に動くときに政策レジーム転換が起こると考えられる。換言すれば、投票者全体の重心が変化するのである。よって、政策レジーム転換につながる覇権的変化とは、構造的文脈的変化に反応する社会経済グループのポジション上の変化を伴うものとなる。1980年代には、当時のグローバル化する世界を反映し、政治の軸はよりリバタリアン的でより市場主義的な方向に動いた（Kitschelt 1993）。新自由主義政策レジームのもとでは、優位なセクターの投票者がこの方向に動く一方で、庶民セクターは取り残され、新右翼による外国人排斥主義的動員により強く反応するようになった。このように、この政策レジームの安定性は、最も競争力の高い国際セクターの少数の投票者と疎外された大多数の庶民セクターとの間の支持の奇妙な組み合わせによってもたらされている。

4　資本主義デモクラシーの三つのモデル[3]

より自由な経済は、より不自由な政治をもたらすのだろうか？より社会的な経済は、何をもたらすのだろう？資本主義のもとでは所有権の自立性は確固として保障されているが、経済的社会的平等を含む規範的次元は、しばしば延期されがちである（Bartels 2008; Hacker & Pierson 2011）。

ここでは、グローバル化のさらなる広がりのもとにおける資本主義デモクラシーの三つのモデルを示したい。それらは、(1) リベラルデモクラシー、(2) テクノクラート合理主義的デモクラシー、(3) ウェーバー的政治起業家モデル、である。第一のモデルであるリベラルデモクラシーは明らかに古典的なモデルである。そこでは、危機が人々の対応を呼び起こすと想定されている。このモデルは、人々が組織する自由をもち、政党が選挙を通じて投票

者に対応しようと試み、環境保護主義者などによって組織された運動が重要な役割を演じるというような、下から（市民から）の政治的応答を特に重視している。しかしこのモデルは、今日ではあまり有効ではないように思われる。アメリカ合衆国のバラク・オバマおよびフランスのフランソワ・オランドの例が示すように、民主的選挙の後に形成された政権はどれも、市民の要求に対応した政策の遂行に成功していない。

大衆政治ではなくエリートによる意思決定の重要性を重視するテクノクラート合理主義的モデル（Heclo 2010）では、経済危機の認識がエリートを通じて広がってゆく（認識論的コミュニティ）。このモデルでは、中央銀行のようなある種の守護的な諸制度が現代デモクラシーの調整的パワーの行使において決定的な役割を演じる。リベラルデモクラシー・モデルと比較して、テクノクラート合理主義モデルは今日、より大きな意味をもっているように思われる。

スウェーデンがテクノクラート合理主義モデルの成功例といえるだろう。そこでは、意思決定システムが高度に集権化し、統治が技術的で「工学的」な問題とみなされている。スウェーデンが巨大な財政赤字削減で再び成功したのは、他所でのよりポピュリスト的な諸政権とは異なり、伝統的なテクノクラート政策決定への回帰の結果もたらされたものであった。スウェーデンでは、非常に少数のエリートが改革の技術的側面を検討し、議会的選挙的圧力に左右されない一つのパッケージとして政策を組み立てている。スウェーデンのシステムが成功しているのは、政権諸政党の間にみられる高度な結束と、拒否権プレイヤーがほぼ存在しないという事実によるものであった。これに加えて、政府の毅然とした行動が結果を出すためには必須であった（Steinmo 2014）。

しかしながら、このモデルも最も基本的な問題を免れているわけではない。例えば、むしろ例外的とも見えるスウェーデンの事例を離れると、同輩市民の最善の利益を追求するためにエリートは果たして十分に民主的になりうるのだろうか。この問題は、多くの利権が存在し過去において腐敗が起こっているような場合に特に困難なものとなるだろう。

第三のモデルは、政治的起業家精神に基礎を置くウェーバーモデルであ

る。このモデルでは、カリスマ的リーダーによる政治行政への目立った侵入がみられる。ウェーバーモデルでは、カリスマ的リーダーは政党による制約に束縛されない。彼らはときには、「制度的には民主的な」方法によって十分民主的とはいえない「必要な」政策の遂行を試みる。このモデルは、様々な国々の派手なポピュリスト的新リーダーを想起させる。「ブロック・ブルジョワ」型のように限定的な社会利益が連合を形成した場合、庶民セクターの表出されざる利益は容易にカリスマ的リーダーの狂信的支持者に転じるかもしれない。

　かりにリベラルデモクラシー・モデルが良く機能すれば、選挙を通じた政治の再編がみられるだろう。しかしリベラルデモクラシー・モデルは有効に機能しているようには見えない。多くの場合、変化や行動はごく僅かである。むしろ政策レジームの転換は、ゲームの政治的ルールが変化するという意味において、クーン的なパラダイムシフト（Kuhn 2012）として理解される必要があるだろう。

5　成長、危機、民主主義

　先進諸国の民主的資本主義は2008年以降、先例のない危機に直面しており、その政治的な安定性は急激に低下している。現在、民主主義も資本主義も重大なリスクをはらんでおり、それらは以前の時代とは全く異なる深刻さを呈している（Crouch 2011, Schmitter 2013, Streeck 2013）。この歴史的経済危機を契機とする決定的分岐点において、先進諸国はどのように突破口を見出すのだろうか。成長モデルの変化は、社会的変化にどのように影響するのだろうか。その焦点は社会的連合の力学に当てられるべきだろう。この関係は、資本主義は民主主義に影響を与え、民主主義は資本主義に影響を与え、その両者ともが同時に国際次元と相互作用しあうところの政治経済サイクル（cf. Franzese 2002）として表現される。ここではまた、「規制された資本主義 regulated capitalism（Amable 2003）」あるいは「発展主義的資本主義 developmental capitalism（Bresser-Pereira 2013）」を含む、いくつかの困難な（しかし実現不可能ではない）選択肢も検討される。

　政策レジームの転換や刷新の可能性は、徹底的な金融自由化に反対する一

方で株主からの圧力も感じる製造業の大企業と高い水準の社会保障の維持を試みる労働組合の間の妥協のような利害関係者間の連合という形をとると考えられた。労働者は仕事の保障をある程度手放し、一定程度のフレクシビリティを受け容れるかもしれない。それと引き換えに、彼らはより大きな経営上の責任を獲得するかもしれない。EUレベルでは、そのような戦略は「規制された資本主義」というタイプを代表しているが、それは、国民国家の境界を超えた社会化された市場経済を構築する試みとなっている。この構想が資本主義の民主的モデルの刷新に成功するか否かは、関係するアクターの戦略的能力によるところが大きい（Amable 2003: 24-25; Schmitter 2013; Bresser-Pereira 2014）。

かつては、製造業のサイズと農業のサイズを組み合わせることで、政府の応答性を強力に予測することができた[4]。実際、これらのセクターのサイズが大きくなるほど、政府は迅速に対応した。しかし、過去20年の間に世界経済は大幅に変化した。グローバル化の増大する圧力を受けて、1980年代には政治的拒否権をもっていた多くの製造業は海外に移動し、農民は政府の支援にいっそう依存するようになり、彼らのポジションはグローバルな文脈においていっそう脆弱になった（Chinn & Frieden 2011: 53-55）。

6 危機と機会[5]

大きな危機はゲームのルールの目に見えた変化をしばしば求めるが、現行の制度に執着するアクターの根づよい抵抗に直面する。ここでは、基本的な分析上の次元を強調したい。それらは、国際システム、資本主義、そして民主主義の次元である。民主主義は、容易に寡頭制に陥る可能性があるという意味で脆弱性を有している——例えば、今日の世界は一握りの経済（金融）および政治エリートに率いられていることが示すように。比較的容易に自己適応が可能な資本主義と比べると、民主主義は自己調整メカニズムをもっておらず、国際システムは、それ自体が危機になりうるものである。この三者構造のなかで、様々なアクターがそれぞれ異なる期待をもって相互作用している。

社会的連合と政策レジームの分析にあたって、政体の性格も同時に検討す

べきであろう。すなわち民主主義のタイプが問題となる。ある国は大統領制なのだろうか議会制なのだろうか。集権度のような制度的違いもまた重要な役割を演じる。国際次元もまた重要である。EU や IMF や他の国際機関を含む国際システムの性格は、EU の地域レベルにおける伝播現象をみればわかるように、国内の意思決定プロセスを制約している。

同時に、危機の性質も明確にされるべきであろう。その源は何なのか。その強さはどれくらい大きいのか。その範囲はどれくらい広いのか。危機において共通して起こる現象のひとつに、アクターは状況に気づいているが既成のルールでは問題を解決することができないという現象がある（Amable 2003, Boyer 2012, Kahler & Lake 2013, Magara 2014）。しかし、ある時点でアクターがまさに変化の必要性を認識するようになると、危機を機会に変える可能性が生まれる。この意味において、危機がいかに機会に変容してゆくのかの分析には、認識 awareness という概念が鍵となるだろう。

また客観的な要素や危機の性格も重要である。危機は内生的なのだろうか、外生的なのだろうか。それは普遍的なのだろうか特殊的なのだろうか。危機は異なるアクターにどのように異なった影響を与えるのだろうか。しばしばそれは、特定のアクターにむしろ戦略的な影響を与えているかもしれない。拒否権プレイヤーのようなアクターは、影響を被ることが少なく、ときには危機の間一貫して自らの優位性を維持することもある。危機は異なるアクターに様々に異なる影響を与える。

図 1　民主的資本主義の分析上の次元

本稿は、民主主義と資本主義の相互作用、特に、社会的連合の変化がどのように成長モデルの変化につながるのかを探るものであるが、ここで、上記の問題を明確にするための二つの分析上の軸を示したい。それらは、(1) 権力の移譲に関する問題、および (2) 国際制度のそれほど中立的ではない側面、という軸である。

7　権力の移譲に関する問題

もし新自由主義政策レジームが、ごく少数のパワフルなエリートと満たされざる庶民階級投票者間の微妙な組み合わせによる政治的支持に基づいているのなら、なぜ安定していることができるのだろうか。政策レジームは非常に変化しにくい。なぜなら国家がその権力と権限を、自らのパワーの長期的維持を試みる支配的社会グループに、部分的に移譲しているからである。国家は、国家権力の一部を主要グループに預けることによって経済を運営するうえでの管理コストを削減することができる (Schmitter 1974)。例えば、戦後和解の局面においては、国家はその権力を経営者団体と労働組合に移譲したが、それは社会民主主義政策レジームの安定性に著しく貢献していた。権力が移譲された相手は、経営者と労働者の連合であり、社会のかなりの部分を構成するものであった。

スウェーデンは、大多数の選挙民が戦後和解のもとで涵養された再分配政策の重要性を新自由主義政策レジーム下で再び見出した注目すべき事例である。スウェーデンの事例では、中道右派連合が福祉国家のイデオロギーをきわめて効果的に政治に取り戻している。そこでは、ミドルクラス――大きなグループ――の福祉国家への十全なイデオロギー的統合がみられた。投票者はもはや高い税金と高い支出を通じた集合的福祉に反対しなくなったのである (Steinmo 2014)。

しかし、スウェーデンの事例はむしろ例外的かもしれない。社会民主的政策レジームと異なり、新自由主義政策レジーム下の覇権連合は全体の人口の中の極端に限定的な部分を代表しているにすぎない。金融テクノロジーに基づいた成長モデルが疑問視され始めた後においても、なぜこのような少数派を基盤とした新自由主義政策レジームが続くのだろうか。一つの答えは、国

家がその最も重要なパワーの一つを、経済を運営する支配的社会連合に移譲したから、というものである。新自由主義政策レジームの最も明確な特徴は、国家が金融による「自己取り締まり self-policing」を承認したことであろう。例えば、アメリカ合衆国では、「SECが資本規制を緩め、どれだけの資本が保有されていなければならないかの決定に関して、投資銀行に自らの危機管理テクニークを用いることを許した。金融システムの最も重要な部分を取り締まる責任をもつ機関が、金融業者に自らを取り締まることを許容したのである (Chinn & Frieden 2011: 81)」。

規制緩和の潮流は特に、企業が政権政党に影響を及ぼす重大な機会を与えた。アメリカ合衆国では、投資銀行の規制緩和に従事した官僚が2008年の金融危機を直接的に招いた、といわれている。実際、ある人々は合衆国政府に入る前に投資銀行で働いていたし、また別の人々は政府から銀行に移動した (Sachs 2011)。そのような状況では、相互的なチェックアンドバランスのシステムが容易に崩れ、モラルハザードの悪化を伴いつつ、新自由主義政策レジームは続くのである。

振り返ると、民間企業が政府と政治に深く浸透し始めたという意味において、ニュー・パブリック・マネジメント理論は、企業が政府に影響を与える重大な機会に道を開いたといえる。民間企業の従業員は規制に決定的な変化をもたらすいくつかの法律に影響を与えることができた。実際のところ、巨大な多国籍企業は現在では強力なロビーの域をはるかに超えて、政策決定分野における政府の主要な内部協力者になっている (Crouch 2013)。

8 　国際制度のそれほど中立的ではない側面

2011年にイタリアの首相に就任した際に、マリオ・モンティは債務危機が起こるか否かの瀬戸際で動揺するイタリア市民を安心させるために次のように訴えかけた——「私は、国際金融市場を熟知しています。私は、この状況でまさに我々がなすべきことを知っているのです。」モンティ氏は、欧州委員であっただけでなく、アメリカの有力投資銀行の社外顧問を務めていた。彼は、政権に就いていた間中、ＥＵやＩＭＦによって示唆された主要な政策やガイドラインはグローバル金融市場の支配を反映したものであることを、

一貫して示していた。国際金融の重大な影響力に加え、多国籍企業も大きな役割を演じている。さらに熾烈さをます国際競争の場で、彼らは常に望みうる最も低い労働コストと最も弱い労働者保護を求めている（Chinn & Frieden 2011: 172）。それでは、国際諸制度がよりバランスのとれた政策を展開することは可能なのだろうか。

近年、その構成員が国内政府である国際組織による規制的活動が目に見えて増大している（Crouch 2013）。例えば、アマーブルとパロンバリーニは、特に過去20年間、EU がフランスとイタリアの政治経済に課してきた制約の大きさを指摘している（Amable & Palombarini 2014）。実際に、国際制度が演じている役割は重大である。国際制度とは様々な形をとっており、もちろん EU だけに限定されるものではない。政策レジームの観点からすると、国際機関の行動は、政策レジームのグローバルな潮流、あるいはグローバルな覇権的イデオロギーを、最も直接的に表現しているといえる。EU コンディショナリティや FTA（the Free Trade Agreement）や EPA（the Economic Partnership Agreement）のようなグローバルな協定の質的変化は、資本主義の多様性を破壊しているのだろうか。あるいは、資本主義の多様性のさらなる進化につながるものなのだろうか。

第3節　暫定的結論

世界的な政治経済の難局と増大する富の格差に直面し、社会科学の研究者たちは古典に答えを求めようとするが、ケインズ政策を含む過去の処方箋は20世紀にはいかに有効であったとしても、現在の混乱にそのまま適用することはできないことを痛感する。世界は劇的に変化した。

確かに世界は変わった。働く人々の利益は国内レベルにおいてさえ分散する一方で、少数の経済エリートの利益はグローバルに収斂している。国内領域で労働者の集合行為はいっそう実現困難になっているが、経済エリートにとっては国内次元であってもグローバル次元であっても集合行為はかつてないほど容易になっている。なぜ数的な圧倒的多数である庶民階級が、グローバル金融と多国籍企業から成る数的少数派に勝つことができないのだろう

か。これは政治学の研究者にとっての最大のパズルのひとつであろう。単純な選挙分析では満足な答えは得られない。先進諸国における多層的利益構造はさらに重層的に埋め込まれており、国内とグローバルな政治経済の多様な側面を同時に検討するのでなければ、いかなる分析もこのパズルを解くことはできないのである。

　新自由主義政策レジームに対する一つの可能なオルターナティブは、市民の多様な職業や市場におけるポジションに対応したフレクシブルで非集権的なバーゲニングの新しい形を確立することであろう。しかしこの場合においても、マクロ政治的交渉メカニズムは国内的にも国際的にも基本的な社会的公正を確保する必要がある（Regini 1992; Teague & Grahl 1992）。このことは働く人々に、女性、若者、失業者を含む様々なセクター間の対立を緩和することで、いかにしてマクロ制度を構築するかという困難な問題の克服を迫る。

　今日の民主主義のメインテーマは、我々の目を、家庭や職場や学校がコミュニティなどの、いわゆる「政治の外側」に向けることにある（Bobbio 1987; Bowles & Gintis 1987）。今日の働く人の代表者たちも同様に、「労働の外側」、すなわち、文化、新しい価値、環境保護、人権を含む民主主義の総体に真剣に向き合うことなしに正統性を維持することはできないだろう。

(1)　本稿は科学研究費補助金・基盤研究（A）「成長、危機、民主主義―政策レジーム転換と社会的連合の政治経済分析」#25245023（研究代表者：眞柄秀子）の研究成果の一部である。また本稿は、Hideko Magara "Social Coalitions and Policy Regimes: Between Equilibrium and Crisis", presented at the Annual Meeting, Society for the Advancement of Socio-Economics, London School of Economics, 2-4 July 2015 に若干の修正を加え翻訳したものである。
(2)　この概念は、政権政党の政治的イデオロギーの違いを超えて、ほぼどこの国でも同様な政策が追求される状況を意味し、戦後から1970年代半ばまでを「社会民主的政策レジーム」、サッチャー登場から現在までを「新自由主義政策レジーム」として認識している。詳しくは、Magara 2014を参照。
(3)　この節は、フィリップ・シュミッターとの個人的会話によって多くの着想を得ている。
(4)　この分野におけるエスピン＝アンデルセンの先駆的貢献を参照（Esping-Andersen 1988）。
(5)　この部分もフィリップ・シュミッターとの個人的会話から着想を得ている。

参考文献

Amable, B. (2003) *The Diversity of Modern Capitalism*, Oxford University Press.
Amable, B. and S. Palombarini (2014) "*The bloc bourgeois* in France and Italy" in Magara, ed.
Baglioni, Guido and Colin Crouch, eds., (1990) *European Industrial Relations: The Challenge of Flexibility*, London: Sage.
Bartels, L. (2008) *Unequal Democracy: The Political Economy of the New Gilded Age*, Princeton: Princeton University Press.
Bobbio, Norberto (1987) *The Future of Democracy: A Defense of the Rules of the Game*, Cambridge: Polity.
Bowles, Samuel and Robert Boyer (1990) "Labour Market Flexibility and Decentralization as Barriers to High Employment? Notes on Employer Collusion, Centralized Wage Bargaining and Aggregate Employment," in Renato Brunetta and Carlo Dell'Aringa, eds., *Labour Relations and Economic Performance*, London: Macmillan.
Bowles, Samuel and Herbert Gintis (1987) *Democracy and Capitalism: Property, Community, and the Contradictions of Modern Social Thought*, New York, Basic Books.
Boyer, R. (2014) "How do polity and economy interact within Régulation Theory? Consequences for policy regimes and reform strategies"
Boyer, R. (2007), 'Growth strategies and poverty reduction: the institutional complementarity hypothesis', Paris School of Economics Working Paper No. 2007-43.
Bresser-Pereira, L. C. (2014) "The hegemony constraints in the neoliberal years of capitalism," in Magara, ed.
Bruno, M. and Jeffrey Sacks (1985) *Economics of Worldwide Stagflation*, Oxford: Blackwell.
Chinn, Manzie D. and Jeffrey A. Frieden (2011), *Lost Decades: The Making of America's Debt Crisis and the Long Recovery*, New York: Norton.
Crouch, C. (2011), *The Strange Non-Death of Neoliberalism*, Cambridge: Polity Press.
Crouch, C. (2013), "From markets versus states to corporations versus civil society?" in A. Schafer and W Streeck, eds., *Politics in the Age of Austerity*, Cambridge: Polity Press.
Elster, Jon and Kark Ove Moene (1989) "Introduction," in Jon Elster and Karl Ove Moene eds., *Alternatives to Capitalism*, Cambridge: Cambridge University Press, 1989. 6.
Esping-Andersen, Gosta (1992) "The Emerging Realignment between Labour Movements and Welfare States," in Mario Regini, ed., *The Future of Labour Movements*, London: Sage.
Esping-Andersen, G. (1988), *Politics against Markets*, Princeton University Press.

Evens, Geoffrey and James Tilley (2012) "How parties shape class politics: Explaining the decline of the class basis of party support," *British Journal of Political Science*, vol 42, no 1, pp. 137-161.

Ferner, Anthony and Richard Hyman, eds. (1992) *Industrial Relations in the New Europe*, Oxford: Blackwell.

Franzese, R. (2002) *Macroeconomic Policies of Developed Democracies*, New York: Cambridge University Press.

Goldthorpe, John H. ed., (1984) *Order and Conflicts in Contemporary Capitalism: Studies in the Political Economy of Western European Nations*, Oxford: Oxford University Press.

Hacker, J. S. & P. Pierson (2011) *Winner-Take-All Politics: How Washington Made the Rich Richer and Turned Its Backk on the Middle Class*, New York: Simon and Schuster.

Hall, P. (1986), *Governing the Economy: The Politics of State Intervention in Britain and France*, New York: Oxford University Press.

Hausermann, Siija, Georg Picot and Dominik Geering (2012) "Review Article: Rethinking party politics and the welfare state: Recent advances in the literature," *British Journal of Political Science*, vol 43, no 1 , pp. 221-240.

Heclo, H. (2010) *Modern Social Politics in Britain and Sweden*, Colchester: ECPR Press.

Hyman, Richard (1992), "Trade Unions and the Disaggregation of the Working Class," in M. Regini, ed., *The Future of Labour Movements*, London: Sage, 160-161.

Ido, M. (2014) "In search of a new policy regime: the record of Democratic Party of Japan-led governments," in Magara, ed.

Otto Jacobi, Bob Jessop, Hans Kastendiek and Marino Regini, eds., *Tecnological Change, Rationalization and Industrial Relations* (London: Croom Helm, 1986);

Kabashima (1984) "Supportive Participation with Economic Growth: The Case of Japan" *World Politics*, vol. 36. No. 3 pp. 309-338..

Kahler, M. and D. A. Lake (2013) "Anatomy of Crisis: The Great Recession and Political Change," in M. Kahler & D. A. Lake, eds., *Politics in The new Hard Times: The Great Recession in Comparative Perspective*, Ithaca: Cornell University Press.

Kitschelt, Herbert (1993) "Class Structures and Social Democratic Party Strategies," *British Journal of Political Science*, Vol. 23, pp. 299-337.

Kuhn, T. (2012) *The Structure of Scientific Revolutions*, 50th anniversary edition, Chicago: University of Chicago Press.

Lash, Scott and John Urry, (1987) *The End of Oranized Capitalism*, Madison: The University of Wisconsin Press.

Magara, H. (2014) "Growth, Crisis, Regime Change," in H. Magara, ed. *Economic Crises and Policy Regimes: The Dynamics of Policy Innovation and Paradigmatic Change*, Cheltenham: Edward Elgar.

Magara, H. ed. (2014) *Economic Crises and Policy Regimes: The dynamics of policy innovation and paradigmatic change*, Edward Elgar.

Martinelli, A. (2014) "A political analysis of the global financial crisis: implications for crisis governance" in Magara, ed.

Michael Piore and Charles Sabel, *The Second Industrial Divide* (New York: Basic Books, 1983).

Piven, Frances Fox (1991), "The Decline of Labor Parties: An Overview," in F. F. Piven, ed., *Labor Parties in Postindustrial Societies*, Cambridge: Polity, 6-9.

Pontusson, Jonas (1995), "Explaining the Decline of European Social Democracy: The Role of Structural Economic Change," *World Politics* 47: 495-533.

Przeworski, A. (2001). "How Many Ways Can Be Third?"in Andrew Glyn, ed., *Social Democracy in Noeliberal Times: The Left and Economic Policy since 1980*, Oxford University Press.

Przeworski, A. (2014) "Choices and Echoes: Stability and Change of Policy Regimes" in Magara, ed.

Regini, Marino (1992), "Introduction: The Past and Future of Social Studies of Labour Movement," in Marino Regini, eds., *The Future of Labour Movements*, London: Sage.

Rowthorn, Bob (1992), "Corporatism and Labour Market Performance," in Jukka Pekkarinen, Matti Pohjola and Bob Rowthorn, eds., *Social Corporatism: A Superior Economic System?*, Oxford: Clarendon.

Schafer, A. and Streeck, W. (2013) "Introduction: Politics in the age of austerity," in A. Schafer and W. Streeck, eds., *Politics in the Age of Austerity*, Cambridge: Polity Press.

Schmitter, P.C. (2013), 'The crisis of the euro, the crisis of the European Union and the crisis of democracy in Europe', prepared for the 1st International Symposium, Growth, Crises, Democracy, Waseda University, 17 December 2013.

Philippe C. Schmitter, (1990), "Sectors in Modern Capitalism: Modes of Governance and Variations in Performance," in Renato Brunetta and Carlo Dell'Aringa, eds., *Labour Relations and Economic Performance*, London: Macmillan.

Schmitter, P. C. (1974) "Still the Century of Corporatism?" *The Review of Politics*, vol. 36, no. 1, pp.85-131.

Teague, Paul and John Grahl, (1992), *Industrial Relations and European Integration*, London: Lawrence & Wishart.

Therborn, Goran (1984), "The Prospects of Labour and the Transformation of Advanced Capitalism," *New Left Review* 145: 5-38.

Smith, W. Rand (1995), "Industrial Crisis and the Left: Adjustment Strategies in Socialist France and Spain," *Comparative Politics* 28, no. 1: 2.

Tarantelli, Ezio (1986), *Economia politica del lavoro*, Torino: UTET.

Steinmo, S. (2013) "Governing as an Engineering Problem: The political economy of Swedish success," in A. Schafer and W. Streeck, eds., *Politics in the Age of Austerity*, Cambridge: Polity Press.

Streeck, W. (2013) "The crisis in context: Democratic capitalism and its contradictions," in A. Schafer and W. Streeck, eds., *Politics in the Age of Austerity*, Cambridge: Polity Press.

Turner, Lowell (1991), *Democracy at Work: Changing World Markets and the Future of Labor Unions*, Ithaca: Cornell University Press.

Streeck, Wolfgang and Philippe Schmitter, (1991), "From National Corporatism to Transnational Pluralism: Organized Interests in the Single European Market," *Politics and Society* 19, no. 2.

第5章

EU 脱退の法的諸問題
―― Brexit を素材として ――

中 村 民 雄

はじめに

　EU のある構成国が他の構成諸国の同意なく一方的に EU を脱退する権利はあるか。これは EC 設立当初からある古典的争点である。なぜなら EC や EU の基本条約（旧 EEC 条約＝旧 EC 条約≒現 EU 運営条約、ならびに EU 条約）は、リスボン条約（2009年発効）によって改正されるまでは、脱退に関する規定を何らもたなかったからである。しかもこれは空論ではなく、実益のある論点であった。イギリスが二度もそれを知らしめてきた[1]。一度は1975年の EC 加盟継続国民投票において[2]、二度目は現在である。

　現在の背景はこうである。2010年前後にかけて EU はユーロ危機に陥った。その打開策として EU において構成国の財政政策に対する規律を強化しつつ、深刻な財政赤字を抱えるギリシャなどのユーロ圏諸国に財政支援しようとした。このとき、イギリス保守党政権のキャメロン首相は、これ以上の EU の権限拡大に反対し、一切の EU の基本条約の改正を拒否した（そのためユーロ諸国は EU 枠外に欧州安定化機構 ESM なる救済基金を設立した[3]）。同時にイギリス国内では2011年に EU 監視法（European Union Act）を定め、今後の EU の基本条約の改正で EU の権限が拡大されるときはつねに国民投票を行うこととした[4]。そのころ国内では EU 内外から来る移民がイギリスの社会保障制度を圧迫しているという反 EU の極右政党の言動が保守党内にも一部浸透しはじめていた。キャメロン首相は2013年1月に、次期総選挙で保守党が勝利すれば EU を改革する交渉を EU 諸国と進め、その成果をもって2017年末までに EU 加盟継続の是非を問う国民投票を行うと公約した[5]。現に2015年

5月初旬の総選挙で勝利し、直ちに法案を提出した。同年末にはEU国民投票法（European Union Referendum Act 2015）[6]が成立し、「イギリスはEUのメンバーであり続けるべきか（Should the United Kingdom remain a member of the European Union?）」（法1条4項）が問われることになった。またキャメロン首相はEU諸国に対してEU改革の交渉を求めたが、2015年前半はユーロ圏の財政危機国ギリシャの救済条件交渉が優先されたため[7]、本格的討議は2015年秋からとなり、2016年2月の欧州理事会で合意を見た[8]。この成果をもとにキャメロン首相は同年6月23日を国民投票の日とした。

イギリスの国民投票の帰趨は本書刊行後に定まるが、それがどうあれ、構成国がEUから一方的に脱退する権利をもつかどうかはEU法の基本問題であり、明文がある現在でも論じる価値は失われていない。なぜなら、その論点は、EUという独特の統治制度と法秩序の性質をいかに評価するかに深く関わるからである。

以下では、現行のリスボン条約以前の段階の脱退権をめぐる法的論議の要点を瞥見したのち（第1節）、現行法の下での一方的脱退に関する法的諸問題を、イギリスのEU脱退論（いわゆるBrexit）を例にとりながら、整理する（第2節）。最後に、この論点がEU全体の法秩序の性質評価に深く関わること確認して、むすびとしよう。なお本稿では、史的区分または法的区別がとくに必要な箇所以外ではECとEUを区別せず、EUと表記する。

第1節　リスボン条約以前のEU脱退権論議

ECやEUの基本条約に脱退の明文規定がなかったころ、脱退権は学説の対立を呼んだ。

まず学説に争いのない点から確認しておこう。一般に国際条約は、主権国家の同意にもとづき締結されるから、そこからの離脱についてもすべての当事国の同意があればいつでもできる。これは条約に関する慣習国際法であり、それを条文化した1969年の「条約法に関するウィーン条約」（以下、条約法条約）も、条約の明文規定にもとづく脱退および全当事国の同意がある脱退は可能と認めている（同54条）。EUについても同断である。ゆえに脱退を

希望する EU 構成国は他のすべての構成国の同意があれば、脱退の明文がなくても、EU（の基本条約）から離脱できる。実際、EC 時代の実務もこれに即していた。デンマーク領グリーンランドが住民投票により同地の EC 離脱を1982年に決議したとき、デンマーク政府は1983年から EC 全構成国と交渉して、グリーンランドを（もはや構成国の領土ではなく）EC 域外の特別領土（旧 EC 条約131条、現 EU 運営条約198条）として扱うことにする EC 条約の改正を実現した（1985年発効）[9]。

学説の対立があるのは、他の構成国の同意がないままの一方的脱退をする権利が構成国にあるかどうかである。国家主権を重視する国際法派の学者は、EU 法を国際法の特別法と見る立場から、EU 法に明文がないとき一般法たる国際法（とくに慣習国際法や条約法条約）が適用されると考えた。実際、条約法条約は、係争の条約に脱退規定がないときは当該条約から脱退できないのが原則ではあるが、例外的に、①脱退に関する当事国間の黙示的合意、②条約の性質、③条約の重大な違反、④後発的履行不能、⑤事情の根本的変化（*rebus sic stantibus*）を理由にした脱退を認めている（条約法条約56・60・61・62条）[10]。そこで EU についても、構成国は主権国家として一方的脱退権をもち、条約法条約が定めるような諸理由にもとづいてそれを行使できると論じた[11]。

しかし EU 法学者の多くは、一方的脱退権を否定した。その論理の要点はこうである。(i) EC も EU も戦後欧州統合の歴史的文脈の下で、「絶えずいっそう緊密化する欧州諸人民の連合の基礎」をつくるために「無期限に継続する」条約により設立された国際組織である[12]。統合にむけて発展し続ける動態的な条約であり、一般の国際条約にない独自の性質がある。(ii) そのような戦後欧州統合の歴史的文脈と条約の独自の性質の下にある基本条約が脱退規定を置かないことは一方的脱退権を否定することを推認させる。(iii) 実際、欧州司法裁判所も、構成諸国が国家としての「主権的権利を一部ながら永久に譲渡または制限して設立」したのが EC であるから、それは一般の国際法とは異なる「新しい法秩序」であると捉えている[13]。(iv) 百歩譲って一方的脱退について条約法条約の趣旨が適用されるとしても、条約法条約が示す理由①～⑤のいずれも EC・EU では認められない。なぜなら、③条約

の重大な違反に対しては、構成国の条約違反に対する違法確認訴訟制度がある[14]。④後発的履行不能については、一構成国の危難救済制度が備えられている[15]。⑤事情の根本的変化に対しては、基本条約の改正手続がある[16]。つまりEC・EUは自己完結的に③④⑤の現象には対処できるから一方的脱退に訴える正当性がない。さらに②EC・EUの基本条約の性質は前記(i)〜(iii)に述べた通りであるから一方的脱退権は推認できない。以上からして①一方的脱退について当事国間の黙示的合意も推認できない。

つまり多くのEU法学者によれば、EC・EUは国際条約により設立されたけれども、EC・EUの基本条約は欧州司法裁判所が言うように各国の主権制限をもたらし、その結果「新しい法秩序」が一般国際法から区別されて成立したのだから、EC・EUの基本条約は単なる条約を超えて「憲法的憲章（constitutional charter）」に変質している[17]。よって単純に国際法の適用を認めることは妥当ではなく、脱退の争点についても国際法をEUへ直ちに適用することは不適当である。また国家主権の全面的な行使容認を前提とする主張は、構成国がEC・EUとの関係で主権を制限したことを看過しており失当である。ゆえに一方的脱退権はEU法上認められないと主張し、これが通説をなしていた[18]。

しかしこれに対しては、なお少数ながら、国家主権重視の国際法派から根強い批判があった。たとえばドイツのEC法学者ダグトグロウ（Dagtoglou）は1975年の論文でいう[19]。(a) 国家の主権的権利は条約の明文で国家が自発的に放棄しない限り制約されないのが原則であるから、明文規定がないことは脱退権の不在を意味するわけではない。(b)「無期限に継続する」条約を締結することと「永久に」連合をつくることはコミットメントの程度に違いがあり同一ではなく、無期限継続を永久と同視し脱退権の否定を導く解釈には飛躍がある。法律家は政治家ではなく、「永久同盟（ewiger Bund）」を誓ったドイツ帝国憲法（1871年）でさえ永続しなかった政治的現実を忘れたような法律論は空疎である。(c) 欧州統合を目指して「絶えず緊密化する」「新しい」「独自の」法秩序であるとしても、それは進行中の作業を指しており、まさにその進行度合いは構成国の協力的意思に大きく依存する。だから、進行中の作業だという性質を根拠に構成国の脱退権を否定できるわけで

もない。(d) しかも EC 条約の改正は全構成国の批准を要しており、最終的には EC の形成も構成国の意思が決定打となっている。(e) 既存の EC 統合の成果をもってしても未だ EC を連邦国家と同視はできない。だから未だに一方的脱退権を認めうる。そして論文をこう結ぶ。

> 「EC は確かに貴重な組織であり保護され発展させられるべきである。法律家もそれに一役買わねばならないが、政治家に取って代わることはできない。…欧州連邦主義者らは、あの永続的にして不可逆の連合（an everlasting and irrevocable union）なる呪文をもって自分の動機を素早く覆い隠すが、その呪文には何ら明確な法的根拠はなく、現在の政治的現実にも即していない。」[20]

このような国際法派の見解は、1975年のイギリスの EC 加盟継続可否の国民投票の際の国家実行とも整合していた。当時、国民投票で反対票がもしも多数を占めたならばイギリスの一方的脱退も論理的にはありえたが、国民投票が発表された当時、他の EC 構成諸国からは一方的脱退に関する異議は出されていなかった[21]。かくして、1980年代のイギリスの代表的な EC 法事典は、「構成国が通告も交渉もなく EC から脱退することを止める法的手段はない」とリアリズムの寸評を残していた[22]。

第2節　リスボン条約での EU 脱退権

1　EU 条約50条の起源——欧州憲法条約

EU において脱退権の明文化をめぐる議論が出てきたのは、2002年から2003年にかけての「欧州の将来諮問会議」においてである。その会議には、各国議会や欧州議会、各国政府、欧州委員会の各代表が集い、幹事会の主導のもと、条約の草案を起草した（2003年）。これが後に政府間会議でほぼそのまま承認され、欧州憲法条約（2004年。以下、憲法条約）となった[23]。

草案の起草時に、構成国に主権国家として一方的脱退権があることを明記すべきだと主張したのは、イギリス政府代表委員ハイン（Hain）である（実際の意見書執筆者はケンブリッジ大学の EU 法教授ダッシュウッド（Dashwood））。イギ

リスは「いずれの構成国も EU から脱退することができる。当該国はその脱退意思の通知を〔首脳〕理事会に行う。」という案文を示し[24]、どの構成国も EU からの脱退に許可が要らない旨を明文化すると説明した[25]。

他方、欧州議会の代表委員ラマスール（Lamassoure）は、EU の将来像を「国家連合」（各国の国家主権を維持し、国家が EU 運営の中心となる[26]）、「連邦国家」（EU が主権をもち、構成国はいったん加盟すれば永遠にメンバーとなる[27]）のいずれのモデルに近づけるかという観点から説き起こし、いずれも極端でとれないので、両者の中間として現状の共同体モデルを連邦的な方向で改良するのがよく、そこで脱退については、どの構成国もつねに一方的脱退権をもつことは明記すべきだが、その行使を抑制するような厳格な条件を付すべきだと論じた[28]。

ラマスールの考えをさらに発展させたのが、フランス議会代表委員バダンテール（Badinter）である。氏は、構成国の一方的脱退権を認めるが、脱退手続については EU が規律すべきだと主張した。すなわち、脱退国は脱退通知を欧州理事会（各国首脳で構成）に行い、欧州理事会が定める期間内に脱退国は EU と脱退協定交渉をし、当該交渉が不調に終わるときは欧州司法裁判所が紛争を扱う。脱退協定の解釈と実施の紛争も欧州司法裁判所が扱う。このように EU が脱退手続を全面的に規律するという案である[29]。氏はまた、憲法条約の掲げる諸原則の重大な違反を執拗に続ける構成国を EU が除名できる旨の規定も提案した[30]。

こうした議論をもとに、一方的脱退権が幹事会で草案に明文化される決定がなされ[31]、諮問会議総会でも甲論乙駁あったが[32]、幹事会原案に近いものが草案 I-59 条となった。その後、正式の政府間交渉を経て憲法条約が締結され、脱退権規定は憲法条約 I-60 条となった[33]。なお、除名規定は草案でも憲法条約でも明文化されなかった。

それまでの EC 法の通説であった一方的脱退権否定説を覆す明文が、なにより EU 諸国と諸人民の政治的統合を高めるための憲法条約において登場したため、これは「最も驚くべき新機軸」であり[34]、「パラドクス」である[35]と、通説派の EC 法学者には受け止められた。逆に EC・EU 法を国際法の一部として理解する立場の学者からは、条文は「付加価値に乏しい」とも評

された[36]。もっとも、憲法条約はオランダとフランスの批准国民投票で否決され、発効せずに消えた。

2 EU条約50条―リスボン条約

リスボン条約により改正された現在のEU条約50条は、消えた憲法条約I-60条をほぼそのまま反映している。

> 第50条
> 1．いずれの構成国も、自国の憲法上の要件に従って、欧州連合から脱退することを決定できる。
> 2．脱退を決定する構成国は、その意思を欧州理事会に通知する。欧州理事会の示す指針に照らして、連合は、当該国の脱退に関する取決めを明記した協定を、当該国と連合の将来の関係枠組を考慮しつつ、当該国と交渉し締結する。当該協定は、EU運営条約第218条第3項に従って交渉される。閣僚理事会は、特定多数決により行動し、欧州議会の承認を得た後に、当該協定を締結する。
> 3．当該関係国に対する設立諸条約の適用は、脱退協定の発効日より、または発効しない場合は第2項における通知から二年後に、停止される。ただし、欧州理事会が、当該関係構成国との合意を得て、全会一致によりこの期間を延長する決定をしたときはこの限りでない。
> 4．第2項および第3項において、脱退する構成国を代表する欧州理事会または閣僚理事会の構成員は、当該国に関する閣僚理事会または欧州理事会における討議もしくは決定に参加してはならない。
> 特定多数決は、EU運営条約第238条第3項b号に従って定める。
> 5．連合から脱退した国が再加盟を申請するときは、当該申請は第49条に定める手続に服する。

要するに構成国は自国憲法にもとづき自律的にEU脱退を一方的に決定でき、それをEU（欧州理事会）に通知さえすれば、脱退協定がなくても、通知から2年後に脱退の効果が生じる。脱退協定は、人々や企業やEU諸国の法的利益を保護するために締結することが望ましいであろうが、それは脱退権の存在や行使の前提条件ではない。

この規定が置かれたことで、一方的脱退権が構成国に存在することに争いの余地はなくなった[37]。しかし残された法的問題は多い。

第一に、最も重大なのは、脱退の法的効果について規定がなく、脱退協定に任されている点である。そのため脱退協定なく脱退した場合の法的処理は空白となる。これは重大であり、分説すれば、こうである。

（イ）まずEU法上の既得権の存続が問題になる。たとえばEU内の他構成国にいる脱退国の国民や企業の法的地位、あるいは逆に、脱退国にいるEU内の構成国の国民や企業の法的地位がどうなるのかが問題となる。イギリスの脱退例でいえば、スペインに移住したイギリス人やイギリスにいるスペイン人はEU法上の権利を失うのか。脱退国は、脱退により他のEU構成国の国民や企業が被った損害を賠償する責任を負うのか。こうした法的処理は、脱退協定がないときは、脱退国においては慣習国際法（条約法条約も含む）と脱退国法に、EU諸国においてはEU法と当該諸国法に委ねられることになる。企業取引にも一般人の市民生活にもEU法が浸透している現在（たとえばイギリス内務省の2012年の資料によれば、EU法上の権利を行使してスペインに移住しているイギリス人は最低でも41万人おり、その70％が4年以上居住している[38]）、EU法上の既得権の存続が不透明であると、中長期的に深刻な法的不安定をもたらしかねない。この点、条約法条約は、条約の終了以前に当該条約の実施により生じた当事国の権利・義務・法的地位は、当事国間での特段の取り決めがない限り、存続するものとしているが（同70条1項b号）、EU法は多種多様の法的状況に関与しており、この一般原則だけでは到底妥当に対処できないであろう。

（ロ）次に将来について、脱退協定がない場合、脱退国とEU・EU諸国との脱退後の法的関係の構築が脱退国の時の政権の方針次第となり、長期的安定を期待できなくなる。

このように脱退協定なき脱退は、既得権についても将来についても、人々や企業や脱退国自身にも大きな不安定をもたらしうる。ゆえにかりにイギリスが脱退するときも、必ずや脱退協定を交渉するであろう。すると脱退協定をめぐる法的論点が別途派生する（後述）。

第二に問題なのは、脱退過程をどこまでEU法が規律でき、またすべきか

である。たとえば脱退の決定そのものの適法性を争う局面ではどうであろうか。憲法条約の草案起草時の議論に見られたように、EU をより連邦国家的に理解し一方的脱退を抑圧する立場にたてば、一方的脱退権を定めた EU 条約50条1項は EU 法だから、その解釈は欧州司法裁判所の管轄権に服する。また一方的脱退国も通知から2年間は EU 構成国であるから EU の基本的価値（EU 条約2条）を尊重して、脱退過程を遂行する義務があると解釈できる。そこで脱退国が＜EU の基本的価値を尊重しつつ＞自国の憲法上の要件に従って脱退の意思決定をしたかどうか、すなわち＜民主的に法の支配もとづき少数者の人権をも考慮しつつ＞適法に脱退決定をしたかどうかは訴訟で争いうることになり、その EU 法上の争点を欧州司法裁判所が判断でき、またすべきだといった解釈論も出てきうる[39]。これに対しては、自国憲法に従った決定は国家主権の基礎をなす国民主権の発動であり、その発動の適法性をいずれかの裁判所が審査させられることになるとしても、自国内の政治的事実の認定も自国憲法の解釈も正確かつ正統に行えるのは当該国の裁判所だけだから、国内裁判所が専属排他的に管轄するものと考えるべきだという反論もありえよう[40]。

より現実化しそうな問題局面は、脱退決定後の脱退協定の交渉に EU 法がどれほど規律を及ぼすことができ、またすべきかである。この点は脱退協定の項で述べる。

第三に、50条をめぐる細かい解釈問題も多少ある。

（イ）同条2項の脱退協定の交渉手続は、開始と締結だけが定められているが、それ以外の局面については、運営条約218条（EU が行う国際協定の交渉手続一般の規定）が準用されるのかどうか。この点は脱退協定の項で述べる。

（ロ）同条4項の、脱退国の脱退に関する欧州理事会・閣僚理事会での討議や決定に脱退国代表が参加できないという規定は、同旨が他の EU 機関にも準用されるか。たとえば、欧州議会での脱退国に関する脱退の討議や決定に脱退国選出議員が参加できないという趣旨にも広げられるのだろうか。そうだとすると欧州司法裁判所裁判官・法務官や欧州委員会委員にまで同旨が準用されかねない。しかし、欧州理事会と閣僚理事会の政府代表は国益代表であるのに対して、欧州議会・欧州司法裁判所・欧州委員会の役職は EU 全

体の利益のために法的には国益から独立して行動する役職であるから（EU条約14・17・19条）、EU条約50条4項は、文理通り、欧州理事会と閣僚理事会に限定して適用されると解すべきだろう[41]。

（ハ）もう一つの解釈問題として、脱退通知から2年以内に脱退国が変心して脱退通知を撤回できるかがある。これは、結局脱退せず現状が維持され現行条約を適用し続けるだけだから、法的には可能と解してよいであろう[42]。

3　脱退協定

こうしてみると、たとえ一方的脱退権があると定めたところで、脱退国における革命的政権転覆による脱退でもない限り、脱退協定なしの一方的脱退は予想しがたい。今日、経済活動から人権保障や安全保障にいたるまでEU法が広範に適用されるから、ほとんどの場合は、人々・企業・諸国の法的安定のために脱退協定を締結しての脱退とならざるをえないであろう。とすると結局、学説にもともと争いのなかった、すべての当事者の同意による脱退と実際にはほぼ同じ結果になる。まさに大山鳴動鼠一匹であるが、その鼠（＝EU条約50条を設けたこと）がまた厄介である。以下にそれを見よう。

まず、ある構成国が脱退協定を結んでEUから脱退する場合、EU側の協定締結当事者はEUだけなのか、EUとEU諸国の両方（いわゆる「混合協定」方式）なのかが問題となる。もちろん脱退協定の内容次第であるが、イギリスはEUだけでなく欧州各国の集団的な防衛政策や欧州全般の安全保障に大きく関わる国であるから、その脱退があればEUの安全保障防衛政策だけでなく、EU各国のそれも見直しを迫られよう。この点だけからしても、イギリスの脱退協定は、EUの権限だけでなく構成国の国家権限の行使も必要とするため、混合協定方式とならざるをえないと予想できる。

次に、脱退協定は基本条約たるEU条約50条2項にもとづいて締結される。よって脱退協定は基本条約より下位の法規であり、それを以て上位の基本条約を改正することはできない。イギリスの脱退により基本条約の改正も必要となる（EU運営条約355条（条約の地理的適用範囲）の改正やイギリスの特則を定めた附属議定書―基本条約と不可分一体と扱われる（EU条約51条）―の削除または改正

第5章　EU脱退の法的諸問題　113

など)。ゆえに EU 諸国は脱退協定の交渉とは別に基本条約の改正交渉も並行して行わなければならない。

　以上の二点を合わせると、こうなる。混合協定方式の脱退協定について、EU の権限に関する部分は EU の閣僚理事会が（欧州議会の承認を得た後に）特定多数決より締結し（EU 条約50条2項）、EU 各国の権限に関する部分は EU 各国が自国の憲法上の要件に従って締結することになる。この両部分を一本化した脱退協定が締結されるわけだから、締結については結局、EU の全構成国と脱退国の署名と批准が必要となる。また並行する EU 基本条約の改正にも（脱退国以外の）EU 全構成国の批准が必要である（EU 条約48条4項）。かくしてイギリスの脱退過程は、全当事国の同意を得てする脱退と結局は同じになる。

　＜鼠が厄介だ＞というのは、EU 条約50条を設けたばかりに、主張可能な EU 法上の論点が新たに生じ、これが政治的には脱退協定の交渉を複雑かつ長期化させかねないからである。脱退過程に EU 法の統制をできるだけ及ぼそうとする立場からは、脱退協定が EU 基本条約より下位の法規と位置づけられるとなれば、脱退協定の EU 権限に関する部分の交渉については、運営条約218条11項を準用して、予定された脱退協定の内容が EU の基本条約に適合するかどうかを、構成国・欧州議会・閣僚理事会または欧州委員会が協定の締結に先立って欧州司法裁判所に審査を求めることができるはずだといった主張がなされうる。EU は法の支配にもとづく統治制度であり、基本条約違反の EU の法的行為は一切認められるべきでないからである。欧州司法裁判所もそのような一般論を根拠にして、国連が命じたテロ対策措置（指名された者の資産凍結処分）を EU の安全保障政策措置と EC の経済制裁措置を組み合わせて特定個人に対して実施したとき、安全保障政策措置には裁判管轄権を認められていなかったにもかかわらず、EC の経済制裁措置に関する裁判管轄権を強調し、当該個人の人権侵害の主張を受け入れ、EC の経済制裁措置を無効と判断した[43]。脱退協定についても、それにより EU 市民や企業の EU 法上の権利が侵害されるならば、やはり違法と認定されるべきであるが、協定締結前の審査管轄権の明文がないから、運営条約218条11項を準用してそれを認めるべきだという議論は予想できるのである。もちろんこれ

に対しては、EU条約50条の脱退協定交渉手続は、運営条約218条の通常の国際協定の交渉手続とは異なるもので、脱退協定交渉はむしろ加盟条約交渉（EU条約49条）に類比すべきものであるから、運営条約218条とは異なる法的状況を扱っており、よって同条11項の準用は失当であるという反論もありえよう。しかし、少なくとも脱退過程について基本条約に規定を置いてEU法として扱おうとすればするほど、交渉について新たなEU法上の論争が生じるのであり、そこがEU条約50条をおかずに、一般の国際法にまかせて行う条約交渉（交渉中に訴訟は一切介入しない）と異なってくるのである。こうして脱退交渉も2年では済まなくなる可能性も高くなる。鼠が政治交渉を促進するかどうかは疑わしい。

4　イギリスとEUの法的関係構想

イギリスは脱退後、長期的にEU・EU諸国と築く法的関係としては、どのようなものがありうるか。これは様々ありうるが、EEA、スイス・EU協定の2つが典型であろう[44]。しかしいずれもイギリスの参考にはあまりならないように思われる。

EEAは、EFTAに属するノルウェー、アイスランド、リヒテンシュタインがEUと締結した多国間協定であり、一定範囲のEU法と同一の法が適用される「同質の欧州広域経済圏（homogeneous European Economic Area）」を作ることを目的とするもので（EEA協定1条）、EUまたはEFTAの加盟国だけが加盟できる（EEA協定128条）[45]。したがってこの選択肢の場合、イギリスはEFTAに加盟してEEAにも加盟することになる。EEAはEU法のうち域内市場に関係する法（商品・人・サービス・資本の自由移動、競争法など）や社会政策や環境政策の法と同じ法が適用される（EEA協定8-88条）。共通農業政策や共通漁業政策や共通通貨政策のEU立法は適用されない。こうしたEEAの内容は、経済的な自由権を維持しつつ共通政策を批判するイギリスには適していよう。しかし最大の難点は、EEA加盟国の側からEU法を変えることはできず、またEU法の立法にも関与できず、EUで採択されたEU法と同一の法を適用するだけの立場になる点である（EEA協定99条）。EUと同一の法の適用義務は、EFTA裁判所におけるEFTA諸国法の解釈

と適用をEU法に同一化することを確保することにも及ぶ（EEA協定106条）。イギリスはEUから脱退しても経済市場に関するEU法の実質的支配を受け、しかも自らはその支配にモノ申せないEEAの立場を甘受するであろうか。当初EEA加盟国であったスウェーデン・フィンランド・オーストリアがEU加盟に方針転換したのも、まさにこの立場を不満としたからであった。

　スイス・EU協定は、二当事者間協定である。イギリスも同様に脱退協定を二当事者間協定として交渉することは可能である。しかしEU側は近隣諸国に対しては、EEAに見せたように、EU法と同一ないしほぼ同一の法を近隣諸国の協定でも確保しようとし、イギリス法の恒常的なEU法適合性を確保するような制度を作ろうとするであろうが、それがイギリスの利害に反する可能性もある（極端ではあるが、イギリスがアメリカと自由貿易協定を結ぶ構想を唱える論者もいる[46]）。

むすび

　これまで一方的脱退権の存否論議、現行法規定の予想される解釈争点を見た。いずれからもわかるのは、その時点で存在するEU法の条文を解釈するための上位の視座＝メタ論理に解釈が左右される点である。すなわち、構成国が主権国家の主権的権利の一部をEUとの関係で制約ないし譲渡して作ったEUという新たな統治制度がもつ構成国から独立した、国際法の中でも独特の法秩序を、どの程度またどの点で「独自」「独特」と理解するかというEU法観のもちかたに条文の解釈が左右される。

　EU法秩序を、ドイツやアメリカなどの連邦国家の類推で理解しようとする立場であれば、アメリカの南北戦争時の南部諸州の分離独立に論拠をもたらしたキャルフーン（Calhoun）の「州権論」（州は連邦を離脱する固有の主権的権利をもつとの議論）[47]のような議論を認めないことが連邦国家であって、そこが国家連合と袂を分かつ決定的な点の一つだということになるであろう[48]（ラマッスールの議論もこれに酷似していた）。そこで「絶えず緊密化する連合」を連邦国家を志向するものと解する立場の者は、一方的脱退論を否定する方向

で条文の空白を埋めようとした。そして現在のEU条約の脱退規定についても、脱退過程に対してできるだけ広範囲のEU法の規制を脱退国に対して及ぼすような解釈を随所で試みることであろう。

　しかし、1970年代にダグトグロウが怜悧に指摘した、国際法における主権国家と各国憲法上の主権的国民が前提にあって成立するEUという側面、国民国家単位で語られ運用されるEUの側面、これも決して無視できない（国家連合的な視座）。これは2010年代のEUにもいまだ通じる。たとえば、1990年代以降に現れた「EU市民権」ですら構成国から独立しては存在できない。構成国いずれかの国籍を持たねばEU市民権は付与されず（EU運営条約20条1項）、そこの国籍を失えばEU市民権も自動的に失う[49]。EU市民権だけを独自に取得することはできない。またたとえば、たしかに1970年代と違い2010年代の欧州議会は、EUの基本条約の改正を発議できるようになった（EU条約48条）。新規加盟国の受入れや脱退国の脱退協定の承認権ももつようになった（同49・50条）。だが、そのような改正は、EU市民の集合的民意が真に代表されるような制度が整備されたからもたらされたものではない（むしろEUの他の機関—閣僚理事会や欧州委員会—との権力均衡の整合性からなされた）。なぜなら欧州議会は、建前は「EU市民の代表」とされながらも（EU条約10条2項、14条2項）、未だにEU統一選挙法もEU全国区も汎EU政党も存在しない。現実には議席は各国単位で配分され、選挙法も各国法に依存し、選挙区・選挙権者・被選挙権者が各国区々に設定される。そのような民選議会であるから、たとえ選出された議員が会派を組んで国境横断的に行動するとしても、欧州議会の選出母体であるEU市民そのものが欧州横断的に設定された選挙制度に服さない限り、EU市民の「一般意思」を欧州議会が体現するとは法的には評価できない、論理的不徹底を残すのである。ドイツ連邦憲法裁判所も指摘するように、欧州議会は国民国家の議会と異なり、EU市民の一人一票の投票価値の平等を語る文脈に全面的には据えられていないため、EUには「民主主義の赤字」がビルトインされており、それゆえ各国議会が民主主義を実質的に補わなければならない[50]。このような法的評価を受ける余地も残るのが今のEUでもある。

　脱退権をめぐる論議は、ヨーロッパにおいては法解釈論争の体裁をとる

が、メタ次元のEU法秩序観の対立と不可分である。いずれかの法秩序観にもとづく法解釈の主張は、それを主張して法として認めさせ蓄積させることでEU統合の次の現実を生み出す、自己実現的な政治行動である。だからこそ異なるEU法秩序観をもつイギリスのキャメロン首相がEU改革に向けた論点の一つに、EU基本条約から「絶えず緊密化する連合」の文言を削除せよとも唱えていた[51]。それが政治においては連邦国家形成への呪文に、法学においては政治的行動を含意するメタ論理の実定法的根拠に、なりがちだからである。

日々EUを形成する主体ではない域外の私は、かのアメリカのホームズ（Holmes）判事の名言に、政治的な薬味（EU政治に加担しない自制）も混ぜて、EUにおいても「法の生命は論理ではなく経験であった」[52]と突き放して本稿を書いてきた。EUにおける脱退権論議は、EUという仮設目標を現実化する政治における法の、法的にして政治的役割を知る格好の窓口である。

(1) ある構成国が一国単位でEUから脱退した例は未だEUにはない。他方、構成国の一部領土だけがECの適用範囲から離脱した例はある。フランス領だったアルジェリアは独立により（1962年）、デンマーク領のグリーンランドは自治権獲得後のEC離脱住民投票（1982年）により、それぞれEC条約の地理的適用範囲から離脱した。*See*, Frederik Harhoff, "Greenland's Withdrawal from the European Communities" (1983) 20 C. M. L. Rev. 13-33. アルジェリアのEC離脱は、EC法上明快な法的処理がなされなかった。*See*, Allan F. Tatham, "'Don't Mention Divorce at the Wedding, Darling!': EU Accession and Withdrawal after Lisbon" in Andrea Biondi, Piet Eeckhout, and Stefanie Ripley (eds.), *EU Law after Lisbon* (Oxford U.P., 2012) pp. 128-154, at 143-145.
(2) イギリスは1950年代のEC設立当初は国家主権を制限する共同体設立に懐疑的であり、国家主権を制限しないEFTA（欧州自由貿易連合）の設立に走った。しかし経済の実も政治的影響力もEFTAは上げず、1960年代初頭には方針を転換し、ECに加盟を申請した。しかしフランスのドゴール政権の強硬な反対に会い60年代に2度拒否され、ドゴール退陣後の1970年代初頭にようやく3度目の申請で承認され、1973年にイギリスの保守党政権下でEC加盟を果たした。その一方でイギリス国内では未だEC加盟懐疑論が党派を超えてくすぶり、1974年に政権をとった労働党はEC加盟条件の再交渉を主張するようになり、1975年には「あなたはイギリスが欧州共同体（共同市場）に留まるべきだと思いますか (Do you think that the United Kingdom should stay in the European Community (the Common Market)?)」についての国民

投票を行うに至った。67.2% の残留賛成が示された。当時の状況につき、David Butler and Uwe Kitzinger, *The 1975 Referendum* (Macmillan, 2nd ed. 1996); R. E. M. Irving, "The United Kingdom Referendum, June 1975" (1975) 1 E. L. Rev. 3-12. なお1979年の総選挙に負けた労働党はフット党首が EC 脱退を基本政策に掲げたため党内分裂を招き、1981年にジェンキンスらは労働党を出て自由民主党を結成した。労働党は再び1983年総選挙時に EC 脱退を公約に掲げたが惨敗した。Alister Jones, *Britain and the European Union* (Edinburgh U. P., 2007) p. 135.

(3) ESM その他のユーロ危機対応措置の法的問題について、中村民雄「ユーロ危機対応と EU 立憲主義」日本 EU 学会年報34号（2014）128-154頁。

(4) EU 監視法の内容とイギリス憲法上の位置づけについて、中村民雄「第 3 章　イギリス憲法」中村民雄・山元一編『ヨーロッパ「憲法」の形成と各国憲法の変化』（信山社、2012）とくに65-67頁。

(5) House of Commons Library Briefing Paper No. 7212 "European Union Referendum Bill 2015-16" (2015), p.4.

(6) 2015 c.35.

(7) European Council conclusions, 25-26 June 2015, ST22 2015 INIT. *See also*, House of Commons Library Briefing Paper No. 7214 "Exiting the EU: UK reform proposals, legal impact and alternatives to membership" (2015).

(8) European Council conclusions, 18-19 February 2016, ST1 2016 INIT. イギリスは次の 4 つの改革を交渉で求めた。A）経済ガバナンス問題（ユーロ運営でユーロ不参加国が単一市場での競争の不利を受けず、ユーロ圏維持のための財政負担を負わされないなど）、B）競争力向上（EU の規制の削減など）、C）主権（イギリスがこれ以上の EU 政治統合に加担する義務を負わないことの明文化、補完性原則にもとづく各国議会の EU 立法監視力の強化など）、D）域内移民規制（来英当初 4 年間は自由移動権利者もイギリスの生活保護給付の受給資格を認めないなど）。これに対して、2016年 2 月の欧州理事会では、A・B・C の項目はほぼ受け入れられ、B は EU の通常立法で対応し、A と C には基本条約の改正を要する事項があるため、その事項については、次期条約改正時の明文化が確約された。最も交渉が難航した D については、EU 域内の労働者や不労 EU 市民の自由移動居住権と移動先国民との平等待遇は堅持するが、特定構成国に長期間大量に労働者が流入することの警告とセーフガード制度を EU 規則を改正して設けることや、今後の EU 拡大での加盟条約には人の移動の自由化経過措置を設けることなどが合意された。

(9) Friedl Weiss, "Greenland's Withdrawal from the European Communities" (1985) 10 E.L. Rev. 173-185.

(10) 厳密にいえば、条約法条約は発効（1980年）後に締結される国際条約に適用されるため（条約法条約 4 条）、1950年代に締結された EEC 条約には適用されない。しかし、条約法条約は慣習国際法を明文化したものであるから（条約法条約前文）、その規定の趣旨は EEC 条約にも適用しうるともいえる。

(11) *Eg.*, Giorgio Cansacchi "Les elements fédéraux de la Communauté économique européene" in *Mélanges en l'honneur de Gilbert Gidel* (Librairie Sirey, 1961) 91-104, at 93; P. Dagtoglou, *infra* note 19; Philippe Manin, *Les Communautés européennes: l'Union européenne: droit institutionnel* (Pédon, 5 ème éd., 1999) at 80. なお、イギリスの EC 加盟に関する国会論議も、EC 加盟により国会主権の原則が維持されるので一方的脱退権を肯定するという前提で展開した。(1962) 243 Parl. Deb. HL (5th Ser.) 421; (1971) 323 Parl. Deb. HL (5th Ser.) 367. *Cf.* EC 加盟前後の国会主権の原則論争については、中村民雄『イギリス憲法と EC 法―国会主権の原則の凋落』(東京大学出版会、1993) 序章・第 1 章を参照。
(12) EC 時代の関連規定：旧 EEC 条約前文・240条、旧 EC 条約前文・312条。EU 時代の関連規定：旧 EC 条約312条・旧 EU 条約前文・51条、現 EU 運営条約356条・現 EU 条約前文・53条。
(13) Case 26/62, Van Gend en Loos [1963] ECR 1; Case 6/64, Costa v. ENEL [1964] ECR 585.
(14) 旧 EEC 条約169・170・171条、旧 EC 条約226・227・228条、現運営条約258・259・260条
(15) 旧 EEC 条約224・225・226・235条、旧 EC 条約297・298・308条、現運営条約347・348・352条
(16) 旧 EEC/EC 条約236条、旧・現 EU 条約48条。
(17) Case 294/83, Les Verts [1986] ECR 1339, para. 23; Opinion 1/91 EEA No.I [1991] ECR I-6079, para. 21.
(18) *Eg.* Nicola Catalano, *Manuel de droit des Commuautés Européennes* (Dalloz/Sirey, 1962) p. 99; Panayotis Soldatos, "Durée et dénonciation des Traités de Rome" (1969) 47 Rev. de Droit Internat.de Sci. Diplom. 257-270; Hans Peter Ipsen, *Europäisches Gemeinschaftsrecht* (Mohr Siebeck, 1972) pp. 100-101; Michael Akehurst, "Withdrawal from Internatinoal Organisations" (1979) 32 Current Legal Problems 143-154 John A. Hill, "The European Economic Community: The Right of Member State Withdrawal" (1982) 12 Ga. J. Int'l & Comp. L. 335-357; Jacques Megret et al. (eds.), Le *Droit de la Communauté Économique Européene* vol.15 (Éditions de l'Université de Bruxelles, 1987) 563-568; Vlad Constantinesco et al (eds.), *Traité instituant la CEE: Commentaire article par article* (Economica, 1992) 1573-1575 (par P. Tavernier).
(19) Prodromos Dagtoglou, "How Indissoluble is the Community?" in P.D. Dagtoglou (ed.) *Basic Problems of the European Community* (Blackwell, 1975) 258-281.
(20) *Id.* at 273.
(21) Kelvin Widdows, "The Unilateral Denunciation of Treaties Containing no Denunciation Clause" (1983) 53 British Ybk Int'l L. 83-114 at 102.
(22) David Vaughan (ed.), *Law of the European Communities* (Butterworths, 1986),

Vol. 1, para. I-49 (p.63).
(23) 憲法条約について邦語の解説と翻訳は、中村民雄『欧州憲法条約：解説及び翻訳（衆憲資56号）』（衆議院憲法調査会事務局、2004）。草案については、中村民雄「欧州憲法条約案（2003年7月18日案）」貿易と関税51巻12号66-72頁（2003）、庄司克宏「欧州憲法条約草案の概要と評価」海外事情51巻10号14-37頁（2003）。
(24)　CONV 345/1/02 REV 1, p. 48
(25)　*Id*. p.49.
(26)　CONV 235/02, p.3.
(27)　*Id*. p.6.
(28)　*Id*. p.12.
(29)　CONV 317/02, p.50.
(30)　*Id*. p.50.
(31)　CONV 648/03.
(32)　議論の概要は、Anna Wyrozumska, "Withdrawal from the Union" in Hermann-Josef Blanke and Stelio Mangiameli (eds.), *The European Union after Lisbon* (Springer, 2012), pp. 343-365, at 356-358.
(33)　憲法条約 I-60条は次の通り。
　　　第 I-60条　連合からの任意脱退
　　　１．いずれの構成国も、自国の憲法上の要件に従って、欧州連合から脱退することを決定できる。
　　　２．脱退を決定する構成国は、その意思を欧州理事会に通知する。欧州理事会の示す指針に照らして、連合は、当該国の脱退に関する取決めを明記した協定を、当該国と連合の将来の関係枠組を考慮しつつ、当該国と交渉し締結する。当該協定は、第 III-325条3項に従って交渉される。当該協定は、閣僚理事会が、特定多数決で行動しつつ、欧州議会の承認を得た後に、締結するものとする。
　　　３．当該関係国に対するこの憲法の適用は、脱退協定の発効日より、または発効しない場合は第2項における通知から二年後に、停止される。ただし、欧州理事会が、当該関係構成国との合意により、この期間を延長する決定をしたときはこの限りでない。
　　　４．第2項および第3項において、脱退する構成国を代表する欧州理事会または閣僚理事会の構成員は、当該国に関する閣僚理事会または欧州理事会における討議もしくは欧州決定に参加しない。
　　　特定多数決は、参加構成諸国を代表する閣僚理事会構成員の少なくとも72％であって、当該諸国の総人口の少なくとも65％からなる。
　　　５．連合から脱退した国が再加盟を申請するときは、当該申請は第 I-58条に定める手続に服する。
　　　草案 I-59条＝憲法条約 I-60条については、Raymond J. Friel, "Providing a Constitu-

tional Framework for Withdrawal from the EU: Article 59 of the Draft European Constitution" (2004) 53 I. C. L. Q. 407-428; Marianne Dony et Emmanuelle Bribosia (eds.), *Commentaire de la Constitution de l'Union européenne* (IEE, 2005) pp. 101-103; Klemens H. Fischer, *Der Europäische Verfassungsvertrag* (Nomos, 2005) pp. 215-217.

(34) Rudolf Geiger et al (eds.), *European Union Treaties: A Commentary* (C. H. Beck/Hart, 2015) p. 186.

(35) Marianne Dony et Emmanuelle Bribosia, *supra* note 33, at 101. なお、中村民雄「EC法の国内法に対する優位性」中村民雄・須網隆夫編『EU法基本判例集(第2版)』(日本評論社、2010) 14-23頁も参照。

(36) Klemens H. Fischer, *Der Europäische Verfassungsvertrag* (Nomos, 2005) pp. 216-217.

(37) *E.g.*, Tatham, *supra* note 1 at 152; Wyrozumska, *supra* note 32 at 356; Adam Lazowski, "Withdrawal from the European Union and alternatives to membership" (2012) 37 E. L. Rev. 523-540; Phoebus Athanassiou, "Withdrawal and Expulsion from the EU and EMU" ECB Legal Working Paper No. 10 (2009); Hannes Hofmeister, "Should I stay or should I go? A critical analysis of the rights to withdraw from the EU", (2010) 16 E. L. J. 589-603; Christophe Hillion, "Accession and Withdrawal in the law of the European Union" in Anthony Arnull and Damian Chalmers (eds.), *The Oxford Handbook of European Union Law* (OUP, 2015) pp. 126-152; Clemens M. Rieder, "The Withdrawal Clause of the Lisbon Treaty in the Light of EU Citizenship: Between Disintegration and Integration" (2013) 37 Fordham Int'l L. J. 147-174; Koen Lenaerts and Piet Van Nuffel, *European Law* (Sweet & Maxwell, 3rd ed., 2011) pp. 98-99; Jean-Claude Piris, *The Lisbon Treaty: A Legal and Political Analysis* (Cambridge U.P, 2010) pp.109-111.

(38) Rosemary Murray et al., *Emigration from the UK 2nd ed*. Research Report 68 (Home Office, 2012) at 18, 22-23.
<https://www.gov.uk/government/uploads/system/uploads/attachment_data/file/116025/horr68-report.pdf > (2015.7.23閲覧)

(39) Friel, *supra* note 33, at 425.

(40) Wyrozumska, *supra* note 32 at 359.

(41) 同旨、Wyrozumska, *supra* note 32, at 360-361.

(42) 同旨、Wyrozumska, *supra* note 32, at 362.

(43) Cases C-402/05P and C-415/05P, Kadi [2008] ECR I-6351.

(44) Lazowski, *supra* note 37; House of Commons Library Briefing Paper No. 7214 "Exiting the EU: UK reform proposals, legal impact and alternatives to membership" (2015).

(45) *See generally*, Thérèse Blanchet, Risto Piipponen and Maria Westman-Clément,

The Agreement on the European Economic Area (Clarendon Press, 1994).
（46）　*See, e.g.,* Theodore R. Bromund and Nile Gardiner, "Freedom from the EU: Why Britain and the U.S. Should Pursue a U.S.-U.K. Free Trade Area", <http://www.heritage.org/research/reports/2014/09/freedom-from-the-eu-why-britain-and-the-us-should-pursue-a-usuk-free-trade-area>（2015.7.28閲覧）
（47）　John C. Calhoun, "The Fort Hill Address: On the Relations of the States and Federal Government" (1831)., in Ross M. Lence (ed.), *Union and Liberty: The Political Philosophy of John C. Calhoun* (Liberty Fund, 1992) pp.369-400. *See also,* Larry Catá Backer, "The Extra-National State: American Confederate Federalism and the European Union" (2001) 7 Colum. J. Eur. L. 173-240.
（48）　史的事例における連邦国家と国家連合の法的な違いは別稿で簡潔に論じた。中村民雄「前例のない政体 EU―国家主権・民主主義の再構成の試み」ジュリスト1299号（2005）16-24頁。
（49）　Case C-135/08, Rottman [2010] ECR I-1449, para.42.
（50）　Bundesverfassungsgericht, 2 BvE 2/08, 2 BvE 5/08, 2 BvR 1010/08, 2 BvR 1022/08, 2 BvR 1259/08 and 2 BvR 182/09［ドイツ連邦憲法裁判所リスボン条約判決］, para 280.
（51）　House of Commons Library Briefing Paper No. 7214 "Exiting the EU: UK reform proposals, legal impact and alternatives to membership" (2015) at 16.
（52）　Oliver Wendell Homes, *The Common Law* (Little Brown, 1881) p.1.

第6章

パリ・ブリュッセルテロ事件に見る
西欧先進社会の危機と EU 共通テロ政策

渡　邊　啓　貴

はじめに
——欧州統合：(or 欧欧統合という)「国境を越えたリストラ」の光と影——

　西欧型先進国は第2次世界大戦後地域統合を進めていった。最初は戦後マーシャル・プランをはじめとするアメリカなどの支援を受けながら戦後復興のプロセスにおいてそれは進められ、高度経済成長期に向かって行った。一連の統合プロセスの中で諸「国民国家」が地域の中で統合されていったのである。

　しかしアメリカの衰退と国際経済社会の構造的変化とユーロペシミズムと呼ばれた70年代以後の西欧先進諸国の行き詰まりの中で、ヨーロッパの統合自体も低迷した。そうした中で80年代半ばドロール欧州委員会委員長就任を契機に欧州統合は域内市場統合と通貨統合に向かう新しい局面に入っていった。折しも冷戦の終結が重なった時期で、政治統合、共通安全保障政策・共通防衛政策も進展し、ヨーロッパを中心とする域内統合は次々と新しい展開を見せた。

　80年代に活発化する EU 統合、とくに市場統合は当時閉塞状態を共有する西欧諸国の突破口の模索ともいえた。チェッキーニ報告は、非関税障壁の除去による域内市場統合が各国経済の活性化を促し、成長と失業の減少に繋がると主張した。マクロ経済効果を狙った市場統合とは、各国の協力によるコストの削減という形での「リストラ」である。筆者は欧州統合を広義の「国境を超えたリストラ」と理解している。統合とは先進各国が一国で解決できない経済・社会問題の解決のためにリスクを共有し、規模のメリットによっ

て危機を克服していこうというリアリズムである[1]。
　それは同時に深化と拡大の同時進行を伴うもので、その中で摩擦を調整するプロセスは不可欠であり、そこにガバナンスの必然性と、統合そのものがガバナンスと同義語として扱われる側面が生じてくるのである。
　本章は、昨年と今春におこったパリとブリュッセルの同時テロ事件の共通の特徴を概観し、EU加盟各国が共有する諸点を認識する中で共通のスタンスとテロ政策について論じる。
　テロという共通の脅威を克服するための各国の協力は「国境を越えたリストラ」を通して実現するであろうか。

第1節　フランスとベルギーの事件にみるテロの変容

1　2015-16年パリ・ブリュッセル連続テロ事件

　2015年1月9日、パリで起こった連続テロ事件は世界を驚愕させた。1月7日アルジェリア系移民のクアシ兄弟は、フランスの政治風刺週間新聞『シャルリー・エブド』のパリ本社を襲い、12人を殺害して逃走。パリ北東マルタンアンゴエルの印刷所に人質をとって立てこもったが、9日夕方仏特殊部隊の攻撃で射殺された。一方で、同じ日パリ・ポルト・ド・ヴァンセンヌのスーパーマーケットで人質をとって立てこもっていたアメディ・クリバリもほぼ同時刻に特殊部隊によって射殺され、人質は解放された。
　この1月の同時テロ事件は17人の犠牲者を伴って一応終結したが[2]、その10ヶ月後の11月13日にまたパリで、今度はさらに大規模な同時多発テロが起こった。パリ郊外のサッカースタジアム付近のバー、パリ市内のバタクラン劇場、市街地でのレストランなどを3グループがほぼ同時に襲撃、130人に上る死者と300人の負傷者を伴う大惨事となった。18日に一連のテロの主犯と目されたアバウド容疑者がパリ郊外のサンドニ市のアジトで治安部隊との攻防で死亡したが、逃走した実行犯の1人のサラ・アブデスラムは翌年3月にパリで逮捕された[3]。2016年3月22日ブリュッセルの空港と地下鉄でふたたび同時爆弾テロ事件が発生し、35人の犠牲者（負傷者340人）が出た。この事件の犯人の1人モハメド・アブリニは前年パリのテロ事件に関与していた。

第6章　パリ・ブリュッセルテロ事件に見る西欧先進社会の危機とEU共通テロ政策　　*125*

　パリとブリュッセルで発生したふたつの同時多発テロ事件は大きな犠牲と衝撃をフランス・ベルギーと世界に与えた。そしてふたつの事件を通してヨーロッパがテロの大きな脅威にさらされていることが明白となった。

　パリの第1回目のテロ事件直後1月9日のIFOP（世論調査機関）の調査結果によると、「ジハーディストに対する脅威をもった」人の数は95％で、2014年5月にブリュッセルのユダヤ人博物館でフランス移民が殺害事件（後述）を起こした直後の76％を上回った。第2回のテロ事件件直後の世論調査（『フィガロ紙』11月18日付）では、「テロに脅威をもつ」人の割合は98％に上った[4]。

2　ハイブリッド型テロを警戒するEU

　EUはグルジア危機以後、そしてとくに2014年に始まったウクライナ危機でロシアがウクライナ東部やクリミア半島で展開する間接的な軍事介入の手法に対して強い警戒感を持っている。そうした手法を「ハイブリッド型戦争」と呼ぶ。その中には最近のヨーロッパでの移民系の青年たちによるテロも含まれている。

　「ハイブリッド型戦争」という言葉は、2002年チェチェン紛争を評して、ウイリアム・J・ネメス（William J. Nemeth）が伝統的な社会組織とゲリラ戦争に近代軍事戦術とテクノロジー（携帯電話からインターネットまで）を結び付けた戦争として描写したときに生まれた用語であるといわれている。このタイプの戦術はその十年後2014年ウクライナ危機のときにロシアがクリミアやウクライナ東部のドンバスで事実上の軍事進攻した時の対応に継承されていった。その意味ではテロリスト国家IS（イスラム国）やヒズボラ（レバノンのシーア派武装組織）やその影響を受けたヨーロッパ諸国の移民第二世代の青年たちの中の「ホーム・グロウン・テロリスト（地元出身テロリスト）」たちは捕捉が難しく、正体の掴みにくい非国家的行為主体である。

　このウクライナ危機におけるロシアの戦術の特徴は、非国家主体である分離主義派民兵、すなわちチェチェン・ウクライナ分離主義者を巧みに手繰っていきながら、ロシアが内乱・騒擾を煽っていったことであった。

　その過程では軍事的分野と非軍事的分野が巧みに混合して用いられたし、公式ルートのプロセス・手段と非公式ルートのプロセス・手段が適宜、組み

合わせて用いられた。ロシアは民兵組織を支援し、その中には非公式な形でロシア兵も混じっていた。モスクワからの介入は大いにあったが、それは公的には明らかにはされなかった。こうした中で、治安が不安定化し、国内騒擾・攪乱が増幅された。かつての表現でいえば「間接的侵略」が巧みに導かれたのであった。プーチン大統領は核兵器配備の可能性を明言したともいわれており、一般的な意味での「エスカレーション戦略」(通常兵器から次第に敵の出方によって兵器体系を向上させ、最後には熱核大戦争も辞さないという姿勢を示すことによって抑止効果を上げる)の逆転が行われた[5]。

　こうした中でEUが最も力を入れているのは情報収集体制の整備である。昔から「間接的侵略」の目的は相手国の国内攪乱、すなわち混乱による政治の不安定化を招くことにある。その防止に備えるには、多様な言語使用への対応、情報やソーシャルメディアへの対応策が極めて重要である。

　2015年6月22日の「EUアクションプラン」では、ロシアのプロパガンダや偽情報の流布を防止するためにロシアの情報や活動をモニターするための戦略コミュニケーションチームが形成されることになった。いわば「対プロパガンダ戦略」だが、こうしたロシアの情報戦に対抗する姿勢は冷戦時代への逆戻りの印象もある。

　かつて冷戦時代に中立国スウェーデンでは、「心理防衛委員会」がそうした情報戦に対応する機関として存在していた。リーフレットを各家庭に配布して、戦時に敵国が不安と混乱を煽るための工作をすることを想定して、その対応策をあらかじめ国民に知らせていたのである。さらに、テレビ・ラジオなどのメディアを通した情報侵略に備えること、世論調査を定期的に行い、国防意識を確固として保持するように努めること、プロパガンダや偽情報の追跡と分析、国内外のメディアを通して非常事態において外国からの支持を得られるように努めることなどをこの委員会は目的とした。国防のための広報文化外交の一翼を担った活動といってよい。現在EUではこうした議論が進められている[6]。

第2節　社会統合とテロ——新しいタイプのテロリスト——

1　社会統合から漏れたテロリストたち

　実は、フランスが爆弾テロの恐怖に包まれた時期が今から30年前にもあった。平和な先進国であるフランスは同時に旧宗主国として中東・アフリカ諸国と依然として利害関係を持っている。60年代前半アルジェリア独立をめぐる混乱の中でテロの嵐が吹き荒れたが、1986年のテロはレバノン紛争を原因とするテロであった。86年には2～3月だけで五件の爆破テロがパリ中心のショッピング街や仏新幹線で起こった。九月にはわずか1週間の間にパリの市庁舎内郵便局、シャンゼリゼ通り、パリ警察庁、百貨店など5件も爆弾テロがあり、パリはその時期騒然となった。これらはいずれも無差別テロであったが、政治の延長としての暴力行為であった[7]。

　もともとテロは政治・信条・イデオロギー的主張のための暴力的手段である。テロが社会問題との関連の中で注目を浴びたのは1995年、25歳アルジェリア系移民のハレド・ケルカルという、「武装イスラムグループ（GIA）」の1人と見られたリヨンの青年が800人の警察と機動隊に追跡される中で、銃撃戦の末射殺された事件を嚆矢とする。同年7月から9月にかけてパリ学生街や凱旋門広場、新幹線、市場、公衆トイレ、ユダヤ人中学校付近での乗用車など6件の連続テロの容疑者として、ケルカルは追われていた。しかし彼は一連のテロの容疑者に過ぎなかった。その葬式の翌日にパリで爆弾テロが新たに起こり、その後真犯人が逮捕され、彼は容疑者に過ぎなかったことが判明した。加えてこの青年がリヨン郊外で育ち、フランス社会へうまく適合できなかった移民の子供であったことから、事件は波紋を広げた[8]。

　事件の3年前に偶然ドイツ人の社会学者がこのケルカルをインタヴューした記録が残っていた。ケルカルは自分は中学生のときまでは成績がよくて真面目だったと断った上で、高校生になったときのことを語っていた。

　「僕は成功する能力があったと思う。でも自分の場所がなかったんだ。なぜなら僕は完全な統合は不可能だと思っていたから。自分の文化を忘れたり、豚を食べたり、そんなことはできない」[9]と、ケルカルはこの社会学者

に心情を吐露していた。

　ケルカル事件ではテロ行為は社会統合の挫折の結果であった。2001年9.11事件のときに容疑者としてフランス人の青年が裁判にかけられたことは当時話題となった。さらに2012年3月大統領選挙前にはマグレブ系（北アフリカ）の軍人、海外県出身の兵士、ユダヤ教司祭とその娘たちが殺害されるという連続銃撃テロが起こり、犯人の23歳の青年モハマド・メラは治安部隊との銃撃戦で死亡した。

　メラはアルジェリア出身の移民の両親をもち、フランス南部の大都市トゥールーズのサーフィスト（イスラム原理主義者）が多い界隈の母子家庭で育ち、一見すると、丁寧な物言いと真面目そうな少年であったが、軽犯罪を繰り返しアフガニスタンにも出かけていた[10]。

　2014年5月末にブリュッセルのユダヤ博物館で、見学者のイスラエル人夫妻2人と博物館従業員の2人を銃撃殺害した犯人、メディ・ネムーシュというフランス人青年もこの10年間で7回以上の犯罪を犯し、5年間収監された獄中でイスラム過激派となり、出獄後シリアに出かけ、過激派グループに合流した[11]。

　15年1月の『シャルリ・エブド』社襲撃事件の実行犯クアシ兄弟の兄のサイドはイエメンに渡航し、「アラビア半島のアルカイダ」で射撃・軍事訓練を受けていたといわれる。同年11月のパリ同時多発テロ事件の首謀者アバウドは反抗的な生徒で、やがて不良グループと一緒に窃盗などの犯罪に手を染め、強盗事件で収監されたときに過激思想に染まった。14年にシリアに向かい、その後もフランスとベルギーの間を自由に行き来していた[12]。そしてブリュッセル事件の犯人たちも彼らの仲間で、パリのテロの共謀者だった。

2　ヨーロッパ諸国に共通のホーム・グローン・テロリスト

　軽犯罪を繰り返し、収監された刑務所などでイスラムテロリストに感化される。またイラク・アフガニスタン・シリアなどで過激派組織と生活を共にし、洗脳され、戦闘訓練を受ける。当局の発表では、ヨーロッパ諸国の国籍をもつそうした潜在的なヨーロッパ系の人物は2,000人ほどに達すると見られ、そのうちフランス国籍を持つものは500人以上いる[13]。

このようなホーム・グローン・テロリスト（地元出身テロリスト）が最近の特徴である。

実はその種のヨーロッパでのテロは、2004年3月11日マドリード連続列車爆破事件のとき以来活発化してきていた。この事件そのものは、イラク戦争に加担したスペイン政権に対するアルカイダの攻撃であったが、犯人の中にラバピエス地区（マドリード）のような多数の移民が居住する街で生活し教育を受けたモロッコ系の青年が含まれていたことが、人々におおきな衝撃を与えた。

2005年7月7日ロンドンでの同時多発テロで市内の複数の交通機関が爆破され50人に上る犠牲者が出た事件で、イギリスで生まれ育った青年が犯行者であったことが大きな話題となった。「市民」がテロリストになったのである。

ヨーロッパ系の移民二世がイスラム過激派に加わるのは、自分たちの所属する社会へのアイデンティティを持てないまま、他方で過激派の戦士たちと共鳴してしまうというテロリストが誕生する道筋ができていたのである。

マドリード爆破事件直後の調査ではイギリス在住160万人のイスラム教徒のうち13％が「9.11事件は再発する」と答え、同じく同時期の2003年の調査で、「フランス共和国とイスラム教の価値観が一致する」と答えたのは、フランス在住イスラム教徒の4分の1にすぎず、他方でドイツ・オランダでは、イスラム教徒のうち5〜10％が過激派に同調するという数字がすでに出ていた。

その頃から多文化主義を受け入れるイギリスの大学はテロリスト育成の温床といわれている。つまりイギリスの多文化主義は文化摩擦を表面化させないことには成功したが、それは必ずしも民族間の交流を深め、融和させたわけではなかった。少数民族との並存を認めたにすぎなかったのである。

このほかにも、この頃ドイツやオランダでテロ容疑者が逮捕された。その中にはイスラム教スンニ派過激派組織「イラクとレバントのイスラム国（ISIL）」に所属するフランス・アルジェリア二重国籍大物テロリストも含まれていた[14]。

2014年「イスラム国」設立の年にはこうした傾向が一層顕在化した。同年5月ドイツ当局はISILの協力者の容疑でトルコ人とドイツ人男性2人、ま

たISILへの資金供与をしたドイツ・ポーランド国籍の女性を逮捕した。その2日前には、オランダ当局がイラクとシリアでこの数週間の間にオランダ国籍の2人の男による自爆テロの犯行があったことを公表した。同じく、オランダ国籍のイスラム過激派がサリンガスを携帯していた容疑でシリア秘密警察に逮捕された。

　14年6月にはフランス・アルジェリア二重国籍でISILに属すると見られるトゥフィック・ブアラーグ（30歳）がイスタンブールからベルリン入りしたところでドイツ警察に逮捕されている。フランスに戻ってテロ活動をする疑いがかけられていた。地元ドイツ紙では、「太った魚（大物テロリスト）」の逮捕とひとしきり話題となった。

　ヨーロッパ諸国の国籍をもち、シリアやイラクでイスラム過激派の感化を受け、戦闘訓練を学び、ヨーロッパに帰国後テロの犯行に臨む青年が増えている。シリア内戦に参加した西欧国籍のイスラム教徒のうち3分の2がISILやアルカイダ系 Al Nusra Front（ヌスラ）のメンバーとなっているという調査もある。仏語・独語系部隊がシリアのアレッポでは見られたし、西欧国籍の人間による自爆テロの犯行も行われた。彼らは、過激派のインターネットのサイトを見たり、地方のイスラム教会でイマムの教導を受けたり、英国の教育現場で過激派に感化されるといわれている[15]。

3　困難な移民社会統合——テロリストたちの温床となる大都市郊外の町

　改めて言うまでもなくその背景には、社会統合の歪みを露呈した移民問題がある。一連のテロ事件の犯人の人物像が次第に明らかになるにつれて、その共通性が浮かび上がってきた。それは貧困であり、その中で社会適合できない移民第二世代の弱い青年たちの悲しい末路であった。彼らは自分の住んでいるヨーロッパ先進社会に溶け込めず、貧しく劣悪な生活環境から抜け出せないまま、社会から阻害され、非行に走り、やがてイスラム原理主義の「悪魔の誘い」になびいていった。

　欧州各国では大都市郊外における移民社会の統合が大きな問題となっている。フランスのような同化政策、イギリス・ベルギーのような多文化主義を

第6章　パリ・ブリュッセルテロ事件に見る西欧先進社会の危機とEU共通テロ政策　　*131*

とる国、また国籍取得がドイツのような伝統的に血縁主義をとる国と出生地主義を基本とするフランスのような国と事情は様々であるが、広義の社会統合が決して奏功していないことは共通の事実である[16]。

　たとえば第2次大戦後の復興期フランスでは、労働力が500万人不足していると推定され、経済移民として積極的に移民の入国奨励策を推進した。近隣ヨーロッパ諸国からの移民と同時に、地中海対岸のアフリカ、アルジェリアなどのマグレブ諸国からの移民の数が多かった。

　しかし1970年代に入って先進諸国の経済発展が頭打ちとなり、経済成長が後退していく中で、外国人労働力を抱えるだけの余裕がフランスにはなくなった。ジスカール・デスタン大統領時代には帰国政策がとられるようになり、1974年には新規移民受け入れ停止が決定した。

　しかし移民の多くは、帰国しても生活の安定が保障されるわけではなかったので滞在国にとどまるケースが多く、彼らは帰国を選択せず、家族の呼び寄せを積極的に進めた。政府は呼び寄せを認めると同時に、補助金などを通した外国人の帰国奨励策を開始したが、それは余り効果がなく、家族統合を果たした移民は経済移民から定着移民となっていった。西欧諸国の定住移民は大体このパターンである。

　そうした中で移民第二・第三世代の失業・非行など社会・異文化摩擦の問題が表面化する。すでに80年代には、社会・文化摩擦は生活様式や価値観が大きく異なっているイスラム教徒との間で広がっていた。たとえば、89年秋から翌年にかけてパリの北にあるクレイユの公立中学校の女子生徒がイスラム教徒のつけるスカーフ（ヘジャブ）を被って登校した事件は政治問題化していった。1946年の第四共和制憲法は公教育の非宗教性を定めているからである。これは政界の論争にまで発展し、スカーフ着用に寛大なミッテラン大統領夫人も巻き込んで国家的な大論争となった[17]。

　2005年10月末からは、パリ郊外セーヌ・サン・ドニのクリッシー・ス・ボワで移民第二・第三世代の少年が警察に追われ、逃げ込んだ変電所で感電死した事件を契機にして、大都市郊外に住む移民の青年たちを中心とした暴動が相次ぎ、政府は夜間外出禁止令を含む緊急事態法を適用するまでにいたった[18]。

　こうした事情は大なり小なり西欧諸国で共通していた。各国似たような政

策をとったが、フランスでは、81年に誕生したミッテラン社会党政権は三者協議機関としての全国移民評議会、移民のための優先教育地域（ZEP）、さらに80年代末には高等統合評議会などを設立した。保守政権下でも90年代には全国移民統合評議会や県別の市民権獲得のための委員会などが設立された。社会統合のために96年には、問題発生多発都市地域（ZUS）、再活性化対象都市地域（ZRU）、自由化都市地域（ZFU）などを法律で指定し、都市における荒廃や危険を除去し、都市活性化対策を講じた。

第二次シラク政権のサルコジ内相は2003年には、「全国外国人受け入れ・移民機関（ANAEM）」を設立、「受け入れ・統合のための契約」（CAI）を推進した。移民第一世代に対してフランス社会に同化・統合するためのフランスの公民教育やフランス語の習得などを含む支援教育プロセスである。就職の際の差別撤廃のための「雇用アクセス行程（TRACE）」や職業訓練見習い制度などの導入も実施された。移民たちや問題を抱える青年たちの職業教育などのための特別学校設立やモスク（イスラム教礼拝堂）を国家資金で建設するという提案などは、優遇政策の行きすぎだとして納税者の反発を逆に買った。フランスでのモスクの数は1970年に20箇所、80年には250箇所、2008年には2,000箇所にも上るという[19]。

しかし実際にはこうした、いわば「（少数者に対する）アファーマティブ・アクション」政策は必ずしも奏功していない。サルコジ大統領の時期、移民省を設置して、2009年後半から国民アイデンティティをめぐる議論を政府が活性化させようとしたが、結局極右の復活を促しただけで、その結末はブルカ（頭から爪の先まで覆うイスラム女性の外套着）の全面着用禁止という形に到っただけであった。移民省も翌年11月に廃止となった[20]。

2015年11月のパリテロ事件で注目されたのは実行犯たちが生まれ育ち、テロリストの温床となったブリュッセル郊外のモレンベーク市であった。人口10万人のこの町は9.11テロ直前に反アルカイーダ・親欧派の頭目のマスードの殺害、2004年5月マドリードでの地下鉄爆破テロ、先に述べたネムーシュやアバウドのようなテロ実行犯が住んでいたことで知られる。人口の八割がイスラム教徒であり、若者の失業率は5割にも達する貧しい街で、武器取引も容易な街で知られる[21]。

他方15年11月のテロ事件の数日後、実行犯と治安部隊との銃撃戦が行われたサンドニ市もパリ郊外のイスラム教徒が多く住む町である。パリ北郊外は移民の多い、治安の悪い地域として知られている。

一言でいえば、大都市郊外の移民地区で育ち、社会適合できない非行少年が原理主義行動派と結びついていく中で、社会不満をテロの形で表現した結果となっている。イスラム教徒に詳しい著名な仏研究者ヴィェヴィオルカ教授は、「テロリズムは反社会的行為になってきた」と述べている。いまやテロは政治的信条を超えた「社会的行為」の一環として広がっている。だとすれば、テロは社会の病理の表出であり、ヨーロッパ全体が直面する根の深い社会問題になっているといえよう。

第3節　EU共通政策とその限界

1　EUの共通テロ政策の発展

欧州の共通テロ対策の歴史は古くない。1970年に欧州政治協力（EPC）の枠組みにおいて各国のテロ対策担当者が定期的な会合をもつ警察協力を任務とする「トレビ・グループ（Trevi Group）」が設置されたが、IRAなどの民族分離主義・極左テロにかんする情報交換が主要な任務で共通テロ対策を構築したわけではなかった[22]。

その後1985年に締結されたシェンゲン協定は97年アムステルダム条約でEC条約体に組み込まれた。「ヒトの移動」の自由は拡大したが、その移動を管理するための法執行システムは構築されていなかった。それが大きく変化し、EU各国間の対テロ協力が進んだのは、9・11同時多発テロの後であった。2001年末にはCFSPは、対テロ条約の批准と履行を訴え、共通行動計画（アルカイーダ関連の資金源の凍結、EU共通逮捕状の創設、テロの共通定義の構築、テロ関連の国際条約の批准と履行など）を提起、2002年6月に枠組み決議を採択した。2003年12月にEUが初めて採択したヨーロッパ安全保障戦略『より良い世界における安全なヨーロッパ』[23]（俗称ソラナペーパー）はヨーロッパが安全保障戦略を持つことと、テロや組織犯罪に対処するための国境管理や警察協力を強化することを提唱した。

EUにとって大きな節目となったのが2005年対テロ戦略であるが、それまでにマーストリヒト条約による共通外交安全保障政策（CFSP）と司法内務協力（JHA）の枠組みにおいて「テロ委員会（COTER:Committee on Terrorism）」と「テロワーキンググループ」が設置されていた。しかしこれらは各国の担当者による協議機関にすぎず、有効なテロ対策を提供したわけではなかった。EUの専門機関である欧州刑事警察機構（Europol 1999年7月本格稼働）と欧州司法機構（Eurojust, 2002年設立）も、各国の連絡組織にとどまっている。

EU共通テロ対策は2001年「9.11テロ」と2004年3月00日マドリード、05年7月7日ロンドン地下鉄のテロ事件を通して大きな課題となり、欧州理事会はEU各国市民保護のために、同年「対テロ戦略」を採択した。2004年にEUが9・11事件の際に作成した「テロリズムと闘うためのEU戦略目標」の行動計画はテロ対策調整官ポストの新設、テロ資金規制や国際交通機関の安全確保、NRBC（核・放射能・生物剤・化学剤）テロへの対応、テロ組織のリクルートを促す要因の解明やイスラム対話などの政策領域の措置を進めた。これを受けて2005年11月に「EU対テロ戦略（CTS）」「アクションプラン2005」が採択された[24]。

2　テロの定義とEU対テロ戦略

9.11事件の翌2002年6月13日の欧州理事会は、「テロに対する闘いに関する決議」はその第一条で、以下のような故意の行為をテロによる違反と定義した。すなわち、生命・個人に対する攻撃、人質、重要インフラの大量破壊、火器・爆発物・核／放射能／生物／化学兵器の製造・所持・保管・輸送・供給および使用であるが、これらは国や国際機関に対して深刻な打撃を与える可能性のある国際法侵害にあたる。その目的は人々に対する威嚇、公権力ないし国際機関の活動を妨げること、一国または国際機関の政治・憲法・経済・社会的基本組織を不安定化し、破壊することにある。

2005年「対テロ戦略」もテロの一般的な定義として上記の内容を踏襲している。そして具体的なテロ行為としては上記同様に、①個人の生命に対する攻撃、②身体に対する攻撃、③誘拐ないし人質、④政府ないしは公共施設、交通システム、情報システムを含む重要インフラ施設、大陸棚に設置された

プラットフォーム、生命を脅かすか、重大な経済的損失をもたらす公共空間ないし個人資産の破壊的行為、⑤航空機、船舶、その他の公共交通機関の強奪、⑥武器、爆発物ないし核、生物、化学兵器の製造、保持、調達、輸送、供給、使用、及び生物化学兵器の開発、⑦生命を危険にさらす危険物質の散布、放火、意図的な洪水、爆発、⑧生命を危険にさらす水、電力ないしは他の基本的な自然資源の供給を妨害ないし断絶させること、⑨①から⑧までの行為を行うと脅すこと、などを挙げる[25]。

そしてEUの対テロ戦略は4つの概念から構築されている[26]。

最も重要な政策は、「予防」であり、テロへの過激化に至る要因と個人がテロリストに徴用されるプロセスを認識し、除去することにある。欧州理事会は、テロ行為に至る過激化とテロリスト徴用に対する闘いのEU戦略を採択した。その後欧州理事会は単独テロ犯と外国人戦士、またテロの実行・連携を目的とする社会メディアの拡大傾向が大きくなっていることから、2014年6月にこの戦略の改定を採択した。同年12月司法内務相会議は「改定EU過激化・テロリスト徴用戦略」のための一連の指針を採択した。

EU対テロリスト戦略の2番目は「市民・インフラの保護」と「攻撃に対する脆弱性の減少」である。国境警備、運輸安全保障の改善、戦略目標の保護、核心インフラの脆弱性の減少、である。EUは旅行者氏名名簿データの使用を法制化する作業に取り組んでいる。1995年に刑事警察協力促進のために設置された情報共有ネットワークである「シェンゲン情報システム（SIS）」は2013年には、国境管理、税関、警察当局の間での犯罪に関わる人物の情報交換をより容易にする「第2世代シェンゲン情報システム（SIS Ⅱ）」として新たな運用が開始された。

第3が「追跡」である。EUはテロリストの計画・組織化能力を妨害し、テロリストを公正な道に導びくために努めている。これらの目的達成のために、EUは国家能力の強化に努める。たとえば、警察と司法当局との間（とくにEuropolとEurojustによる）の実践協力と情報交換の改善、テロリストの財政支援妨害、攻撃・通信手段の剥奪などである。2015年5月には欧州理事会と欧州議会はマネーロンダリングとテロリスト財政支援防止のための新しい規則を採択した。

表1　対テロ戦略の具体的なアクション

カテゴリー	具体的アクション
予　防	・インターネットの乱用を含む、問題のある行為を摘発する共通アプローチの確立 ・刑務所や宗教施設などの重点的拠点における扇動行為や（テロリストの）リクルートに対する刑事罰の設定 ・EUの政策を効率的に伝達するメディア・コミュニケーション戦略の開発 ・EUと加盟国の援助プログラムによるグッド・ガバナンス、民主主義、教育、経済的発展の推進 ・EUとその他の地域の文化対話の促進と、市民社会レベルも含む対話 ・感情を抑制したこれらの問題を議論するための用語の発達 ・テロ対処に関する研究の継続と経験・分析結果の共有による、テロ問題に関する理解の促進
保　護	・生態認証システムの導入によるEUパスポート（EU各国発行）のセキュリティ強化 ・ヴィザ情報システム（VIS）と第二世代シェンゲン情報システム（SIS II）の確立 ・Frontex（EUの共通国境管理機関）を通じたEUの対外境界線の効果的なリスク分析の推進 ・民間航空輸送、港湾、海軍の安全保障の共通規準合意の履行 ・主要インフラ保護の欧州プログラムの合意 ・EUと共同体レベルの研究開発の成果利用の最大化
追跡・告発	・国内対テロ措置のピア評価を通じた各国の対テロ能力の強化 ・Europol, Eurojustと共同状況分析センター（Joint Situation Centre）の活用 ・欧州証拠令状（European Evidence Warrant）を含む、司法判断の相互承認のさらなる促進 ・既存の法制度の履行と評価、ならびに関連する国際条約の批准 ・加盟国間の法執行情報交換への「利用可性の原則（Principle of Availability）」の適用 ・手製爆弾から生物・化学・放射能・核物質に至る広範な物質や武器へのテロリストによるアクセスの断絶 ・合意されたEU法の履行によるテロリストへの資金供給の断絶、NPOセクターの悪用の阻止、この分野におけるEU活動のレビュー ・第三国における対テロ能力の強化を優先した技術支援
対　応	・EU危機管理調整枠組みの合意と支援活動手続きの確立 ・市民保護の共同体メカニズム法制の再検討 ・攻撃に対処する能力構築のためのリスク評価ツールの確立 ・国際機関とのテロ攻撃や自然災害への対処手法の調整 ・ベスト・プラクティスの共有とテロ被害者とその家族への支援手法の開発

（出所）鈴木一人「欧州連合（EU）」『広瀬佳一・宮坂直史編著『対テロ国際協力の構図』ミネルヴァ書房2010年　46頁を若干修正　Concil of the EU, *Counter-Terrorism Strategy-Prevent, Protect, Pursue, Respond*, 30 November 2005

EU対テロ戦略の第4の目的は、連帯精神によるテロ攻撃の効果を抑制し、最小限にとどめる準備をしておくことである。事件後の事態、事後の対応の調整、犠牲者に不可欠な対応能力の改善である。この分野での優先事項は、EU危機調整協定の推進、市民保護メカニズムの改正、リスク査定方法の開発、テロの犠牲者に対する支援で最良の成果を上げることである。

3　急務の共通テロ対策とその難しさ

しかしEUの共通政策が成果を上げているとはいいがたい。2009年から12

図1　EUにおけるテロリズム対策の戦略的構造とEUの役割

戦略的コミットメント（Strategic Commitment） ・人権を尊重する「テロとの戦い」 ・「自由・安全・司法の領域」における市民の安全			
予防（Prevent）	防衛（Protect）	追跡（Purse）	対処（Respond）
・市民のテロリスト化防止 ・テロリストのリクルート活動の排除	・国境警備の強化 ・重要インフラ施設の防護 ・市民生活の防護	・テロ活動の妨害 ・テロ支援ネットワークの遮断 ・テロリストによる資金や物資の調達阻止 ・テロリストの司法機関への引き渡し	・テロ被害への対処能力の向上 ・上記のための平素の措置 ・被害者への支援

手　段			
加盟国の能力向上	ヨーロッパレベルでの協力枠組みの提供	集団的な能力の向上	国際協力の促進
・加盟国間でのベストプラクティス（成功事例）、知見および経験の交換・共有	・加盟国とEU機関との安全な情報共有 ・法制度の整備を通じた警察および司法機関間の協力体制の確立と評価	・EUレベルにおける適切なテロ対策立案能力の確立 ・EUROPOLなどの専門機関の最適な活用法の確立	・国連など国際機関および主要な第3国との協力関係の促進 ・テロ対策に経験が乏しいアフリカなどの第3国と当該国の能力開発

（出所）中林啓修「EUのテロ対策」押村高・小久保康之『EU・西欧』ミネルヴァ書房2012年　87頁　Corcil of the EU, *Counter-Terrorism Strategy-Prevent, Protect, Pursue, Respond*, 30 November 2005

年にかけて EU 加盟国において、失敗・未遂・実施のすべてのケースを含めて1,010件のテロ計画が認められていた。38人の犠牲者が出ている。ヨーロッパから域外に出国し「聖戦」に参加した青年が、帰国して EU 域内で潜在的テロリスト化し、治安・安全保障上の脅威になってる。

　欧州各国政府はこうした事態[27]に緊急に対応しようとしている。とくに2014年「イスラム国」が出現し、ホーム・グローン・テロリストの活動が盛んになってきたことは各国の緊急な対応を促した。カズヌーヴ仏内相は同年7月はじめのテレビ会見で、シリアとイラクに滞在するか、滞在を計画中である仏青年の数は600人に上り、イスラム過激派に感化された青年への対応は急がねばならないと指摘した。

　2014年7月8日には英仏独伊白蘭西瑞丁各国による内相会議が開催され、対応措置について合意した。英国・アイルランドを含むシェンゲン情報システム（SIS）での情報交換の活発化、過激派のテロに協力する可能性のある人物の身元確認、パスポート没収、海外渡航禁止、国際指名手配の協力強化を含むものだ。その後この措置は他の加盟国にも拡大した。

　フランス政府はいち早く、7月9日にテロ対策関連法案を閣議決定した。海外でのテロ行為を目的とする人物、帰国後テロ犯行の可能性のある人物に対する渡航禁止、テロ行為の未然の発見・阻止、インターネット上での反西欧的教育目的のウェブサイトの閉鎖、未成年者の海外渡航に親の許可を義務付けること、などに加えて、「個人のテロ謀略罪（テロ計画を作成しただけで有罪とする）」という新たな罪状を導入した。

　2015年11月13日同時多発テロの直後にはオランド大統領はただちに非常事態宣言を発令（大統領への権限集中）した。その後 G20では各国は強い非難と反テロ連帯を表明するとともに、テロリストの資産凍結・テロ資金供与の犯罪化などによる金融制裁体制強化、インターネットによるテロ行為の扇動、暴力の称賛を防止する、などで合意した。国連安保理では、イスラム国による一連のテロ行為を非難し、すべての加盟国に対し、「あらゆる可能な措置」をとること（各国の協調強化、外国人戦闘員の流入阻止、資金の流れを遮断するための取り組み強化）などを呼びかけた。

　こうした展開を受けて開催された11月20日 EU 緊急法相・内相理事会で

第6章　パリ・ブリュッセルテロ事件に見る西欧先進社会の危機とEU共通テロ政策　　*139*

は、出入国審査の厳格化のために、域内の「人の移動の自由」を定めたシェンゲン協定参加国と非参加国との国境の出入国審査において「国際刑事警察機構（インターポール）」などが保有する犯罪データベースを活用することや、2016年3月までに加盟国の国境審査のシステムを国際刑事警察機構のデータベースにつなぎ、要注意人物か否か、自動的に旅券を調べることができることや、テロリスト関連情報の共有を進めるため「欧州警察機構（Europol）」の中に16年1月には、「欧州テロリスト対策センター」を設置することなどを決めた[28]。

　同時にフランスでは国内措置として、警官5,000人と国境管理要員1,000人の増員を約束した。しかしオランド政府の対応には保守派は不信感を募らせていた。2012年大統領選挙公約の5,000人増員を実現していなかった（今後の増員分と併せて大統領任期期間中の5年で10,000人増員予定）からだった。

　治安強化の声が高まる中で、非常事態宣言の3か月延長と捜査権限強化に関する法が成立したが、その内容は、①特定の人物について、テロ行為準備を疑う理由が十分にある場合には、自宅軟禁やほかの容疑者との連絡を禁止する権限を警察に付与するように規定、②裁判所の令状がなくとも、テロ関連の捜査を実施できる、③インターネットでのやり取りによるデータの押収を容易にし、過激思想を宣伝するインターネットサイトを政府が強制的に閉鎖することができる、などである。

　他方で、憲法改正も俎上に上った。現在テロ監視体制強化策として、①情報当局が危険度Sという最高段階に位置づけている要注意人物に電子ブレスレットを付帯させて、住居を指定する、②罪状に応じてテロリストの保証拘束期間を延長させることができる、などの法案とともに、二重国籍者のうち過激派の疑いのある者の国籍の剥奪の賛否をめぐってはフランス国民の間で激しい論争を起こした[29]（二重国籍者の国籍剥奪は未成立）。

4　困難なテロの予測

　しかしホーム・グローン・テロリストの活動を防ぐのはこれまで以上に困難である。しかも情報技術の発展で、テロリスト側の方も情報操作が迅速かつ巧みになっている。アルカイダや「イスラム国」のテロへの対応が難し

く、これまでの歴史的なテロ組織と違う点は、実態としての組織が見えにくいことである。しばしば言われるように、国境を越えた一種の「ネットワーク」だからである。人的・物理的な資源が一箇所にとどまらず、インターネットの時代には拡散し、その動機も日常性の高いものであるからだ。

先に挙げた2014年ブリュッセルユダヤ博物館の実行犯ネムーシュは、2009年にイスラム過激派に加わっていたと当局は認識していた。彼が2013年末に出獄したあと、シリアに出かけ、過激派グループと行動をともにしていたことが判明しており、国内情報局は「（要注意）探索人物リスト（FPR）」上で彼をＳのレベルにランク付けしていた。そのネムーシュは「シェンゲン情報システム（SIS）」にも要注意人物として登録されていた（シェンゲン協定は加盟国間での移動の自由を保障する協定、既出）。このランクの人物はヨーロッパに戻ってきたときに警戒対象とされるが、ネムーシュもそうなっていた。しかしその後しばらくして消息が失われた。

2015年10月8日フランスがシリアのイスラム国勢力の拠点ラッカを空爆したその日に、当局には、11月にアバウド首謀の下に劇場に対するテロ攻撃が行われる、という情報が伝えられていた。しかし膨大な量の情報と監視対象者を的確にさばくことは実質的に不可能である。当時フランスではテロ監視対象者数は12,000人近くいたという。すでに述べたように未成年者の海外渡航への許可制、個人テロ謀略罪認定などの法律を定めたが、効果はなく、2015年１月以後、この年だけで500人ほどがシリアに出発したと伝えた。ジハーディストの数はむしろ増えている。

多様で国際的に広域に拡大するテロリストのネットワークや内外を容易に行き来することのできる「ホーム・グローン・テロリスト」の補足は困難だ。フランス政府も「テロリストなのか、戦士なのか」区別がつかない。つまり「たんなる戦士（テロの意思のない兵士）」であれば理由なく身柄を拘留できないからである。今回の実行犯のうち５人はフランス国籍である。しかも日ごろは周辺の人々にはごく普通の青年たちに見えていたといわれる人物も混じっていた。「テロを予測するのは困難」というのは実は治安当局の本音である[30]。

第6章 パリ・ブリュッセルテロ事件に見る西欧先進社会の危機とEU共通テロ政策

第4節　西欧型先進民主主義の理想と現実のジレンマ

1　市民社会の理念と治安対策強化

他方で、西欧国家そのものがもつジレンマがある。

ひとつは西欧国民国家が掲げてきた理念と理想である。自由と平等に基づく民主主義の下での社会統合は格差や差別を拒否する思想である。しかし現実には貧富の格差や社会生活・慣習の違いから文化摩擦が生じる。

2015年1月『シャルリ・エブド』紙社襲撃テロ事件はそうした社会宗教摩擦に基づく表現の自由をめぐる論争となった。同紙の偶像崇拝を否定するイスラムの預言者ムハンマドに対する風刺絵と記事に反発したイスラム過激派のテロの原因となったからである。フランスは大革命以来、言論・思想の自由を主張している。しかしそれがどこまで許されるのか、ということについては結論はない。

『シャルリ・エブド』紙は1992年以来2015年初めまでに48回訴追されたが、そのうち有罪判決を受けているケースは、アルキ（アルジェリア戦争のときにフランス側に付いた現地人とその子孫）や反ユダヤ主義的なケースの場合である。ムスリムに対する風刺は比較的寛大な措置にとどまっている。実は言論の自由の判断基準は突き詰めていくと、それぞれの文化のあり方と切り離せない。イスラムとユダヤに対する対応の違いはおのずと明らかである。

実は多くの西欧社会は原則論的には多文化社会を受け入れながら、文化の多元主義を容認する法的実効性には苦慮しているというのが現実である。

もうひとつは、国内治安対策をどこまで強化できるのかという問題である。これも難しい問題である。フランスでは2015年1月のテロ事件の後、9.11直後のアメリカに倣って「愛国者法」を作ろうという動きも右派から起こったが、実現しなかった。国家が国民の監視・束縛を極端に強化することは自由・平等・博愛を理念として掲げる共和国精神に悖るからであった。それは理念でできたフランスや西欧諸国の自己否定にもなりかねないからである。先に述べたように、フランスではテロリストの嫌疑がかかる二重国籍者から国籍を剥奪する法の成立案をめぐって、与野党間ばかりでなく、与党社

会党内でも対立が精鋭化した。

2 岐路に立つシェンゲン協定と反EU・排外主義の高揚

　しかし、さすがの理念大国フランスでも、2015年の2回のテロ事件の後では、理想にも限界があることを痛感するようになった。11月テロ事件直後の世論調査では、フランス国民の84％が、これまで以上に治安・監視を厳しくすること、一定の自由の制限もやむを得ないと答えている。移民の受け入れを支持する人は38％で、そのひと月前の49％を下回った。さすがのフランス人も2回目の事件には大きな衝撃を受けた[31]。

　人の移動の自由を定めた「シェンゲン協定」は、2011年5月にはチュニジアの政変後の混乱のなかでヨーロッパに大量の難民が脱出し、それに対応して国境査察を再開したこともあった。もはや「シェンゲン協定は機能していない」と極論する人もいる[32]。EUの共通移民政策は、1999年のタンペレ欧州理事会以後本格化し、第三国国民に対して単一許可証の発行によって共通の権利を保障することで合意した。しかし今後は、第三国民に対して、出入国管理が一層厳しくなるであろう[33]。

　2014年6月EU28カ国で行われた欧州議会選挙（定数751）では、中道右派の欧州人民党（EPP）が最大会派となったが、統合に懐疑的な極右勢力の議席が2倍以上に拡大した。フランスの国民戦線（FN）をはじめ、イギリスの英国独立党（UKIP）、デンマーク人民党、ギリシャの急進左翼連合がそれぞれの国で第1位となった。

　そうした経緯の後の一連のテロ騒動である。フランスでは、シェンゲン協定の停止をずっと主張してきたフランスの極右FNと保守派の攻勢にさらされて、オランド社会党政権も迅速な対応を迫られた。しかし治安強化の行き過ぎは両刃の剣でもある。極右・排外主義の台頭を促すからである。前述のようにテロ容疑のかかる二重国籍者のフランス国籍剥奪すらできなかった。

　欧州各地で排外主義の傾向が強まっている。とくにフランスでは今世紀に入って急速な伸長を示し、もはや「安定政党」を自負し、自分たちと既成保守党による「保守二大政党制」を唱揚するFNの勢いが加速化している。2015年12月地域圏議会選挙（地方選挙）で国民戦線は第1回目投票で全国13

選挙区のうち 6 選挙区でトップとなった。単独政党としては最大の勢力を誇っているのが現実である。複雑な選挙制とほかの政党が第 2 回投票では協力するため第二回投票では FN はどの選挙区でも第 1 党にはなれなかったが、党勢に衰える傾向にはない。

　2015 年 1 月『シャルリ・エブド』紙事件直後に東ドイツドレスデンを中心に「ペギーダ（西欧のイスラム化に反対する欧州愛国者）」という党が勢いをもち、ドイツでは排外主義の動きが高まった。理性の力が勝って大事には至らなかったが、2016 年 1 月には難民によるドイツ人女性への痴漢・暴行事件が発生し、排外主義の勢力の強いドレスデンなどで住民の外国人に対する反発が強まっている。中東欧諸国ではもともと外国人に対する免疫が少ないといわれる。テロの脅威はヨーロッパ各地外国人・移民・難民問題にも大きな影響を与えている。平等の理念によって形成される EU 統合の根底を揺るがす要因となっている[34]。

おわりに——新たな「西欧の没落」なのか——

　本章の冒頭で述べたように、欧州統合とは「国境を超えたリストラ」であり、規模のメリットによる危機の克服のためのリアリズムである。紆余曲折はあるが、統合は発展し、深化している。

　ギリシャ財政危機や難民・テロの勃発を指してすぐに「欧州統合の危機」の主張が声高になる。しかしこれは統合の全体像をとらえた冷静な見方ではない。統合は危機をバネにして解決を模索する中で深化する。しかし現在では統合が期待ほどの対外的影響力を持っていない、期待に応えていないというのが現状の正しい見方である。「統合のペシミズム」とはそういう意味である。そうした中で統合を持続させ、前に進むには自由や繁栄という理念が不可欠だ。それはまさしく理念国家フランス共和国の国家の成り立ちでもある。それは依然として不変である。

　その意味では欧州統合は崩壊のプロセスにあるわけでも、また後退しているわけでもない。銀行同盟の段階までに到達した経済統合は世界のどの地域の統合よりも発達している。ギリシャの財政危機はギリシャ経済とユーロの

崩壊には至らなかった。金融・財政危機を経て、EMS（欧州安定メカニズム）のようなセーフティーネットが機能し始めたからである。そして、その先にある「シェンゲン協定」が定めた「ヒトの移動の自由」は地域統合の夢だ。

しかし、統合の深化がヨーロッパのグローバルなプレゼンスを高めたことにはなっていないのも事実だ。テロ・大量難民の流入は統合の理想のジレンマだ。そうした中で、ヨーロッパはむしろ内向き志向を強めることになるかもしれない。その意味では、イスラム国のテロは西欧文明への新たな挑戦である。欧州統合の論点はむしろそこにある[35]。

(1) 拙稿「西欧型国民国家の変容の再検証―＜五月危機＞からユーロへ」『アステイオン』 1998年秋号（9月）。拙書『現代フランス、「栄光の時代」の終焉、欧州への活路』岩波書店2015年
(2) 拙稿「西欧の没落と社会統合の失敗」『VOICE』2015年3月号106-113頁
(3) 拙稿「フランス移民―共存の苦悩」『VOICE』2016年1月号　141-148頁 106–113頁。 同「フランス同時多発テロ―欧州統合《深化》の逆説」『外交』都市出版　2016年1月
(4) *Le Monde*. le 29 janvier, 2015 et *Le Figaro*, le 18 novembre 2015
(5) Popescu, Nicu, "Hybrid tactics: Russua and the West" *ALERT*, no 46, EUISS, October 2015.
http://www.consilium.europa.eu/en/policies/fight-against-terrorism/
(6) Andersson, Jan Joel, "Hybrid Operations : lessons from the past" in *BRIEF*, no 33, EUISS, October 2015.
(7) 拙書『ミッテラン時代のフランス』芦書房　1991年．
(8) "Une erreur et une faute", *Le monde*, le 15 octobre 1995.
(9) 園部裕子「僕はハレド・ケルカル」『香川大学経済論争』第82巻　第1-2号 2009年9月
(10) Mouthouh, Hugues, *168 heures chrono La Traque de Mohamed Merah*, Plon, 2013.
(11) 「欧州悩ますジハーディスト―シリア帰りの欧州系イスラム過激派のテロ活動活発化」 *e-World jiji pren*　2014/07/24-14:44
(12) 前掲拙稿　『Voice』2015年3月号
(13) « Les failles de la lutte antiterroriste« *Le monde*, le 20 novembre 2015.
(14) 前掲拙稿　*e-World*
(15) *Le monde*, le 20 novembre 2015.
Ferragu, Gilles, *Histoire du Terrorisme*, Perrin 2014. Prazan, Michaël, *Une Histoire du Terrorisme*, Flammarion, 2012. *La France face au Terrorisme, Livre blanc du*

Gouvernement sur la sécurité intérieure face au terrorisme, La documentation française, 2006

(16) 総合的にコンパクトな概説書として、Laetitia Van Erckhout, *Débat Public, L'Immigration*, Odile Jacob, La Documentation Française, 2007. 通史として政策がまとめられているものとして、Lequin, Yves (sous la direction), *Histoire des étrangères et de l'immigration en France*, Larousse, 2006.

(17) 前掲拙書『ミッテラン時代のフランス』第8章。

(18) 「フランス移民大暴動―格差と貧困に揺れるヨーロッパ」『中央公論』2006/1 p.152-159 *Banlieue, lendemains de révolte*, La Dispute, 2006. ルポとしては *La révolte des banlieues, de 2005, qui ébranla le monde*, L'achevement, 2006.

(19) Lequin, Yves (sous la direction), *op.cit.*, p.471 et 483. 拙書『現代フランス』。

(20) De Maillard, J. et Surel, y., *Les politiques publiques sous Sarkozy*, Sciences Po. Les Presses, 2012, pp.279-298.

(21) « A Molenbeek, il est facile d'échapper à la police » *Le Monde*, le 19 novembre 2015.

(22) EU共通テロ対策についてはコンパクトにまとめられた好論文として鈴木一人「欧州連合―対テロ戦略は統合できるか」広瀬佳一・宮坂直史編著『対テロ国際協力の構図』ミネルヴァ書房2010年、中林啓修「EUのテロ政策」押村高・小久保康之『EU・百欧』ミネルヴァ書房　2012年がある。本論文のEU共通テロ政策の多くの部分はその内容を参考としている。Hillebrand, Claudia, "Guarding EU-wide Counter-terrorism Policing: The struggle for Sound Parliamentary Scrutiny of Europol" in Kaunert, Christian and Léonard, Sarah (ed), *European Security and Intelligence: Tackling New Security Challenges in Europe*, Palgrave Macimillan, 2013.

(23) *A Secure Europe in a Better World*, 12 December 2003, EUROPA, https://www.consilium.europa.eu/uedocs/cmsUpload/78367.pdf

(24) European Council Council of the European Union, *Counter-Terrorism Strategy—Prevent Protect Pursue Respond*, 30 November 2005. Ferragu, Gilles, *Histoire du Terrorisme*, Perrin 2014. 中林前掲論文。

(25) Bauer, Alain et Bruguière Jean-Louis, *Les Mots du Terrorisme*, Que sais-je?, PUF, 2010, pp.7-8. 世界的な観点からのテロの定義・歴史・タイプについて、Dasque, Jean-Michel, *Géopolitique du Terrorisme*, Ellipses, 2013.

(26) European Council Council of the European Union, *op.cit.* (*Counter-Terrorism*).

(27) "*EU fight against terrorism*", *EUROPA*, EU Web site

(28) *Le Monde*, le 21 novembre 2015. 拙稿「パリ同時テロ「治安体制の見直し」も浮上か」『フォーサイト』2015年11月14日

(29) 渡邊前掲論文『外交』2016年1月

(30) *Le Monde*, les 18 et 19 novembre 2015

(31) *Le Figaro*, le 18 novembre 2015.

(32) フランスでは極右国民戦線(FN　ルペン党首)はじめ保守派のサルコジ前大統領らもそう主張するが、各国の極右・排外主義者も同様である。
(33) Roos, Christof, *The EU and Immigration Policies*, Palgrave Macimillian 2012. Espinoza, Sabina Anne and Moraes, Claude, "The Law and politics of migration and asylum: The Lisbon Treaty and the EU" in Ashiagbor, Diamond, Countouris, Nicola and Lianos, Ioannis (ed), *The European Union After the Treaty of Lisbon*, Cambridge, 2012.
(34) Wilkinson, Paul (ed.), *Terrorism versus Democracy*, Routledge, 2011
(35) 2015-26年にかけての難民とテロの関係については、拙稿「欧米の介入の失敗が招いた世界的な危機」『中央公論』2015年11月号、拙稿「難民に揺れる欧州　上・中・下」『フォーサイト』2016年2月18日・19日・20日、「〈黄金郷〉を目指す難民たち：EU統合「理想と現実」の相克」『フォーサイト』2015年9月1日、「難民問題：〈説得する独仏〉と〈反発する東欧〉」『フォーサイト』2015年9月30日。

第7章

シェンゲンのリスクとEUの連帯

土 谷 岳 史

はじめに

　人の自由移動はEUの基本的自由のひとつであり、欧州統合を象徴するものである。EUは域内の国境管理を撤廃し、開かれた空間を作ろうとしてきた。しかしながら自由に移動可能な空間はリスクを広げるとも理解される。EU域内で各国が国境管理を撤廃すれば犯罪者やテロリストが国境を自由に越えて移動し、警察の法的管轄権などが加盟国の間で分かれていることを利用することで犯罪やテロのリスクが高まると考えられるからである。さらに近年では、移民の存在自体が安全保障上のリスクとして捉えられるようになっている[1]。EU域内での国境管理の撤廃は人の移動をどのように管理するかという課題を提起するのである。

　しかしながら人の移動の管理は国家主権の主要事項のひとつであり、EUが権限を持つことに加盟国は慎重である。そのためEU域内及び域外の国境管理の問題とともに移民政策をめぐってEUと加盟国、そして加盟国同士はときに対立してきた[2]。EUが排他的権限を持ち一元的に人の移動を管理するのではないとするならば権限をもつ加盟国間の協力が不可欠である[3]。すなわち人の移動の管理はEUにおける連帯の試金石なのである。

　だがこの連帯は、それが必要とされるときほど裏切られてきた。2015年には多数の難民[4]がEUに庇護を求め、EU及び加盟国は緊急の対応を迫られている。国際移住機関（IOM）によれば2015年に地中海経由でEUに到着したひとは100万人を超えただけでなく、地中海での死者・行方不明者は3771人にも上った（図1）。2014年も死者・行方不明者が3279人と多かったが、

図1　2015年の地中海経由でのヨーロッパへの到着人数と死亡・行方不明者数

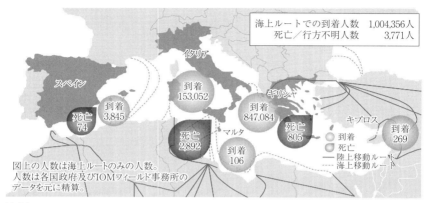

（出典）IOM (2015) 'Over 3,770 Migrants Have Died Trying to Cross the Mediterranean to Europe in 2015'.
https://www.iom.int/news/over-3770-migrants-have-died-trying-cross-mediterranean-europe-2015

さらに約500人も増加したのである。しかし、連帯が繰り返し叫ばれる今回もまたそこにみえるのは連帯の限界である[5]。域外国境を抱えEUの玄関口となっているギリシャやイタリアはその対応能力をはるかに超える人の流入に直面し、EU加盟国間での各国の能力に応じた難民の受け入れが進められている。だが十分な合意がなかなか形にはならず、5月の4万人に続き、9月に今後2年間でギリシャとイタリアなどからさらに12万人の難民を移送することが決定されたものの、チェコやハンガリー、ルーマニア、スロヴァキアは強く反発し、理事会ではコンセンサスではなく特定多数決で「連帯」が決定された。しかし、12月にスロヴァキアとハンガリーがこの決定を不服として提訴している（C-643/15、C-647/15）。

　一方で難民の多くが目指すドイツは多数の難民の受け入れを表明したものの、多数の庇護希望者が殺到し、対処能力を超えたとして域内国境管理の一時的な再導入を行った。そのため、「シェンゲンの終わり」といった言葉も聞かれるようになっている[6]。しかし、このドイツの措置は、欧州委員会が強調するように、シェンゲン国境コードにおいて想定されていたものであり、緊急の例外的な措置ではあるが、EU法に則ったものである[7]。そこで本章ではEUの移民・庇護政策及び国境管理を検討することで、特に今回ド

イツが取った域内国境管理の再導入措置の根拠となったEU法の改正過程を跡付けることで、EUにおけるリスク管理と連帯の課題について明らかにしたい。

以下、第1節ではEUにおける人の自由移動と国境管理の関係について概観し、第2節では近年のシェンゲン空間の管理と連帯の関係について考察する。第3節では、2011年のシェンゲン空間の危機とそれに端を発した改革の議論を確認し、第4節と第5節で法改正の詳細を検討する。

第1節　シェンゲン空間とEUの移民・庇護政策

EUは加盟国の国民をEU市民とし、彼らに域内の自由な移動及び居住の権利を付与している。この権利は欧州統合当初のEC加盟国国民の経済主体としての権利にさかのぼる。人の自由移動の権利は、1993年に発効しEUを設立したマーストリヒト条約のEUシティズンシップ規定の中に書き込まれ、現在では経済活動に関係なく市民の権利として認められている。EU市民には移動先の加盟国での国籍に基づく差別が禁止され、政治的権利についても地方議会及び欧州議会選挙の参政権が認められる[8]。

自由移動の権利がこのような市民の権利となるのと同時期に実現されたのがシェンゲン空間である。シェンゲン空間は1985年に締結されたシェンゲン協定に端を発する。1990年にはシェンゲン実施協定も締結され、1995年に締約国間での域内国境管理のないシェンゲン空間が誕生した。これはイギリスの反対により当時のECで合意を得られなかったため、EC／EUの枠組みの外で実現されたものである。1990年には庇護申請を受け付ける加盟国を定めるダブリン協定も締結されている。域内国境管理がなくなるため、庇護希望者が最初に入国した加盟国が庇護申請を受け付けることとしたのである。

このシェンゲン協定及びそれを実施する諸々の措置はシェンゲン・アキと呼ばれ、1999年発効のアムステルダム条約でEUの枠組みに編入された。アムステルダム条約はEUの目的のひとつに「自由、安全、正義の領域」（Area of Freedom, Security and Justice）の実現を加えた。シェンゲン空間はEUのものとなり単なる国際的協力にとどまらないものとなったのである[9]。

シェンゲン協定は、フランス、西ドイツ、ベルギー、オランダ、ルクセンブルクから始まったが、シェンゲン空間には2015年現在、EU加盟28カ国のうち、イギリスとアイルランドがオプトアウトにより参加しておらず、ルーマニア、ブルガリア、クロアチア、キプロスは未参加である。ルーマニアとブルガリアについては現在シェンゲン空間への参加準備が進められている。これ以外の22カ国に加え、EFTAに加盟するアイスランド、ノルウェー、スイス、リヒテンシュタインの4カ国が参加している。

さて当然のことながらEU域内にいるのは加盟国の国民、すなわちEU市民だけではない。加盟国にはEU非加盟国の国民が存在する。この第3国国民はいわばEUの外国人である。2013年時点のEUの人口は5億300万人であるが、そのうち第3国国民は2040万人と推定されている[10]。シェンゲン空間参加国間の国境管理を撤廃するとなれば事実上第3国国民も自由に移動できることになる。このためシェンゲン実施協定は国境管理撤廃に伴う補償措置として共通ヴィザ、不法移民対策、越境警察協力、シェンゲン情報システムといった手段を用意していた[11]。しかし、EU域内の自由な移動の利点を最大限活用するとなれば第3国国民の管理、取り締まりだけでは不十分である。EUとしても第3国国民の地位と権利に積極的に関与する必要がある。

マーストリヒト条約は司法内務協力を第3の柱としてEUの枠組みに含め、政府間協力を制度化した。この第3の柱に第3国国民の自由移動に関わる移民・難民政策が含まれていた。アムステルダム条約はこれを政府間協力から超国家的なECの枠組みに移し、第3国国民の自由移動の権利の実現を規定したのである。これを受けて1999年に5か年のタンペレ・プログラムが決定された。タンペレ・プログラムでは第3国国民の地位と権利の保障が強く打ち出されていた[12]。このような状況の中で第3国国民の域内自由移動の権利を含む長期居住者指令などが制定された。同時に、共通欧州庇護システムの構築も進められてきた。ダブリン協定をEC法化したダブリン規則や避難民の大量流入時の一時的保護に関する指令、難民の地位や庇護申請手続きの下限に関する指令などが制定された[13]。

しかしながらタンペレ・プログラムの後を受けたハーグ・プログラムでは経済と安全保障の論理が前面に出てくる[14]。本プログラムが発表された2004

年という時期は3月にスペインのマドリッドでテロが起きており、9.11と合わせて安全保障が強調されたのである。これにより第3国国民の位置づけは変化することになった。一方で人口減少を見越したEUは移民を経済成長のための重要な資源とみなしている。他方で移民は異質な他者と認識されることとなり、選別し、統合によりリスクを取り除かねばならない存在とされた。象徴的なのが2004年の移民統合に関するEUの共通基本原則と、2009年に成立した、いわゆるブルーカード指令（Council Directive 2009/50/EC）である[15]。

共通基本原則では統合はEUの基本的価値の尊重を意味するものとされ、この原則を実施するために翌年に提示された「統合のための共通アジェンダ」では加盟国で行われていた統合措置を紹介する中で双方向の統合というよりも移民が受け入れ社会について移動前から学ぶことが強調されるようになる。そしてこの時期から移民の労働力への期待が積極的に示されるようになる。そのような中で成立したブルーカード指令は高度技能移民を優先的に受け入れることを目指したものであり、ヴィザ発行などの手続きの迅速化やEU域内での就労条件の緩和などを定めている。このような図式はハーグ・プログラムの後継であるストックホルム・プログラムでも変わらなかった[16]。

第2節　シェンゲンのリスクと連帯

シェンゲン空間は域内国境管理を撤廃した空間のため、一度シェンゲン加盟国に入国すれば他のシェンゲン加盟国に移動することは容易である。シェンゲン加盟国が従来通り領域的主権を維持し相互不干渉を貫くとすれば国境を越えて活動する組織犯罪等に対処できない。このシェンゲンのリスクに対しては、上述のようにすでにシェンゲン実施協定には各種の対策が準備されていたが、シェンゲンの枠組みがEUに移った後も域外国境管理やEU内外の取り締まりは課題として残っていた。リスク管理者としてのEUが問われることになったのである。これらへの対応として代表的なものが、加盟国の域外国境管理を支援する機関として設立された欧州域外国境管理庁（Frontex）である。

　Frontex の当初の構想では加盟国の国境警備隊の訓練支援などによる加盟国の能力の向上や、EU への移民の流入ルートのリスク分析などが主たる任務であったが、非正規移民の流入が大きな問題となる中で任務が拡大している。地中海やトルコとの国境などで Frontex が主導する各種の取り締まり作戦が行われており、Frontex の年間予算は2005年の設立から2010年の間に10倍以上に増え9000万ユーロ前後となっている[17]。さらに難民危機に対応する中で、2015年は1億4100万ユーロ、2016年は1億7600万ユーロへと増加している。また2011年の改正法により設立された欧州国境警備隊は2014年時点で2500人近くを擁しており、これらの取り締まり作戦にも参加している[18]。

　このように Frontex の任務が拡大しているとはいえ、域外国境管理を行うのはあくまで加盟国である。域外国境管理という面だけ見ても、シェンゲン空間は域外国境管理を担う加盟国及びその他の加盟国との間の連帯を必要とする。「自由、安全、正義の領域」に関して条約上にこの加盟国間の連帯の文言が現れたのは2004年の欧州憲法制定条約である。欧州憲法制定条約では「自由、安全、正義の領域」に関して III-257条2項で「加盟国間の連帯に基づく域内国境管理の撤廃と庇護、移民、域外国境管理に関する共通政策の形成」を規定している。そして国境管理、庇護、移民に関する政策の条項では財政的影響を含めた、加盟国間の連帯と責任の公正な分担の原則が述べられている（III-268条）。周知のように欧州憲法制定条約は発効できなかったが、以上の条項はリスボン条約に引き継がれた（EU 運営条約67条と80条）。

　この動きは欧州憲法制定条約の発効を待たずに2005年の欧州委員会の法案パッケージ「連帯と移民の流れの管理運営に関する2007年から2013年の枠組みプログラム」として現れた[19]。これは2007年から2013年の期間を対象として欧州難民基金、域外国境基金、第3国国民の統合に関する欧州基金、欧州帰還基金の設立を提案するものである。ただし欧州難民基金は2008年から2013年となっている[20]。欧州委員会は「自由、安全、正義の領域」について、一方に個人の自由、安全、正義という権利を置き、他方に EU に期待される安全と正義を担保する EU の中核的責任を対置し、両者のバランスを取ることの重要性を強調する。ハーグ・プログラムと同じく本枠組みプログラ

ムは欧州憲法制定条約の発効を見込み、上記欧州憲法制定条約の条文と同様の文言が用いられている。域外国境の統合的管理運営と庇護及び移民に関する共通政策の実施がもたらす財政負担を、加盟国間で公正に負担することが課題となったのである。本枠組みプログラムで欧州委員会が提示する4つの柱を簡単に確認しておこう。

(1) 加盟国はシェンゲン・アキを適用し、EUにおける共通の統合された国境管理運営の確立に参加する。加盟国は域外国境において人の流れを効率的に管理運営しなければならないが、これは加盟国の国内安全保障のためであると同時に真の旅行者の遅滞ない国境通過のためでもある。

(2) 加盟国は共通基準とベストプラクティスを基盤に共通帰還政策を発展させる。個々の加盟国では財政的影響のみならず政治的な影響もシグナル効果も限界があり、また帰還事業に関して同様の困難に直面しているからである。信頼に足る合法移民受け入れと庇護政策の補完となるだけでなく、ECの帰還政策は不法移民への闘いの重要な要素なのである。

(3) ECは第3国国民の統合に関する多次元的な課題にしっかりと対応する必要がある。労働市場の需要を満たすため、そしてヨーロッパの繁栄のためにはより持続的な移民流入がいっそう必要とされている。受け入れが認められた第3国国民は労働市場への統合だけでなく、安定した法的地位と権利の保障を通じて社会の全ての面における統合を促進することが重要である。あるひとつの加盟国における移民統合政策の失敗は他の加盟国に悪影響を与えうるため、歓迎されているとニューカマーが感じる社会を全加盟国が維持発展させる。

(4) ひとつの加盟国が庇護申請に対応するEUにおいて庇護希望者が自らに有利な場所を求めてEU域内を移動することを抑制するため、加盟国間での庇護の受け入れと許可の差を最大限少なくする。

以上のように「自由、安全、正義の領域」は加盟国の主権が強い分野であるため、基本的には加盟国の自主的な取り組みが期待されている。しかし多くの移民が訪れる加盟国もあればそうでない加盟国もあり、また課題への対応能力にも差がある。そこでEUがリスク管理者となり、本枠組みプログラムは以下の4分野を対象とする財政的連帯メカニズムを提示するのである。

すなわち、域外国境の管理と監視及びヴィザ政策、不法滞在第3国国民の帰還、合法在住第3国国民の統合、庇護である。根拠条文が異なることもありそれぞれに対応した別個の基金の設立が提案されるが、これら基金は一貫したものである。この4基金は2007年から2013年の総額でおよそ40億ユーロとなり、移民の急激な流入などに対応することになった加盟国支援に活用された。

支援を受けた代表的な国はギリシャである。2008年以来大量の移民流入に直面することになったギリシャは対応能力を欠いただけでなく、欧州人権裁判所が移民の基本的人権を保護できていないとの判決を多数下すなど数多くの批判に晒された。そこでギリシャは2010年に移民と庇護に関する改革行動計画を策定し基金による財政的支援を含めてEUの支援を受けながら改革を進めてきた。行動計画は2013年に改訂され、この年だけで欧州難民基金、欧州帰還基金、域外国境基金から8270万ユーロの支援を受けている[21]。

この連帯はEU及び加盟国の間にとどまるものではない。2005年に地中海経由での不法移民の急増とそれに対する殺害などの暴力が問題となったことから対応を迫られ、欧州理事会は「移民へのグローバル・アプローチ」を発表しアフリカ及び地中海諸国との協力を優先事項とした[22]。ストックホルム・プログラムでも述べられているように、EU内部の連帯を促進するだけでは不十分であり、移民及び庇護に関する第3国との連帯が不可欠とされる[23]。「移民へのグローバル・アプローチ」は「移民と移動へのグローバル・アプローチ」へと発展し、移民と経済発展との密接なつながりがEUの政策の正当化理由となっている[24]。移民の出身国または経由国は国境管理などを強化し、庇護に関しても長期的難民状態に対処する能力を高めることで、EUへの流入を防止するのである。

第3節　EUにおける連帯と域内国境管理

EUと第3国との協力にもかかわらず現在も地中海経由での移民の流入と事故などによる死者の発生は繰り返されている[25]。しかし、2011年は特別な年だったと言えるだろう。翌年に提出された欧州委員会の移民と庇護に関す

る年次報告書ではストックホルム・プログラムは脇に追いやられ、不法移民対策が前面に出され、EUの優先事項が変化したことを物語っている[26]。

 2010年末から発生した「アラブの春」と呼ばれる北アフリカ及び中東地域での民主化運動とそれに伴う混乱もあり、2011年に大量の人々がEUに押し寄せた。EU域外国境を不法に通過したものは14万人を超え、前年比35％の増加となった。なかでもアラブの春の発端となったチュニジアからが一番多く全体の20％を占めた[27]。特に地中海に浮かぶイタリアの小島ランペドゥーザ島にチュニジアからの多くの人が押し寄せたことが大きな問題となった。人口約5500人のこの小さな島には2002年以降毎年1万人弱から2万人が下船しており、2008年には3万人を超えた。2009年は約2600人、2010年は1500人弱と下船者数は急減したものの、2011年に再び増加し、5万人を超えたのである[28]。

 イタリア内相のマローニ（Roberto Maroni）は2月の理事会でリビアだけからでも150万人の難民が押し寄せると警告し、地中海諸国を支援するための1億ユーロの基金の設立を訴えた[29]。それだけなくEC法（Directive 2001/55/EC）に基づく大量の避難民の流入に対応するための他の加盟国による自発的な避難民の受け入れを求めた[30]。しかし理事会では、同様に支援を必要としているスペインとギリシャ以外からの負担の「連帯」は得られなかった。このため、イタリアはチュニジア政府と2国間協定を結んだ。この状況に対処するために1月1日から4月5日までにやってきた北アフリカの人々に半年間の短期滞在許可を発行する一方で、それ以降に到着した人々は送還するという決定を下したのである。

 問題を大きくしたのは、このイタリアの滞在許可がEU域内の自由移動の権利を認めていたことである。対象者の多くはチュニジア人であり、即座にフランスが反発した。周知の通りチュニジアはフランスの旧植民地であり、フランスへの人の大量の流入が危惧されたのである。そこでフランス内相は4月6日に十分な資力を持たないシェンゲン・ヴィザ所持者を送り返すことを決定した。17日にはさらに、チュニジア移民を支援するイタリア人活動家が許可を得ずにデモを行ったことを理由に、イタリアの国境の町ヴェンティミーリアで列車を停止させた。これに対してイタリア外相フラティーニ

(Franco Frattini) はシェンゲンの規則違反であると批判し、さらにシェンゲンの自由移動自体にも疑問を呈した。そして他の加盟国も巻き込んでシェンゲンにおける国境管理の在り方が問題となったのである。

　この後の展開は早かった。26日にはフランスとイタリアの首脳会談が行われ欧州理事会と欧州委員会への共同書簡が発表された。それは不法移民問題に関する第3国との一層の協力、移民の運営管理での加盟国間のさらなる連帯、そして危機的状況下での一時的な域内国境管理の再導入メカニズムを含んだシェンゲン・ガヴァナンス改革を訴えるものであった。アラブの春に対応する年初以来の取組みの中で欧州委員会はこの問題に迅速に反応した[31]。5月に入ると、欧州委員会は、域外国境管理を担う加盟国がその義務を果たせないときや外部要因により不慮の巨大な圧力が域外国境の一部にかかる場合にはEUが対応するメカニズムが必要であり、加盟国による例外的な域内国境管理の再導入をヨーロッパ・レベルで決定するという提案をしたのである。

　6月の欧州理事会でも域外国境管理が「共通の責任、連帯、一層の実務協力の元に」なされなければならないことが述べられ、シェンゲン評価システムがEU基盤で行われるべきこと、シェンゲンでの協力が全体的に機能しなくなるリスクを招く例外的状況に対応するメカニズムの導入などが支持された[32]。域外国境管理の管理と監視の責任は加盟国にあるが、それは全加盟国の共通利益を実現する行為でもある。移民流入により困難な状況下にある加盟国への「真の実質的な連帯」が求められるとされたのである。

　この提案を具体化したのが、9月に提出されたいわゆるシェンゲン・パッケージである[33]。欧州委員会はこの機会をとらえて自身が中心となって危機に対応するメカニズムを導入しようとした。第1に、シェンゲン評価システムの強化である[34]。シェンゲン空間は参加各国の相互信頼に基づいているが自発性に期待するだけでは不十分である。そこでシェンゲン評価システムによりシェンゲン・アキが適切に適用されているかを評価し、問題があることが判明すれば勧告が行われる。現行のシステムでは加盟国による相互審査が行われる政府間主義的なシステムとなっている。しかし欧州委員会は現行システムでは不十分であるとし、EU主導のアプローチを主張する。これは

2010年にすでに提案されていたものであるが、今回の国境管理の強化提案に付随して、域外国境管理を担う加盟国に問題が認められた場合に欧州委員会が中心となって対応するとの条文が加えられた。

したがってシェンゲン・パッケージの本丸は第2の法案である域内国境管理の再導入に関するものである⁽³⁵⁾。共通の脅威に対して加盟国が単独で対応することは不可能であり、例外的で一時的な域内国境管理の再導入に際しては共同体方式を用いることが提案されている。欧州委員会によれば、2006年10月から現在まで域内国境管理を再導入した事例は26件あるが、当該加盟国から他の加盟国及び欧州委員会に提供される情報は時間的内容的に不十分であることも多く、欧州委員会に認められている当該措置に関する意見の公表ができないことがあった。そこで新たなメカニズムが求められるとするのである。次節以降ではシェンゲン空間における加盟国間の連帯をめぐる象徴的な事例として本法案の内容と審議過程を見てみよう。

第4節　国境管理の再導入手続きの改正案

まずは改正前の制度を確認しておこう。2006年制定のシェンゲン国境コードでは、加盟国は公の秩序または国内安全保障（internal security）への重大な脅威が存在する場合に、一時的に域内国境管理を再導入することができるとしている（Regulation 562/2006）。期間は30日以内または30日を超えて重大な脅威が続くと予想される期間である。この期間を超えて脅威が持続した場合には、加盟国は30日を上限とする更新可能な期間で国境管理を延長できる。これは重大な脅威への対応に厳密に必要な期間とされているものの上限は設定されていない。延長する場合には当該加盟国は他の加盟国及び欧州委員会に延長理由を提示する。また当該加盟国または理事会は欧州議会へ情報提供し、3回延長した場合には当該加盟国は域内国境管理の必要性についての報告書を欧州議会へ提出する。国境管理を終了した際には当該加盟国は欧州議会、理事会、欧州委員会に対して国境管理再導入についての報告書を提出する。国境管理の導入は以下の2つの場合に分けられる。

第1に、この脅威が予想される場合である。脅威が予想され、域内国境管

理の再導入を予定している場合には、当該加盟国は他の加盟国及び欧州委員会にできる限り早く以下の情報を伝えなければならない。公の秩序または国内安全保障への重大な脅威となる出来事の詳細を含む域内国境管理再導入の理由、国境管理の範囲、国境管理の開始日と期間、検問所、他の加盟国が取る措置である。これに対して欧州委員会は意見を公表することができる。国境管理再導入の決定に関しては、当該加盟国から通知された情報及び、発表された場合には欧州委員会の意見が、当該加盟国と他の加盟国及び欧州委員会との間で当該措置の比例性を検討するための諮問の対象となり、必要な場合には加盟国間の相互協力に資する。この諮問は国境管理導入予定日の少なくとも15日前に行われる。

第2に、公の秩序または国内安全保障の観点から緊急の行動が必要とされる場合である。この場合、加盟国は例外的に、即座に域内国境管理を再導入することができる。当該加盟国は上述の情報に加え、本手続きを用いた理由を他の加盟国及び欧州委員会に提供する。

以上の手続きに対して欧州委員会は以下のように述べている[36]。域内国境管理のない人の自由移動はEUの達成した重要な成果であり、この自由移動が加盟国による単独かつしばしば不透明な決定に影響を受けやすいのであれば、その決定はEUレベルでなされねばならない。つまり現行規定では加盟国が単独で国境管理を再導入でき、当該決定に関する検討も加盟国主導で行われるため、適切な運用がされていないというのであろう。そこで以下のような改革が提案されるのである。

第1に、域内国境管理再導入に関する一般的な規定が現行法と同様に置かれるが、「公の秩序または域内安全保障（internal security）への重大な脅威」という文言に「EUレベルまたは国内レベル」という言葉が加えられている。加盟国に加え、EU全体に関する脅威が想定されているのである。

第2に、域内国境管理を再導入する際の基準条文が用意される。欧州委員会は（後述するが、緊急時には当該加盟国が）域内国境管理の再導入により脅威に対応できるか、その脅威に対して国境管理という措置は見合ったものなのかを評価する。その際、以下の4点が特に考慮される。①次に起こるテロリストの事件や脅威、及び組織犯罪の脅威を含んだ、EUレベルまたは国内レ

ベルでの公の秩序または域内安全保障に対する予想される脅威の程度。②Frontex、欧州庇護支援事務所（EASO）、ユーロポールといったEU諸機関による援助を含めた国家及び/またはヨーロッパ・レベルで取られるまたは取られている技術的または財政的支援の入手可能性、及びそれら手段がEUレベルまたは国内レベルでの公の秩序または域内安全保障への脅威に対してどれだけ適切に対処できるか。③シェンゲン評価によって同定される域外国境管理または帰還手続きに関する重大な不備の、現在及び将来見込まれる影響。④域内国境管理のない領域における自由移動に関する措置に対して見込まれる影響。

　さらに域内国境管理の再導入が決定される前に欧州委員会は、加盟国、Frontex、ユーロポール、ユーロジャスト、基本権庁その他のEU機関に対して追加情報を求めることができる。また加盟国、Frontex、ユーロポールその他の適切なヨーロッパの機関の専門家の支援を受けて、欧州委員会は域内国境管理の一時的再導入の決定に関連する情報を得て、また検証するために、査察を行うことができる。

　第3に、最も大きな変更であるが、一時的な国境管理の再導入を決定するのは欧州委員会となっている。これが共同体方式ということになる。国境管理の再導入を検討している加盟国は通常6週間前までに欧州委員会に要請する。加盟国は単独ではなく複数による共同であってもよい。その際、現行法と同様の情報を提供しなければならない。変更点としては上述のように、当該加盟国だけでなくEUレベルでの公の秩序及び域内安全保障も問題となりえることである。欧州委員会はこれを受けてコミトロジー手続きによって国境管理の再導入や導入後の延長の可否を決定する[37]。

　第4に、これに伴い加盟国が域内国境管理の再導入を決定できるのは、緊急の対応が迫られる場合に限られることとなる。すなわち「加盟国における公の秩序または域内安全保障への重大な脅威が即座の行動を要請する場合」である。この場合にはEUレベルの公の秩序または域内安全保障は考慮対象から除外されている。改正案では例外的な措置であることが強調され、国境管理の再導入期間は5日以内と限定されている。当該加盟国は他の加盟国及び欧州委員会に通知し、欧州委員会は即座に他の加盟国に諮問する。5日間

を超えて重大な脅威が持続する場合には欧州委員会が国境管理の延長を決定する。

　第5に、域内国境管理または帰還手続に関する重大な不備に関する条文が新設された。シェンゲン評価によって重大な不備が見つかり、当該不備がEUレベルまたは国内レベルでの公の秩序または域内安全保障に対する重大な脅威となっている場合に限り、6か月以内の域内国境管理の再導入が可能となる。この場合も域内国境管理の再導入及び延長の決定は欧州委員会がコミトロジー手続きによって行うとされる。

　第6に、国境管理再導入期間の上限が最長6か月と定められる。ただし域内国境管理または帰還手続に関する重大な不備を理由とする場合に限り、欧州委員会は6か月を超えて最長2年間まで延長できる。

　ここでこの重大な不備が認められた場合の対応に関する関連規定をシェンゲン評価に関する改正法案で確認しておこう[38]。評価報告書で重大な不備が確認された場合、欧州委員会は当該加盟国に具体的な対策を取ることを要求する。その対策には以下のものが含まれる場合がある。欧州国境警備隊の展開、リスク・アセスメントに関する戦略的決定とFrontexの承認を得るための機材の配置計画、弱点が修正されるまでの限定的期間の一部の国境検問所の閉鎖。評価報告書を受け取った加盟国は弱点を修正するための行動計画を欧州委員会に提出する。6か月以内に最初の実施報告をした後は弱点の修正が完了するまで3ヵ月ごとに報告をすることになる。しかし、当該加盟国が域外国境管理と帰還手続を実施する責務を著しく怠っており、3か月が経過しても改善が見られない場合に上記の域内国境再導入が可能になるのである。

第5節　理事会での議論と国境管理の法改正

　域内国境管理の再導入に関する法案に対して理事会ではどのような議論がなされたのであろうか。理事会では、シェンゲン・パッケージはシェンゲン問題に関する作業部会で議論されることとなったが、当初から多くの加盟国が国家主権を理由に、域内国境管理再導入の決定権限を加盟国から欧州委員

会に移譲することに反対している⁽³⁹⁾。特にEUの権限外のものを加盟国の権限と規定するEU条約4条と、法と秩序及び国内安全保障に関する加盟国の責任の行使には「自由、安全、正義の領域」に関する条約の規定は影響を与えないとするEU運営条約72条を根拠として挙げている。

審議の中で欧州委員会への権限移譲に対する反対は増えていく。11月の段階では大多数の加盟国が反対にまわったのである⁽⁴⁰⁾。欧州委員会の提案は6月の欧州理事会で示された指針を逸脱すると加盟国は考えた。しかしここでいくつかの加盟国から法案の中で域外国境管理の問題に起因する持続的で重大な不備とその他の域内国境管理の再導入を分離する意見が出される。この新たな条項以外の規定は現行のままの方が望ましいとの意見が大半を占め、特に、緊急時の域内国境管理再導入の期限を最大5日間に制限するという提案に関しては1加盟国の賛同しか得られなかった⁽⁴¹⁾。域外国境管理の問題に起因する持続的で重大な不備に関する規定の導入自体は支持されたものの、本規定についても多数の修正が必要であるとの意見が大勢を占めた。

そこで議長国であるデンマークが修正提案を出すこととなり、それがほぼそのまま成立した⁽⁴²⁾。理事会で修正された最終的な法改正内容を詳しく見ていこう。

まず域内国境管理の再導入及び延長の権限は従来通り加盟国が持つこととされた。そして欧州委員会提案では「EUレベルまたは加盟国レベル」の公の秩序及び域内安全保障となっていたが、これは全て「加盟国の」公の秩序及び域内安全保障とされた。国境管理再導入の期間は従来通りに30日以内または30日を超えて重大な脅威が持続する場合にはその重大な脅威が予測される期間とされる。しかし欧州委員会提案通りに上限が最長6か月とされた。

また緊急時の域内国境管理の期間は欧州委員会提案の5日から10日へと変更された。この場合、20日間以内での延長が可能であるが、最長2か月とされた。欧州委員会提案では、延長の決定は欧州委員会の権限であったとはいえ、最長6か月であったがより厳格化されたと言えよう。

域内国境管理再導入の際に考慮される基準に関する条項は維持されているが、国境管理再導入の妥当性の評価は欧州委員会ではなく加盟国が行うとされた。技術的または財政的支援の入手可能性の基準は、域外国境管理の重大

な不備の現在及び将来見込まれる影響という基準とともに、域外国境管理の重大な不備を理由とする域内国境管理の再導入の際の基準として別の条文にされた。後者の基準からは「帰還手続き」の文言が消えている。欧州委員会の権限拡大はならなかったが、テロや組織犯罪などに対処するための手段として域内国境管理の再導入は最終手段であることが記され、再導入の際の基準規定が生まれたことで加盟国には従来よりも厳格な運用が期待されている。

このように従来規定されていた域内国境管理の再導入及び延長に関しては引き続き加盟国がその任を担うこととされたが、新たに規定される域外国境管理に由来する問題についてはEUレベルの対応が取られることとなっている。まず欧州委員会提案にはなかった域外国境管理に関する重大な不備についての条文が創設される。シェンゲン評価に関する改正法案の条文がこちらに統合されたのである。これによればシェンゲン評価報告書で重大な不備が認められた加盟国に対して、欧州委員会が適切な対応を勧告する。ただし勧告の対象から国境検問所の閉鎖などが消え、欧州委員会の力は弱くなっている。

このような対応をしてもなお改善されないときには、「域内国境管理のない領域内部の共通の利益を守るために」最後の手段としてひとつまたは複数の加盟国に対して域内国境管理の再導入が勧告される。国境管理を再導入するかを決定するのは加盟国である。この条文は「域内国境管理のない領域全体の機能が危機に至る例外的状況の場合のための手続き」と題されており、規定自体も「域内国境管理のない領域内部における公の秩序または域内安全保障への重大な脅威」がある場合に域内国境管理を再導入できるとされている。欧州委員会提案では他の条文と同じくEUレベルまたは加盟国レベルとされていたが、理事会修正により、特定の加盟国の問題ではなく、シェンゲン空間全体への脅威が確認された場合の規定となっているのである。この場合の国境管理再導入の期間は他の場合とは異なり最長2年であるが、これは本条項のもとになった欧州委員会提案を引き継いでいる。

この勧告を行うのは理事会であるが、欧州委員会の提案に基づいてなされる。加盟国は欧州委員会に対して提案の提出を要請できる。域内国境管理の

延長もまた同様の手続きで理事会による勧告が行われるが、緊急時に限り欧州委員会が勧告を行うことがある。本条項を用いて域内国境管理を再導入しようとする場合の基準に関しても、域内国境管理の再導入が妥当かどうかは欧州委員会ではなく理事会が評価する。このように域内国境管理再導入の決定権限はここでも加盟国にあるが、シェンゲン空間全体の利益の観点から欧州委員会が重要な役割を果たすという形で EU レベルの対応が維持される。しかし欧州委員会に域内国境管理の決定権を与えるのではなく、欧州委員会の行動は加盟国の支援に限定され、それも理事会を通して行われるように修正されたのである。

さらに注目すべき点がある。理事会に勧告を提案するために欧州委員会は加盟国や Frontex、EASO などに情報提供を求めることができるが、その対象として明記されていたユーロジャストと基本権庁の名が削除されているのである。移民、難民の扱いに関して EU の人権問題が強く指摘、批判されていることを考えると基本権庁の削除は EU のスタンスに疑問を抱かせる修正と言えよう。

以上の理事会修正は欧州議会及び欧州委員会と非公式の折衝をする中で行われていた。欧州議会は2013年6月に第1読会を終え、理事会と合意が成立したことで第2読会は開かれなかった[43]。域内国境管理の一時的再導入に関する法律は、こちらも原案よりも欧州委員会の権限を弱める形で修正されたシェンゲン評価に関する法律とともに成立した（Regulation 1051/2013、Council Regulation 1053/2013）[44][45]。

本法改正は域外国境管理に由来する問題に関する新規定に加え、加盟国が域内国境管理を再導入する際の基準が明確化された点が特徴的であろう。域内国境管理を再導入した加盟国は、その国境管理を終了した際には国境管理再導入の基準を踏まえ、欧州議会、理事会、欧州委員会へ報告書を提出する。この報告書を元に人の自由移動への影響や比例性の検証を含めた国境管理再導入の実効性などが検証されることになる。欧州委員会は最低年1回欧州議会と理事会に報告書を提出するとされており、域内国境管理は加盟国の権限として残ったものの EU 全体の視点からその権限はより厳しく評価されることとなろう。

そしてシェンゲン評価に関する法律によりFrontexのリスク分析とシェンゲン評価が公式に結び付けられた。域外国境管理の面ではEUレベルでのリスク評価に基づき加盟国間の連帯によりシェンゲンの秩序が保たれることになる。この秩序を担う加盟国の中に責務を果たせないものが出ると他の加盟国は自国の域内国境管理を復活させ自衛するのである。ただしそれはシェンゲンの共通利益のためであり、加盟国主導とはいえ、EUレベルの対応が取られることとなる。

　この法改正と同時期に進められた庇護に関する制度改革もここで簡単に見ておこう[46]。シェンゲンのリスクを庇護の観点からみたときには、2010年に設立されたEASOが重要である。EASOは難民出身国などの分析や情報交換、加盟国及び第3国の職員の訓練などを行う機関であり、上述のように域内国境再導入の勧告を理事会に求める際に欧州委員会が情報提供を求めることができる機関のひとつである。EASOは2013年に改正されたダブリン規則（Regulation 604/2013）で新たに導入された早期警戒準備及び危機管理メカニズムで大きな枠割を果たすと考えられる（33条）。

　本メカニズムでは、特定の加盟国が庇護に関して問題を抱えておりダブリン規則の適用が危ぶまれるときには、EASOの提供する情報に基づき、欧州委員会はEASOと協力して当該加盟国に予防行動計画を策定するよう勧告できる。しかしEASOの分析に基づき欧州委員会が、当該加盟国が十分に対応できなかった、または危機に発展するような重大なリスクが存在すると認めた場合には、欧州委員会はEASOと協力して当該加盟国に危機管理行動計画の策定を要請できる。

　このように欧州委員会は、EASOの情報と分析をもとに、シェンゲン空間における庇護希望者の管理を適切に行うために加盟国の能力を監督するのである。ただしここでも基本権庁などの名前はなく、欧州議会も情報提供を受けるにとどまっていることから、加盟国の国家主権の論理が全面に出ないかという疑問は存在する。

　このように増大するリスク管理者としてのEUの役割は以下の情報共有制度と加盟国支援制度の強化にも表れている。シェンゲン・パッケージとほぼ同時に成立した欧州国境管理システム（EUROSUR）は加盟国の国境監視機関

とFrontexをつなぎ、ほぼリアルタイムでの情報交換を行っている。同時期に欧州防衛庁は任意参加の情報共有システムである海洋監視システム（MARSUR）が稼働したと発表した[47]。2014年から2020年の財政枠組みでは欧州難民基金、欧州帰還基金、第3国国民の統合に関する欧州基金の3基金の後継である、庇護・移民・統合基金（AMIF）が創設された。7年間31億3700万ユーロのうちおよそ90％が加盟国のプログラムに充てられるため、加盟国が多年度プログラムを策定している。もうひとつ新たに創設されたのが域内安全保障基金であり、2014年から2020年で27億6000万ユーロの予算で国境及びヴィザと、警察協力を支援する。国境及びヴィザに関する部分が域外国境基金を引き継いでいる。

おわりに

　EUは現在も移民、難民の流入に危機を感じている。2013年10月にはランペドゥーザ島で移民を乗せた船が沈み360人以上が亡くなるという悲劇があった。この事件がEUにおける移民と国境の管理の協力を一層進めることとなった[48]。イタリアに対しては財政的連帯が発揮され、欧州難民基金、域外国境基金、帰還基金から2300万ユーロの緊急支援が行われた。同月の理事会で地中海タスクフォースの設立が決定され、第3国とも協力しながら地中海での悲劇を繰り返さないために活動しているが、2015年にも繰り返された悲劇によってそれはいまだ不十分であることが露呈した。

　本章はじめに言及したように、2015年9月にドイツは、改正されたシェンゲン国境コードに基づきオーストリアとの間の国境管理を再導入した。これは25条に基づく即座の対応が必要な例外的な事態を理由とするものである[49]。本条文は、欧州委員会提案では国境管理の再導入及び延長は欧州委員会の権限となっていたが、理事会によって従来通り当該加盟国の権限とされた。しかしドイツも強調するように、「全ての加盟国が連帯して共通の責任に向き合わなければ単一の欧州の法的枠組みは機能し得ない。[50]」対立を抱えながらもEUの枠組みの中で加盟国は連帯をせざるを得ないのである。

　人の移動の管理は加盟国の主権と欧州統合の理想がぶつかる地点である。

ひとつの自由なヨーロッパの理想は、移民・難民に脅かされるという加盟国社会の不安と対峙している(51)。EUによる一元的な管理がされない以上、域内国境管理のないシェンゲン空間は加盟国の連帯によって実現されねばならない。シェンゲン空間の実現によって一部の加盟国は域外国境管理を担い過重な負担を負わされている。つまりシェンゲン空間の存在により各加盟国が負うリスクも変容しているのである。この意味でEUは単なる国家間協力とは異なり、それ以上の連帯が求められるのである(52)。しかし危機の状況において連帯は容易には発揮されない。繰り返される連帯の求めは連帯の不在を物語っている。

　本章で明らかになったのは、危機を経てEUは、危機に備える加盟国間の連帯の制度化を漸進的に行っていることである。リスク管理者としてのEUの役割は増大しており、Frontexによるリスク分析も踏まえ加盟国に対してEUレベルの評価が行われる。庇護に関しては欧州委員会とともにEASOが中心的な役割を果たす。危機は予見されリスク化されることで連帯は事前に発揮され、加盟国が危機に対応できる能力を培い、また危機において加盟国が連帯を崩さないように加盟国の主権を制約する制度が、その不十分さに直面しながら、（再）構築されていくのである。現在その機能不全に直面している共通欧州庇護システムは2016年に見直しが予定されている。加盟国の能力に応じた庇護申請受け付けの分担や、庇護申請する加盟国を庇護希望者が自由に選択できる制度などの改革案が議論されている(53)。

　Pascouau（2013）が述べるように、シェンゲン国境コードにおいて新たに導入された「域内国境管理のない領域内部における公の秩序または域内安全保障」という概念が今後どのような効果を持つのかは未知数である。条約上に根拠となる明確な文言がない以上、これまで通り加盟国の公の秩序または域内安全保障のみが域内国境管理の再導入の理由となるとも考えられる。だがEUシティズンシップが加盟国のシティズンシップに取って代わるのではなく補完する形で機能しているように、加盟国の公の秩序に加えてヨーロッパの公の秩序が姿を現す可能性は否定できない。

　しかし繰り返される危機の中で現在のような連帯の制度の漸進的改定が人権保障をもたらすのか、特に第3国とEUとの「連帯」が人権保障に問題の

ある国家とも発揮されていることも考えると、今後も移民・難民は国家主権の、そして連帯の狭間に落ちてしまうのではないかとの危惧を抱かざるを得ない[54]。域内国境管理を再導入する際の条件として新たに規定された「域内国境管理のない領域内部における公の秩序または域内安全保障」という概念が加盟国のための排他的な連帯の表現となるのか、それとも加盟国の主権の論理を乗り越えていくのか、乗り越えていくとすればそこにEUのどのような理想が表現されるのか。域内国境管理の一時的再導入に関する法律の前文に記されたように、移民や難民、大量の第3国国民の域外国境の通過それ自体を公の秩序や域内安全保障への脅威と考えるべきではないのである。極右政党が台頭するなど排他的な雰囲気が覆う状況にあるからこそ、加盟国だけではなく、EU市民の間の、そして第3国国民との連帯が求められるのではなかろうか。

　この点は移民の積極的受け入れへと舵を切りつつあるとともに、ヘイトスピーチ・ヘイトクライムが大きく問題化するなど右傾化を続ける日本社会にも示唆的である[55]。移民受け入れに際しては移民送出し国や移民の経由国との連帯を求められるが、それは移民を（潜在的）脅威と見なした一方的管理であってはならない。難民についても同様である。日本が難民をほとんど受け入れていないことや入国管理局における人権侵害はつとに指摘される通りである。

　誰のためのどのような安全保障なのか、秩序なのか。普遍的人権の保障はいまだ日本が抱える大きな課題である。日本は単一民族の国といった極端な例にとどまらない同質性の神話に囚われることを止め、在日韓国朝鮮人や沖縄、アイヌの人々、またLGBTなどのさまざまなマイノリティといった日本社会に既に存在する多様性に目を向けることがまず求められるだろう。ヘイトスピーチ・ヘイトクライム、特定の人々に「反日」などといった言葉を付与し、本質的に「日本」に敵対的であるとするようなあからさまなものだけでなく、同質性の神話に基づく上品なレイシズムにも対決しなければならない[56]。その際、樋口 (2014) が指摘するように、日本の過去の侵略の歴史と向き合うことが不可欠である。この点においても日本はEUから学ぶことは多いはずである。

168

(1) Huysmans (2000).
(2) 岡部 (2013) は国境管理をめぐる対立の源流を歴史的に検討している。
(3) 人の移動の管理の一部として、出身国との関係も踏まえて移民の社会統合が課題となる。本稿では触れることができないが、この点については土谷 (2009) 及び正躰 (2013) を参照。また司法内務協力分野全体における連帯の課題については、Monar (2015) を参照。
(4) 国境を越えて移動する人をどのように呼び表すかはその人の権利とその人に対して政体がもつ責務を規定する。移民という自発的に移動してきた他者としてわれわれと分離してしまうこと、それがレイシズムの土壌となること、そして苦難にある人々の声を奪ってしまうことを問題視し、2015年8月にアルジャジーラは地中海で起きている事態に関連して migrant という言葉を使わないと決定している。See, Melone (2015), Pouchard (2015), Zappi (2015). 本稿ではEUの動きを検討するためにEUにおいて用いられている用語に従うが、欧州委員長ユンカー（Jean-Claude Juncker）が9月の欧州議会での一般教書演説で、「かつて難民であったわれわれヨーロッパ人」の歴史に言及し「難民危機」への対応を強く訴えたことは重要である。See, Juncker (2015), pp. 2-5.
(5) European Commission (2015b), Nielsen & Zalan (2015).
(6) Thomson (2015).
(7) European Commission (2015c), see also Council of the European Union (2015).
(8) 土谷 (2006a), European Commission (2013a).
(9) 土谷 (2009).
(10) European Commission (2014a), p.3.
(11) 土谷 (2006b). 現在ではシェンゲン情報システムはシェンゲン情報システムⅡ（SISⅡ）になっており、ヴィザ情報システム（VIS）、庇護申請者及び不法入国者の指紋情報のデータベースであるユーロダック（EURODAC）と合わせてEU大規模ITシステム機関（eu-LISA）が運用している。また、シェンゲン空間に入った者の域内での移動を把握するためのデータ収集も始められている。See, European Commission (2014d), p.4.
(12) European Council (1999), 土谷 (2005)、(2009).
(13) 庄司 (2007).
(14) European Council (2004).
(15) 土谷 (2009). EU市民と第3国国民の権利の差は議論の焦点となってきたが、2013年にはマルタが国籍を販売すると発表して波紋を広げた。安江 (2015) を参照。
(16) European Council (2009).
(17) 安江 (2012), p.199. Frontexが地中海で行っているトリトン作戦は2015年に総額1億2000万ユーロが割り当てられている。See, European Commission (2015a). トリトン作戦を含めたFrontexの活動については Carrera & den Hertog (2015) を参照。

(18) Frontex (2014).
(19) European Commission (2005).
(20) 欧州帰還基金については準備活動に関する欧州委員会の評価を待ったため実際には2008年からとなった（Decision 575/2007/EC）。
(21) European Commission (2014a), p.6, European Commission (2014c).
(22) 土谷 (2009), p.17.
(23) European Council (2009), pp.28-37.
(24) European Commission (2014a), p.3.
(25) European Commission (2014d).
(26) Carrera & Guild (2012), pp.7-8.
(27) Frontex (2012).
(28) 北川 (2012), p.21. 2009年と2010年の下船者数の急減はリビアとの協力によるものである。See, Frontex(2010). リビアは難民条約にすら加盟しておらず、このイタリア及びEUの対応には、例えばヒューマン・ライツ・ウォッチが2009年に報告書で強く批判したように、大きな問題がある。See, Human Rights Watch (2009). より広い視野からの問題の指摘としては、森、ルバイ編（2014）を参照。
(29) 本文中に記したランペドゥーザ島への下船者数からもわかるように、150万人の難民が押し寄せるというマローニの警鐘は著しく過大なものであったことは明らかである。
(30) Monar (2012), p.117, pp. 122-3.
(31) European Commission (2011a), p.8.
(32) European Council (2011), pp.7-11.
(33) European Commission (2011d).
(34) European Commission (2011b).
(35) European Commission (2011c).
(36) European Commission (2011c).
(37) コミトロジーについては、植月（2011）と川嶋（2007）を参照。
(38) European Commission (2011b), pp.14-5.
(39) Council of the European Union (2011a), pp.2-3.
(40) Council of the European Union (2011b), pp.2-3. 補完性原理の観点からフランス、オランダ、ポルトガル、スウェーデン、スロヴァキア、ルーマニアなど多数の加盟国議会が異議を表明した。See, Council of the European Union (2011c), p.2.
(41) フランスは域内国境管理の再導入に関する独自提案を提出していたが、不法移民の第3国からの突然の大量流入を理由とする域内国境管理の再導入は多くの加盟国が受け入れなかった。
(42) Council of the European Union (2012a), p.3, Council of the European Union (2012b).
(43) Council of the European Union (2013), p.1. 「自由、安全、正義の領域」について

は漸進的に欧州議会が共同立法者となるなど超国家化が進められてきたが、シェンゲン評価に関する法律については理事会が条約の根拠条文を一方的に変更し、欧州議会を排除したことで欧州議会と強く対立した。2012年6月に欧州議会はシェンゲン国境コードを含めた関連分野の議事を全て凍結した。シェンゲン評価に関する法案に関して、今後シェンゲン評価メカニズムを変更する場合には欧州議会に諮問するとの妥協が成立したことで凍結は解かれた。See, Carrera, Hernanz & Parkin (2013), pp.13-4.

(44) 域内国境管理の一時的再導入に関する規則については、EU加盟国の中でデンマーク、イギリス、アイルランドが参加していない。シェンゲン評価に関する理事会規則についてはデンマークのみ参加せず、またキプロスについては2016年から適用される。

(45) 通常、域内国境管理の再導入はサミットなどの高度な政治会合や、サッカー・ユーロ・チャンピオンシップなどの巨大スポーツイベント、ノーベル賞授賞式の開催などを理由とするが、2014年7月にはノルウェーがテロの脅威を理由に国境管理を再導入した。See, European Commission (2014d), pp.4-5.

(46) 欧州委員会は2011年12月に「庇護分野におけるEU内の連帯の強化：より良い責任の共有と相互信頼のためのEUアジェンダ」を発表している。See, European Commission (2011e).

(47) 参加しているのは次の17の加盟国とノルウェーである。ベルギー、キプロス、フィンランド、フランス、ドイツ、イギリス、イタリア、アイルランド、リトアニア、オランダ、ポーランド、ポルトガル、スペイン、スウェーデン、ブルガリア、ラトビア、ギリシャ。

(48) European Commission (2013b), (2014a), (2014b).

(49) 欧州委員会ホームページによれば、2016年1月6日現在、ドイツとオーストリアは根拠条文を変え、国境管理を延長している。ドイツとオーストリアに続いて、同じく移民の大量流入を理由としてスロヴェニアとハンガリーは国境管理を再導入したものの2015年10月中に終了している。2015年11月にはスウェーデンとノルウェーも国境管理を再導入し、現在も延長されている。スウェーデンが国境管理を再導入し難民受け入れを絞るようにしたことでデンマークも2016年に入り国境管理を再導入した。パリのテロを受けて国境管理を再導入したフランスは延長している。国際会議及びテロ対策等のために2015年11月に国境管理を再導入したマルタは2015年末に終了している。

(50) Council of the European Union (2015), p.3.

(51) 2014年には第3国国民の「移民」だけでなく、EU市民の「移民」をめぐって大きな議論が起こった。See, Ghimis, Lazarowicz & Pascouau (2014). 11月にはイギリスの首相キャメロン（David Cameron）がベルリンを訪れた際にEU市民の自由移動の権利を制限するように提案している。ドイツ首相メルケル（Angela Merkel）はこれに対して、自由移動の規則を変えるぐらいならイギリスがEUを去るべきだと反発

した。そこでイギリスはEU市民の福祉受給権を制限するなどの提案をした。See, Blome, Scheuermann & Schmitz (2014), Hewitt (2014).
(52) この点について、日本国際政治学会2015年度研究大会国際統合分科会で筆者が報告をした際に討論を務めてくださった臼井陽一郎先生（新潟国際情報大学）のコメントに示唆を受けた。記して感謝したい。
(53) Guild, Costello, Garlic & Moreno-Lax (2015), Fratzke (2015). ただし制度があっても活用されるとは限らない。共通欧州庇護システムで言えば、例えば、避難民の大量流入時の一時的保護に関する指令はこれまで用いられたことはない。
(54) 2007年に地中海で遭難していた移民を救助してランペドューザ島に上船したチュニジアの漁師が逮捕拘束されてしまった事件は大きな注目を集めた。ようやく2011年に無罪となったが、国家主権の論理が人命救助を否定したと言えよう。See, Frenzen (2011). 移民支援に取り組むミグル・ユーロップはEUが「架空の敵」と闘っていると強く批判している。See, Migreurop (2014). EUは正規の旅券などを持たない者を乗せた輸送業者に罰則を科しており庇護希望者などは正規の運輸業者を利用できないため危険で高額な手段でEUに向かわざるを得ず、死者が多発している。See, Guild, Costello, Garlic & Moreno-Lax (2015), pp.3-9. EUは2015年10月中旬にトルコと下旬にバルカン諸国と、11月にはアフリカ諸国と移民・難民対策の協力で合意している。特にトルコについては30億ユーロの支援で合意しており、報道の自由の抑圧などで問題を指摘されていたエルドアン政権が選挙を控えていたためこれに配慮し、トルコに対する報告書の公表が選挙後に先送りされたとの批判もされた。See, Zalan & Rettman (2015). またフランスで11月に起きたテロの影響も危惧されるがこれについては他日を期したい。
(55) 樋口（2014）, 中村（2014）, 師岡（2013）, 小林編（2013）, ヘイトスピーチと排外主義に加担しない出版関係者の会編（2014）.
(56) 酒井（2012）.

参考文献

Blome, Nikolaus, Christoph Scheuermann & Gregor Peter Schmitz (2014), 'Approaching Brexit? Merkel Fears Britain Crossing a Red Line on Immigration', *SPIEGEL ONLINE*, 03/11/2014.
http://www.spiegel.de/international/europe/merkel-fears-cameron-crossing-red-line-on-immigration-a-1000743.html （2014年11月29日閲覧）

Carrera, Sergio & Elspeth Guild (2012), 'Does the Stockholm Programme matter? The struggles over Ownership of AFSJ Multiannual Programming', *CEPS Paper in LIBERTY and SECURITY in Europe*, No. 51.

Carrera, Sergio, Nicholas Hernanz & Joanna Parkin (2013), 'The "Lisbonisation" of the European Parliament: Assessing progress, shortcomings and challenges for democratic accountability in the area of freedom, security and justice', *CEPS Paper in*

LIBERTY and SECURITY in Europe, No. 58.

Carrera, Sergio & Leonhard den Hertog (2015), 'Whose *Mare*? Rule of law challenges in the field of European border surveillance in the Mediterranean', *CEPS Paper in LIBERTY and SECURITY in Europe*, No. 79.

Council of the European Union (2011a), 'Outcome of proceedings of Working Party for Schengen Matters (Aquis) / Mixed Committee (EU-Iceland/Norway and Switzerland/ Liechtenstein) on 30 September 2011', *15346/11*.

Council of the European Union (2011b), 'Outcome of proceedings of Working Party for Schengen Matters (Aquis) / Mixed Committee (EU-Iceland/Norway and Switzerland/ Liechtenstein) on 8 November 2011', *16915/11*.

Council of the European Union (2011c), 'Note from Presidency to Council / Mixed Committee at ministerial level (EU-Iceland/Norway and Switzerland/Liechtenstein)', *18196/11 REV 1*.

Council of the European Union (2012a), 'Outcome of proceedings of Working Party for Schengen Matters (Aquis) / Mixed Committee (EU-Iceland/Norway and Switzerland/ Liechtenstein) on 14 and 15 February 2012', *6598/12*.

Council of the European Union (2012b), 'Note from Presidency to Council / Mixed Committee at ministerial level', *6161/4/12 REV 4*.

Council of the European Union (2013), 'Information note from General Secretariat to Permanent Representatives Committee / Council', *10687/13*.

Council of the European Union (2015), 'Note from German delegation to Working Party on Frontiers/Mixed Committee (EU-Iceland/Norway and Switzerland/ Liechtenstein)', *11986/15*.

European Commission (2005), 'COMMUNICATION FROM THE COMMISSION TO THE COUNCIL AND THE EUROPEAN PARLIAMENT establishing a framework programme on Solidarity and the Management of Migration Flows for the period 2007-2013', *COM(2005) 123 final*.

European Commission (2011a), 'Communication on migration', *COM(2011) 248 final*.

European Commission (2011b), 'Amended proposal for a REGULATION OF THE EUROPEAN PARLIAMENT AND OF THE COUNCIL on the establishment of an evaluation and monitoring mechanism to verify the application of the Schengen acquis', *COM (2011) 559 final*.

European Commission (2011c), 'Proposal for a REGULATION OF THE EUROPEAN PARLIAMENT AND OF THE COUNCIL amending Regulation (EC) No 562/2006 in order to provide for common rules on the temporary reintroduction of border control at internal borders in exceptional circumstances', *COM(2011) 560 final*.

European Commission (2011d), 'Schengen governance-strengthening the area without internal border control', *COM (2011) 561 final*.

European Commission (2011e), 'COMMUNICATION FROM THE COMMISSION TO THE EUROPEAN PARLIAMENT, THE COUNCIL, THE EUROPEAN ECONOMIC AND SOCIAL COMMITTEE AND THE COMMITTEE OF THE REGIONS on enhanced intra-EU solidarity in the field of asylum: An EU agenda for better responsibility-sharing and more mutual trust', *COM (2011) 835 final*.

European Commission (2013a), 'REPORT FROM THE COMMISSION TO THE EUROPEAN PARLIAMENT, THE COUNCIL, THE EUROPEAN ECONOMIC AND SOCIAL COMMITTEE AND THE COMMITTEE OF THE REGIONS UNDER ARTICLE 25 TFEU On progress towards effective EU Citizenship 2011-2013', *COM (2013) 270 final*.

European Commission (2013b), 'COMMUNICATION FROM THE COMMISSION TO THE EUROPEAN PARLIAMENT AND THE COUNCIL on the work of the Task Force Mediterranean', *COM (2013) 869 final*.

European Commission (2014a), 'COMMUNICATION FROM THE COMMISSION TO THE EUROPEAN PARLIAMENT AND THE COUNCIL 5th Annual Report on Immigration and Asylum (2013)', *COM (2014) 288 final*.

European Commission (2014b), 'COMMISSION STAFF WORKING DOCUMENT Implementation of the Communication on the Work of the Task Force Mediterranean', *SWD (2014) 173 final*.

European Commission (2014c), 'COMMISSION STAFF WORKING DOCUMENT on the Assessment of the implementation of the Greek Action Plan on Asylum and Migration management', *SWD (2014) 316 final*.

European Commission (2014d), 'REPORT FROM THE COMMISSION TO THE EUROPEAN PARLIAMENT AND THE COUNCIL Sixth bi-annual report on the functioning of the Schengen area 1 May-31 October 2014', *COM (2014) 711 final*.

European Commission (2015a), 'Speech by President Jean-Claude Juncker at the debate in the European Parliament on the conclusions of the Special European Council on 23 April: 'Tackling the migration crisis'', *STATEMENT/15/4896*.

European Commission (2015b), 'Remarks of Commissioner Avramopoulos after the Justice and Home Affairs Council on 20 July 2015', *STATEMENT/15/5421*.

European Commission (2015c), 'European Commission Statement following the temporary reintroduction of border controls by Germany, particularly at the German-Austrian border', *STATEMENT/15/5638*.

European Council (1999), 'Presidency Conclusions of Tampere European Council, October 1999'.

European Council (2004), 'The Hague Programme: Strengthening Freedom, Security and Justice in the European Union, Annex 1 to Presidency Conclusions of Brussels European Council, November 2004'.

European Council (2009), 'The Stockholm Programme: An Open and Secure Europe Serving and Protecting Citizens', *OJ C 115/1*.

European Council (2011), 'Presidency Conclusions, June 23, 24 June 2011'.

Fratzke, Susan (2015), *Not Adding Up: The Fading Promise of Europe's Dublin System*, Migration Policy Institute Europe.

Frenzen, Niels (2011), 'Italian Appeals Court Acquits 2 Tunisian Fishing Boat Captains Who Rescued Migrants in 2007', *MIGRANTS AT SEA*, 29 SEP 2011.
http://migrantsatsea.org/2011/09/29/italian-appeals-court-acquits-2-tunisian-fishing-boat-captains-who-rescued-migrants-in-2007/ （2014年11月30日閲覧）

Frontex (2010) *Annual Risk Analysis 2010*.

Frontex (2012) *Annual Risk Analysis 2012*.

Frontex (2014) *Annual Information on the Commitments of the Member States to the European Border Guard Teams and the Technical Equipment Pool, Report 2014*.

Ghimis, Andreia, Alex Lazarowicz & Yves Pascouau (2014), 'Stigmatisation of EU mobile citizens: a ticking time bomb for the European project', *European Policy Centre*, Commentary, 24 January 2014.

Guild, Elspeth, Cathryn Costello, Madeline Garlic & Violeta Moreno-Lax (2015), 'Enhancing the Common European Asylum System and Alternatives to Dublin', *CEPS Paper in LIBERTY and SECURITY in Europe*, No. 83.

Hewitt, Gavin (2014), 'Cameron, migration and the Germans', *BBC*, 28/11/2014.
http://www.bbc.com/news/world-europe-30248309 （2014年11月29日閲覧）

Human Rights Watch (2009) *Pushed Back, Pushed Around: Italy's Forced Return of Boat Migrants and Asylum Seekers, Libya's Mistreatment of Migrants and Asylum Seekers*.

Huysmans, Jef (2000), 'The European Union and the Securitization of Migration', *Journal of Common Market Studies*, Vol. 38, No. 5.

Juncker, Jean-Claude (2015), 'State of the Union 2015: Time for Honesty, Unity and Solidarity', *SPEECH/15/5614*.

Melone, Barry (2015), 'Why Al Jazeera will not say Mediterranean 'migrants'', *Al Jazeera Blog*, 20/08/2015.
http://www.aljazeera.com/blogs/editors-blog/2015/08/al-jazeera-mediterranean-migrants-150820082226309.html （2015年9月28日閲覧）

Migreurop (2014), '« Mos Maiorum»: The hunt against undocumented migrants in Europe'.
http://www.migreurop.org/article2547.html?lang=en （2014年11月30日閲覧）

Monar, Jörg (2012), 'Justice and Home Affairs', *Journal of Common Market Studies*, Vol. 50, Issue Supplement s2.

Monar, Jörg (2015), 'Solidarity and a challenge for the EU: The case of justice and

home affairs',『日本 EU 学会年報』第35号
Nielsen, Nikolaj & Eszter Zalan (2015), 'EU forces "voluntary" migrant relocation on eastern states', *euobserver*, 22/09/2015.
　https://euobserver.com/migration/130374（2015年 9 月27日閲覧）
Pascouau Yves (2013), 'The Schengen Governance Package: The subtle balance between Community method and intergovernmental approach', *European Policy Centre*, Discussion Paper, December 2013.
Pouchard, Alexandre (2015), '« Migrant » ou « réfugié » : quelles différences ?', *Le Monde*, 25/08/2015.
　http://www.lemonde.fr/les-decodeurs/article/2015/08/25/migrant-ou-refugie-quelles-differences_4736541_4355770.html（2015年 9 月28日閲覧）
Thomson, Stéphanie (2015), 'Is this the end of Schengen?', *The World Economic Forum Blog*, 16/09/2015.
　https://agenda.weforum.org/2015/09/is-this-the-end-of-schengen/（2015年 9 月27日閲覧）
Zalan, Eszter & Andrew Rettman (2015), 'Turkey raises price on EU refugee deal', *euobserver*, 29/10/2015.
　https://euobserver.com/foreign/130880（2015年11月26日閲覧）
Zappi, Sylvia (2015), 'Le « migrant », nouveau visage de l'imaginaire français', *Le Monde*, 26/08/2015.
　http://www.lemonde.fr/immigration-et-diversite/article/2015/08/26/le-migrant-nouveau-visage-de-l-imaginaire-francais_4737104_1654200.html（2015年 9 月28日閲覧）
植月献二（2011）「リスボン条約後のコミトロジー手続：欧州委員会の実施権限の行使を統制する仕組み」『外国の立法』249
岡部みどり（2013）「シェンゲン規範の誕生：国境開放をめぐるヨーロッパの国際関係」『上智法學論集』第57巻 1・2 号
川嶋周一（2007）「欧州共通農業政策の成立とヨーロッパ統合の政体化：コミトロジー・システムの成立・拡散からの考察から」『政經論叢』第76巻第 1・2 号
北川眞也（2012）「ヨーロッパ・地中海を揺れ動くポストコロニアルな境界：イタリア・ランペドゥーザ島における移民の『閉じ込め』の諸形態」『境界研究』No. 3
小林真生編（2013）『レイシズムと外国人嫌悪』明石書店
酒井直樹（2012）「レイシズム・スタディーズへの視座」鵜飼哲、酒井直樹、テッサ・モーリス＝スズキ、李孝徳『レイシズム・スタディーズ序説』以文社
庄司克広（2007）「難民庇護政策における『規制間競争』と EU の基準設定」『慶應法学』第 7 号
正躰朝香（2013）「移民政策のヨーロッパ化：EU における出入国管理と移民の社会統合をめぐって」『京都産業大学世界問題研究所紀要』第28巻

土谷岳史（2005）「EUと民主的シティズンシップ：第3国国民の包摂を中心に」『日本EU学会年報』第25号

土谷岳史（2006a）「EUシティズンシップとネイション―ステート：セキュリティ、平等、社会的連帯」『慶應法学』第4号

土谷岳史（2006b）「EU領域秩序の構築」福田耕治編『欧州憲法条約とEU統合の行方』、早稲田大学出版部

土谷岳史（2009）「EU共通移民政策の展開：「移民」と「我々」の繁栄」『高崎経済大学論集』第52巻第3号

中村一成（2014）『ルポ京都朝鮮学校襲撃事件：〈ヘイトクライム〉に抗して』岩波書店

樋口直人（2014）『日本型排外主義：在特会・外国人参政権・東アジア地政学』名古屋大学出版会

ヘイトスピーチと排外主義に加担しない出版関係者の会編（2014）『NOヘイト！出版の製造者責任を考える』ころから

森千香子、エレン・ルバイ編（2014）『国境政策のパラドクス』勁草書房

師岡康子（2013）『ヘイト・スピーチとは何か』岩波書店

安江則子（2012）「移民政策」辰巳浅嗣編『EU欧州統合の現在［第3版］』創元社

安江則子（2015）「EU市民権と連帯への課題」『日本EU学会年報』第35号

第8章

EUの医療保障と連帯
── 国境を越える患者の権利を事例として ──

福 田 八寿絵

はじめに

　人はその生涯において疾病、障害、失業などさまざまなリスクに遭遇する。これらのリスクを労働者と被用者、地域、国民などが連帯の理念や原則に基づき、資源・財源を共有し、共同で医療保障や所得保障を行う仕組みが社会保障システムである。したがって社会保障は、社会の構成員のリスクの分散、資源・財源の再分配という性質を有し、共同体社会の「連帯（solidarity）」を要請する。EUでは人の自由移動を促進する政策の下で労働市場を国家の枠組みを超えて形成し、欧州共同体として経済成長が目指されてきた。これに伴い、連帯の原則を、企業内や職域内から地域へ、国家からさらに欧州/EUレベルへと拡大することで市民という概念も、自治体、国家から欧州公共圏の欧州市民にまで拡張しつつある。そこで本稿の目的は、欧州レベルの連帯との関連で社会保障、特に医療保障において欧州市民として患者が越境移動する権利を行使することから生じる各加盟国の行財政へのリスク、欧州市民の健康のリスクに関し、EUがリスク管理者としていかなる役割をどのように果たそうとしているのか、その可能性と課題を考察することにある。

　限られた医療資源をいかに配分するかは効率性という経済的観点からのみならず、患者や家族、税や保険料の負担者、保険者、医療サービスの提供者、加盟国政府、EUという多数のステークホルダーを含む政治的意思決定をめぐる問題としても捉えられる。EU/欧州諸国では、日本と同様に少子高齢化、医療技術の高度化、患者の期待の高まりなどに伴う医療費の増加と

いった多くの課題を抱えている。患者が消費者として国境を越えて医療サービスを選択する要因として、当該患者が現地の医療サービスに精通し、これを利用可能であること、つまり費用、質、生命倫理の観点からの個別的規制（生殖ツーリズム、安楽死）などの行動に障害が少ない場合である。EU 域内で欧州市民は、一定の枠組みの中で医療サービスを他の加盟国で受け、治療費を自国の支払者によって償還される制度を市民の権利として利用できる。このような公的医療サービスの享受は公的支出による医療ツーリズムと呼ばれる。各加盟国の社会保障支出からカバーされる市民であるのか、あるいは国外のサービスの消費者として捉えられるのかは医療保険の適応対象をめぐる政治的判断、各国の政策決定や裁判所の判断にかかってくる。

　本研究では、EU の人の移動政策の一環としての「欧州域内の他国で医療を受ける権利」は加盟国政府間での連帯、国内・地域における社会連帯にいかなる影響を及ぼすのか、医療保障における多元的なステークホルダー間の連帯とリスクガバナンスについて検討を行う。また医療を成長戦略の１つとして位置付けている日本にとって EU の国境を越える医療サービスへの制度設計は検討に値する。それゆえ、EU における患者の移動の権利に関する制度的枠組み、判例法をもとに患者の自由移動が、国際的連帯としての EU の連帯、加盟国政府間での連帯、国内・地域における社会連帯にいかなる影響を及ぼすのか、さらに医療分野における多元的なステークホルダー間の連帯について考え、日本にとっての示唆についても考察する。

第1節　欧州における患者の移動の法的枠組み形成

　欧州では、1957年ローマ条約の署名を経て，1958年 EEC の発足に伴い、人的資源の域内市場化が進められた。人，モノ，サービス，資本の移動という４つの基本的自由に基づいた共同市場の基礎が築かれることとなった。しかしながら移動先で疾病のリスクが発生した場合に医療サービスを受けられないとすれば、社会保護の適応外となり、移動しない人に比べ、移動することで不利な状況に陥る。そのため、人の自由移動原則が、疾患に罹患すれば意味のないものとなってしまう。これは，他国で就労する意欲をそぐ結果と

なり、人の移動の障壁となる。そこで被用者、自営業者とその家族が、移動先の加盟国で医療を受けられるようにするための法整備が進められた。

1971年「欧州共同体内を移動する労働者とその家族への社会保障制度に関する理事会規則」（理事会規則1408/713）が採択された。翌年の1972年にはさらに追加の理事会規則574/724が策定された。これらの諸規則の目的は、加盟国間の社会保障制度をEUレベルで統一化を図る「調和化」（harmonization）ではなく、制度の調整を行う「整合化」（co-ordination）であった[1]。すなわち、これらは、社会保障計画の調整に関する規則であり、EUの加盟国国民が別の加盟国に居住・滞在している間に治療が必要となった場合のみを想定し、患者が治療を受けられるようにする共同体システムであった。つまり、市民が自由移動の権利を行使できる最小限の保障としてのセーフティネットを制度化したのである。

2004年に上記規則は改正され、「社会保障制度の調整に関する規則」（Regulation（EC）No 883/2004[2]、2009年には社会保障制度の調整に関する規則Regulation（EC）No 987/2009[3]が採択された。これによって被保険者とその家族について1）社会保障に加入している国（管轄国）以外の加盟国に居住している場合、2）加入国以外の国に一時滞在している場合、3）他の加盟国に治療目的で移動する場合、に分けて制度の適応範囲が定められた。

第1に、他の加盟国に居住している被保険者およびその家族は、居住国において「S1形式」というフォーマットを用い、登録することで居住国の法令に基づき、居住地の契約を結んだ医療サービスの提供者・医療機関で現物給付を受ける。現物給付の範囲、割合、方法については居住国の法令が適用される。居住国で受けた現物給付の費用は加入国（competent State）の給付主体（保険者等）によって償還される[4]。

第2に、被保険者およびその家族が他国で滞在中に医療を受ける必要が生じた場合には後述する「欧州健康保険カード（European Health Insurance Card）」などにより、給付の種類や滞在期間を考慮し、滞在国の契約した医療サービスの提供者・医療機関で医療サービス、医薬品等の現物給付を受けることができる。給付の範囲や割合、方法については滞在国の法令に則り、提供される。患者の立て替え払いが必要か否かについては、国によって異な

るが、滞在国医療機関の請求に基づき、被保険者の支払者によって費用の償還が行われる[5]。

第3に、治療のために他の加盟国に滞在する被保険者や家族については、「Ｓ２書式」(旧E112様式) を提出し、現状の患者の疾患の状況や待機期間が考慮され、加入国の給付主体 (当該保険者) による事前承認を得れば、滞在国の法令に基づき、滞在国の契約した医療サービスの提供者・医療機関で現物給付を受けることができる。事前承認を得た場合には、当該保険者によって費用の償還がなされる。

とはいえ、欧州において医療保険制度は独自の歴史的、社会文化的背景に基づき構築されているため、多様であり、患者に対して治療や医薬品などの現物給付を行っている国も多い。国境を越える医療サービスを提供するとき、その支払い、医療保険の適用範囲が重要な問題となる。たとえば医療サービスを外国で受けた場合、その費用は、自己負担であるのか、自国の医療保険制度により、償還されるのか否かという問題が実際に生じ、EU司法裁判所で争われ、患者自身の選択によって国外で受ける治療についてもEUとしての法制度的枠組みが要請されることとなったのである。

第2節　国境を越える患者の移動の権利と
　　　　EU司法裁判所判決

患者が他国のサービスを受け、費用を自国の医療保障制度による費用償還を求めることの正当性についての議論は1998年の「コール (Kohll) 事件」と「デッカー (Decker) 事件」の判決がその契機となった[6]。これにより、患者が他の加盟国の医療サービスを受ける、もしくは医薬品、医療機器等の医療関連品を購入し、事前承認なしに費用の償還を自国の医療保障制度に求めることは域内市場におけるサービスの自由移動原則[7]に基づき、認められることとなった。これにより、費用の償還が国内で提供される医療サービスを前提としていたものが、他の加盟国における医療サービスをも対象とされることが示された。とはいえ、社会連帯の観点から医療サービス、保険制度においてすべての人に医療へのアクセスを保証するためにも財政上の持続可

能性は重要である。加盟国が域内市場において自由移動の障壁を設けることなく、自国の医療システムにおける財政上のリスクを管理することが求められる。

「ゲェラエツ・スミッツ（Geraets-Smits）事件」[8]や「ピアボームス（Peerbooms）事件」は、自国の標準的医療、給付範囲に含まれない医療サービスについての償還は認められないとし、「ワッツ（Watts）事件」の判例は、EU司法裁判所は、治療の待機時間が許容しうる時間を超えるときには管轄当局は外国での治療を拒否できないと判示した。これは外来患者、入院患者にかかわらず、医療・治療はサービスの自由移動の原則のもとにあるということを示すものであった。しかしながら、EU司法裁判所は、この一般原則の適用除外を認めており、加盟国の社会保障の運営能力を損なうものではないという原則が存在している。そこで、加盟国は事前承認制度により、入院治療の自由移動を制限する裁量が認められることとなった。

また、「スタマテラキ（Stamatelaki,）事件」[9]では、他の加盟国で受けた治療が公立病院ではなく、私立病院での治療であり、ギリシャの保険当局では14歳未満の子どものみ海外での私立病院での治療の費用償還を行うこととなっていた。そのため、保険会社は支払いを拒否した。本件は、他国の私立病院での治療の償還を認めないことはサービス提供の自由を妨げるか否かが争点となった。EU司法裁判所は、このような制限が、1）社会保障システムの財政的バランスを脅かすリスクとなるのか、2）高いレベルの健康保護を確保するために医療・病院サービスのバランスの維持のために必要であるのか、3）国内の治療の能力や医療の権限を維持するうえで正当であるのか、を考慮した。EU司法裁判所は、このような禁止事項は、均衡性に欠けると判示し、ギリシャ政府の主張を否定した。

「エルチノブ（Elchinov）事件」[10]は、ブルガリア国内では受けられない医療サービスが問題となった。本件は眼腫瘍治療をドイツで受け、その費用の償還をブルガリアの当該保険当局に求めた事案であった。ブルガリアでは疾患ごとの治療給付の範囲についての明確な定義がなかったため、他の加盟国での治療であることを理由に費用の償還を拒否することはできないと判示された。自国の医療保障の下でよりよい治療、最適な治療を国外・他の加盟国に

求める権利を患者が有するのかといった問題を提起するものであった。

　同様の事案として「ペトル（Petru）[11]事件」がある。これは、心疾患を有し、開胸手術でステントの挿入と心臓弁の置換が必要になったエルナ・ペトル（Elena Petru）が、ルーマニアではこの手術を行う設備の整った施設がなかったため、ドイツで手術を受け、その費用の償還をルーマニアの保険者に求めたものであった。ルーマニアの保険当局は、自国でも同様の治療が遅延なく受けられたとし、支払を拒否したが、EU司法裁判所は、ルーマニア国内で治療が可能だったとしてもルーマニア保険当局は償還する責任を有すると判示した。これは、患者に、医療サービスの提供者、提供機関を国内のみならず、国外（他の加盟国）から選択する自由を認め、患者の合理的選択により治療国、社会保障加入国双方のサービスの質、安全性や効率性を向上につながる可能性があり、いずれの国にとっても社会連帯に寄与しうる。とはいえ、医療に関して社会連帯は、支払能力いかんにかかわらず、社会の構成員が必要に応じ、医療サービスを受けることができることを意味する。この社会連帯の枠組みが国内にとどまると考えるのか、EUという国境を越えた枠組みとして捉えるのかにより、患者の「医療へのアクセス権」という概念も異なってくる。情報提供を受けた医療サービスの消費者として患者が選択する自由を権利としてどの程度認めるべきか、公共の利益を保護、保証するために制限すべきか否か政策決定者は選択することになるが、その判断基準とはいかなるものであろうか。特に経済的基盤の弱い国にとって自国の医療財政マネージメントと患者の権利との均衡をいかに図るのかといった課題を惹起する[12]。

　以上のように、判例法による患者の権利の範囲とその解釈は、ケースバイケースであり、各加盟国やEUの政策決定者、患者、医療サービスの提供者などステークホルダーにとっても不確実性をはらむものであった。そこでEUレベルで対応が要請されることになった。

図1　他の加盟国で治療を受けた場合に治療費の償還制度

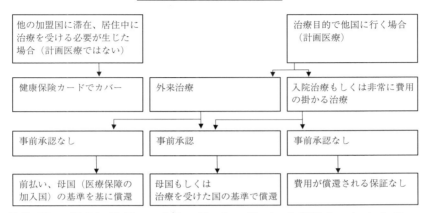

(出典) Wismar M., Palm W., Figueras J., Ernst K. and van Ginneken E. (2007), Cross-border healthcare: Mapping and analysing health systems diversity, Final Report, European Observatory on Health Systems and Policies, p.39より筆者作成

第3節　国境を越える地域間連帯
────医療サービスの地域間連携・協力────

　国境を越えた医療サービスの連携には医療サービスの提供者、サービスの購入者、権限当局、仲介者など多様なアクターが存在する。患者の治療に関し、国境を越えた地域連携を行う目的は、政治的な課題として待期期間がメディアに注目されたり、急に医療提供能力が不足した場合など、一時的、短期的な連携と、国境付近の患者の医療サービスのアクセスの改善といった恒常的な連携がある。短期的な連携としてイギリスNHSプロジェクトの一環としてベルギーの病院と提携し、股関節手術や膝の手術の待機患者の治療がベルギーで行われた。これは、当時待機患者の問題が政策課題として報じられたためであった[13]。

　これに対し、国境付近に住む人の医療へのアクセスを向上するための連携

は、より安定的で有用性が高い。例えばデンマーク南ユトランド州とドイツのシュレースヴィヒ＝ホルシュタインにある病院は、1998年から国際連携し、デンマークの癌患者が放射線医療をドイツの病院で受けており、徐々にこうした加盟国間連携が救急医療や産科医療にまで範囲が拡大している[14]。また、オランダの保険当局とベルギーの病院間の契約など保険者と医療提供者間の国境を越えた契約も近年増加しつつある[15]。

　自国の提供できる医療サービスに限度があるため、患者が自国の保険制度で他国に送り出される場合がある。特に人口規模が小さく、自国での専門的医療サービスの提供が難しい場合には他の加盟国での治療が望ましいと考えられる。例えば、マルタでは、骨髄移植、小児心臓手術などの専門的医療サービスについては、イギリスNHSで行われている[16],[17]。

　このように国境を越える医療機関間、保険者・医療機関間連携により、地域住民や国民の医療アクセスの改善がみられる社会連帯の領域が、国という単位から国境を挟んだ地域へと公共空間・公共圏が拡大する可能性を示している[18]。

第4節　EUにおける一時移動の健康リスク管理
——欧州健康保険カードの導入——

　2002年バルセロナ欧州理事会により、一時的な滞在の際、必要な医療が提供できるようEU域内共通の「欧州健康保険カード」(European Health Insurance Card：EHIC)[19]が創設された。このカード導入は、短期間滞在者、例えば旅行者に対して発行されているE111、域内の他国滞在労働者（E128）、輸送関連（E118）、留学（E128）や、失業者（E119）に対して発行されているフォームなどと交換する形で発給された[20]。共通化されたフォームは、電子形態のスマートカードに置き換えられた。

　欧州健康保険カードは、コンピュータ処理が可能となるため、患者が病院で行う手続きが簡略化されるほか、社会保険の諸手続もかなり簡略化される。特に、社会保険で還付されるべき金額の処理は、EU域内でも国境を越えた処理が必要なため、複雑であり、かつ、時間がかかっていたものが、

EU 域内では国境を越えてもほぼ一瞬のうちに終わることになる。

EU 各国内では、カード共通化により必要な治療が適切に提供されるために役立つことになる。

第5節　EU における患者の移動の法的枠組みの調整と整備

欧州における患者の移動は EU./ 加盟国に位置付けられ、法的枠組みについていかなる議論がなされ、調整されたのであろうか。

EU 理事会は、2002年質の高い医療へのアクセスを促進すると同時に医療制度の財政的持続可能性を維持するため、国境を越える患者に関する協力を強化する必要性があるという点で合意した。欧州委員会は EU 理事会とともに2003年「EU における医療の発展と患者の移動を反映する高レベル・プロセス（High-Level Process of Reflection on Patient Mobility and Healthcare Developments in the EU）[21]」と題する加盟国の保健大臣や欧州委員会委員、ステークホルダーの組織から成る作業部会を立ち上げ、この作業部会からの勧告に基づき、患者の移動に関するコミュニケーションを策定した。2004年欧州委員会が域内市場におけるサービス指令案を策定したが、指令案では医療サービスも適用の範囲内であった。しかしながら、欧州議会は、医療サービスの特殊性からサービス指令から除外することを求めた。この協議の過程で様々な問題点が指摘された。とくに医療サービスの提供が公的資金によるものであり、政治的にセンシティブな問題であるため、域内市場アプローチを適用する点で適切ではないとされた[22]。

また、EU 医療制度の共通の価値、原則に関する解釈の相違の問題もあり、国境を越える医療サービスに関する共同体枠組みの合意を形成するのは困難を極めた。

2008年欧州委員会は国境を越える患者の移動の権利に関する指令案を策定し、患者や医療サービスの提供者に国境を越える医療サービスの法制度を明確化し、透明性を高めることを目指した。欧州議会、EU 理事会で指令案の検討が進められたが、最も論争の的になっている問題は、欧州レベルで国境を越える患者の権利に関して法制度を形成することに対する EU と加盟国の

権限配分の原則に関するものであった[23]。欧州議会は患者の声、代弁者として、EU 理事会は各加盟国の立場から当該指令案の検討を行った[24]。

　国外の治療のコストおよびそれらの国内の保険制度の持続性に関して、異なる考えを示した。当該指令案が裕福で知識のある患者にとって有利に働く可能性が指摘され、医療の不平等・格差を悪化させることへの懸念も指摘された。

　EU 理事会と欧州議会間の問題は次のとおりであった[25]。加盟国政府は、事前承認を拒絶する範囲を拡大させる基準を開発しようと試みた。例えば、他の国々の治療の質に関する情報を収集する欧州委員会の権限範囲を制限しようとした。また、治療の質に対する懸念が、他の加盟国の治療について事前承認を拒否する根拠であるべきであると主張した。欧州議会と欧州委員会は、EU 理事会の提案した基準は、あいまいであり、法的な不確実性を増加させたと主張した。最終的に欧州議会は、事前承認の際、拒否の基準が客観的、限定的であった場合については許容できるとし、その客観性を担保することを各加盟国に求めた。

　次に検討課題とされたのが、治療費の一時負担についてである。欧州議会は、さらに欧州市民が立て替え払いすることなく管轄国の支払者による直接支払制度を提案したが、この件でも EU 理事会の意見と相違があった。最終的には、各加盟国の支払者が患者に可能な限り早急に費用の償還を行うということで合意に至った。

　第 3 の検討課題は、希少疾患に関するものであり、希少疾患の患者は、無条件に国外での治療を受け、費用の償還を受ける権利を有するか否かであった[26]。

　第 4 の検討課題は、治療の質と安全性の基準に関するものであった。欧州委員会と欧州議会は、加盟国に明瞭な質および安全基準を定義する義務を負うことを求めた。EU 理事会はこれに反対し、妥協案として加盟国は、治療の質や安全性の基準の定義を明確化することに努めるとし、治療の質および安全性に対する重大な懸念がある場合には事前承認を拒否する可能性を示唆した。

　2011 年 EU では国境を越える患者の権利に関する指令（Directive 2011/24/

EU)⁽²⁷⁾が採択され、この枠組みの範囲内で欧州市民は、他の加盟国で医療サービスを受ける権利を認められることとなった。他方で現行のリスボン条約(EU機能条約第168条)においても医療資源の配分や医療サービスの管理を含む医療保障の責任・権限は各加盟国にあり、EUは補完性原則に則り、各加盟国の支援・支持する権限の範囲にとどまっている。

　数年の熟慮・議論を経てようやく採択された国境を越える患者の権利に関する本指令では、長期介護、臓器移植を目的とした臓器へのアクセス、ワクチンプログラムは対象外とされた（第1条）。以下、患者の権利に関する指令の制度的枠組みについてみていく。

第6節　国境を越える患者の権利に関するEUレベルの制度的枠組み

　加盟国国民である患者は、当該治療が自国の給付範囲である場合、他の加盟国で受けた治療について費用の償還が行われなければならない。償還される費用は、自国で当該治療を受けた場合に支払われるであろうレベルの費用であり、実際の医療費を上回らないものとする。これらの費用は、医療保障加入国において治療を受けた場合と同様の基準、給付範囲でなければならない。（前述指令第7条）

　加盟国は国境を越える医療の費用を償還するために計算の透明性メカニズムを確立しなければならない。（第7条6項）

　事前承認については、医療計画が必要な治療であり、一日以上の入院治療や高度専門医療、コスト集約的医療機関、施設の利用の場合には求めることが認められる。

　国境を越える医療の費用償還については、患者や市民に特定のリスクが生じる治療が含まれているとき、質や安全性への懸念がある医療提供者による治療については事前承認の対象となる可能性がある。（第8条2項（b）,（c））

　事前承認が拒否される可能性がある場合とは、以下の場合である。

　1）患者が許容できない安全性にかかわるリスクにさらされるという合理的確実性があること

2）当該国境を越える治療の結果として一般市民が重要な安全性ハザードにさらされる合理的確実性があること

3）医療の質や安全性に関するガイドラインや標準に鑑み、重要な懸念が生じる医療提供者によって行われる治療の場合、である。

事前承認システムや国境を越える医療に関する運営プロセスなど手段は目的を達するために必要であり、適切であることが明らかにされることが必要であり、恣意的な差別の手段としてはならない。

患者が医療保障に加入している加盟国は、①患者に国境を越え、医療を受ける権利、特に費用の償還の条件や申請の手続きに関する情報の提供、②患者が国境を越え、治療を受けた際のフォローアップ、③国境を越えて医療を受けることを求める、もしくは受けている患者に診療録、あるいはそのコピーへのアクセスできるようする必要がある。

治療を行う加盟国は透明性の高い苦情申請・処理手続き、苦情の原因を取り除く制度、専門職義務保険もしくは類似の制度、個人情報保護と同時に患者個人の診療録へのアクセスの権利を確保しなければならない。

また、治療を行う加盟国は、医療提供者が患者に治療の選択肢や安全性と質、費用、自身の専門資格などの正確な情報提供を行うことを保障しなければならない。

加盟国は患者と医療提供者に各加盟国の治療や保険加入に関する情報を提供するナショナルコンタクトポイントを1つ以上指定しなければならない。ナショナルコンタクトポイントはそれぞれ欧州委員会とも緊密に連携し、情報交換を行う必要があること、などが規定された。希少疾患について欧州委員会は加盟国を支援し、医療提供者と専門センターのレファレンスネットワークを開発し、希少疾患の診断や治療能力の発展を進めていくこととしている。加盟国は、他の加盟国の医薬品や医療デバイスの処方箋の調剤を自国の法令を順守し、調剤できるよう保証しなければならない。

以上のように国境を越える患者の権利に関して制度的枠組みが確立されたが、一般利益のための医療償還の制限や医療計画のための事前承認を求めることなど国境を越える医療にかかわる患者の権利にはいくつかの制限が設けられている。これにより、加盟国の運用、解釈による裁量の可能性が生じる。

加盟国による医療制度の状況の相違に適合するよう運用が可能である反面、指令がどのように各加盟国で法制度化され、ステークホルダーによって運用されるのかが、国内の社会連帯、国際的な社会連帯にとってカギとなろう。

第7節　EUにおける患者の越境移動の権利に関するリスク管理

　医療制度は市場の失敗を防ぎ、限られた公的資源の最適な資源配分を行うために国内での規制が必要となる。EUのサービスの自由移動原則の適用が、国内の規制枠組みでは対応できなくなる財政的リスクをもたらす。海外へ治療を受けに行く患者の治療費の償還の制度が患者の自由移動の障害となる可能性、利用可能な医療サービスの制限、医療サービスの提供の限定は、単一市場の障壁となる可能性もある。

　他方で、自由移動原則の制限の除去による規制緩和は、医療監督当局のかじ取りを難しくする。長期的な影響については予測不可能であるが、患者の移動による財政や医療計画に対するリスク管理のための対策についてみていこう。

1　患者の流出に伴う医療施設、医事運営の関わるリスクとその管理

　長期的な医療制度の財政の安定性や医療へのアクセスを保障するためには、人的資源や財源のマネージメントや優先順位づけ、サービスの計画を行う必要がある。多数の患者の流出は国内のインフラの閉鎖を導き、地域の医療アクセスを減少させてしまう。

　国外へのアクセスを柔軟化することで生じる国内の医療インフラの減少を防ぐ必要がある。特に人口密度の低い地域では対策が必要となる[28]。自国の専門病院が近くにない場合に保険者が他の加盟国の病院と契約を結び、地域住民の医療アクセスを確保する例もある[29]が、国内の地域病院の衰退を防ぐことは、加盟国政府や自治体の役割として重要である。加盟国が入院治療に関して国外の治療に事前承認を求める可能性を維持しているのはこのような理由もある。指令では、各加盟国の医療権限当局に事前承認の裁量の余地を与えている[30]。指令で事前承認を求める医療計画の定義については各加盟国

で示すことにより、各加盟国、地域の状況が反映可能となっている[31]。

2　財政、医療制度への影響とリスク管理

　費用の償還の状況についても加盟国は患者が他の加盟国で受けた治療費の償還や受ける医療の給付範囲についても自国の基準を適用、維持することとなる。自国で専門医の治療や入院のためにかかりつけ医の診断が必要な場合には、他の加盟国で医療サービスを受けた場合の費用償還について同様の要求を課することができる。

　国外の治療費用の償還が可能なものを契約しているもしくは公的セクターの医療サービス提供者によるサービスに限定することについては解釈の余地があり、EU司法裁判所の判例法では、不当差別禁止原則（サービス提供の自由）によって国外の私的（契約をしていない）医療サービス提供者による治療費の償還を認めている。しかしながら、指令では、加入国の法に基づく費用の償還原則を採っている。加盟国の中には、給付の範囲に私的あるいは契約をしていない医療サービスの提供者の公費による支払を認めていない国もある[32]。国外での私的医療提供者に対する支払いを認めることで国内でも同様に認める圧力となることを懸念し、契約した医療サービス提供者による治療がより患者にとって魅力的にもしくは医療サービスの提供者が契約することが有利となるよう制度設計を行っている。

　外国の患者や支払者が国内の公的診療報酬を上回る料金を支払った場合には、国外の支払の良い患者を優先して治療するインセンティブを与えることにつながる。ベルギーでは国外の患者の治療が医療サービスの提供者の商業的な行動を起こすことにつながり、国内の診療費の引き上げ圧力となった事例があった[33]。

　指令では、医療サービスの提供者には他の加盟国の患者と国内の患者と同様の報酬が適用されることが規定されている。

　以上のように本指令は、事前承認や費用の償還制度によって各加盟国の医療制度を維持し、国境を越える患者の移動を保障しつつそれによって生じるリスクを管理する法制度であるといえる。

3 患者の流入による供給不足や対応能力に問題が生じる場合のリスク管理

利用可能な病床医療人材の恒常的な不足を抱えている病院があり、これが地域患者の待機期間が延長している原因ともなっている。計画医療のために多数の外国人患者の流入に直面する場合には国内の医療サービスの供給の不足を防ぐために流入を管理する手段が取られた事例もある。オーストリアの医療当局は、ドイツの疾病金庫とオーストリアの病院の直接契約に反対した。指令の採択の討議の際にも EU 理事会でこの問題が大きく取り上げられ、議論された。そこで先の指令で加盟国は例外的に自国（領域）内で適切で恒久的な医療へのアクセスを保障する手段をとることができることを規定した。

4 医療の質に関するリスク管理

同指令では、すべての加盟国は医療の安全性と質についてのガイドラインと基準を持つべきであるとし、さらに医療の質と安全性に関するガイドライン、基準についての協力を含む相互支援の責務がある。とはいえ、どのレベルの安全性と質が求められるのかどのように確認するのか、については不確実性を孕んでいる。

自国の専門職と他国で治療を行う専門職間でのコミュニケーションの不足、専門医についての知識不足、国境を越える患者の手続きの認識不足、目的と責任の不確実性、他国で処方された医薬品やデバイスの自国での利用可能性の問題である。これらの問題に対する対策のいくつかは同指令に盛り込まれているが、さらに残された課題も少なくない。

第8節　加盟国に対する患者の移動の法制度の適用の影響
　　　　——加盟国国内の社会連帯への影響——

加盟国ごとに経済状態や患者の越境移動の状況、医療制度、人口分布が異なり、国境を越える患者の移動の権利に関する影響、すなわち国内レベルの社会連帯に与える影響には国による相違がある。そこで EU 司法裁判所で患

者の移動が争点となったいくつかの国について社会連帯への影響を考えてみたい。

1　ベルギー

ベルギーでは償還レベルを含む個別の治療の報酬が明確な給付一覧で定義されている。

医療提供者と保険者がこれらの価格や償還額を協約によって定めている。ベルギーではEU司法裁判所の判例を解釈する目的で1998年に通達が出され、この通達により、被保険者は特定の条件下で事前承認なしに外来治療の費用を償還されることとなった[34]。他の加盟国での治療の償還は国内で行われた場合と同様である。他の加盟国で購入された医薬品の償還についてもベルギーで購入した場合と同様に扱われる。

ベルギーでは患者の流出には直面していないが、反対に国外からの患者の流入の増加が政治的な論争となってきた。外国人の患者の治療が国内の医療提供者に商業的な行動の誘因となることが懸念されている。EU司法裁判所の判例法によってベルギーの医療市場を外国人患者の診断に開放することに対する議論が開始された[35]。ベルギーの公的制度によってカバーされる患者と私的患者と考えられる外国人患者を区別し、外国人患者には高い報酬が取れるというものであった。これは、国外患者に高い報酬を求めることで海外からの患者の流入を抑制する効果が期待され、また、病院経営の観点からも有用であるためと考えられる。しかしながらEU法の不当差別禁止原則に反していることから合意に至らなかった[36]。ベルギーでは一部の地域や医療機関は患者の流入に直面しており、指令の交渉の際に加盟国が患者の過剰流入を管理できることを求めた。指令では患者数が対応能力を超えた場合に加盟国による介入が可能となった。

2　ルクセンブルグ

ルクセンブルグはコール・デッカー判決の当事国であったため、医療デバイス、医薬品、外来治療については事前承認なしに費用を償還する手続きが導入された[37]。

国外の入院治療に関しては事前承認を前提として費用の償還が行われる。また、入院治療については法定の地域医療提供制度に契約した提供者によるサービスの提供である。このように国外の治療費の償還に関しても医療サービスの提供者を選択することで管理しようとした。しかしながら、EU司法裁判所の判例法では、公的保険制度で国外の提供者による費用償還を行う義務があり、これは公式な報酬契約をしていない提供者や報酬合意制度の義務を負わない提供者による治療についても適用される。ルクセンブルグの医療専門職は、合意制度に加入していない外国の医療サービスの提供者による治療費の償還をすることは国内の提供者への差別であるとした。2000年に医師のストライキが起こり、平均6.5パーセントの報酬の引き上げという結果となった[38]。このように判例法は保険者と医師との協力に深刻なダメージを与えることとなった。

ルクセンブルグにおいて国境付近に居住する国民で特定の治療が国内で受けられない患者が国外で治療を受けようとする可能性は非常に高い。そこでルクセンブルグは規則に基づく他の加盟国での治療手続きが判例法、指令に基づく手続きより患者にとって魅力的であるようにした。これは例えば規則に基づき、事前承認を得た国外での治療については渡航費・交通費など付加的コストの償還を行うなどである[39]。ルクセンブルグは患者の流出によるリスクを事前承認によってできる限り自国で管理しようとしていることがわかる。

3 ポーランド

ポーランドはEU加盟後、規則の不適切使用が問題となった。原則として規則は一時的滞在時に医療が必要になった場合の治療費の償還に適用される。ドイツとの国境付近に居住するポーランド人女性はこの規則を利用し、ドイツの病院で出産する。ドイツでの費用はポーランドの医療制度に基づく費用よりかなり高いが、女性は全く費用を支払わず、ポーランドの国民健康保険がドイツでの医療費を支払っている。ポーランドはこの問題に対処することとした[40]。

ポーランドは指令の採択の際、指令に反対する投票を行った。指令案は

ポーランドの医療体制に深刻な脅威となることが懸念された。これは国境付近に住む被保険者の16％が外来治療を国外で受け、その費用は4300万ユーロと推定されたためである[41]。さらに契約をしていない国外の医療提供者による治療費の償還は国内での契約していない医療提供者の治療費の償還という需要を生み出す恐れがあった。これは77600万ユーロと推定され、ポーランドの2007年の国民健康保険の総予算の7％に当たるものであった[42]。そこでポーランドの保健大臣であったエヴィ・コパチ（Ewa Kopacz）は、指令案がポーランドの医療財源を崩壊させると批判した。これに対し、ポーランド医師・歯科医師評議会は、指令案に満足の意を表し、加盟国間の患者の移動はポーランドの医療制度とともに医師や歯科医師にとっても有益であることが期待できるとした。さらにポーランド医師労働組合はポーランド首相のドナルド・タスク（Donald Tusk）に「連帯なしに自由なし、自由なしに連帯なし」というタイトルの手紙をだし、指令を採択するよう求めた[43]。

　ポーランドでは国際的な市場におけるポーランド経済の促進プロジェクトが立ち上げられ、外国の患者を受け入れることに投資が行われている。指令は、国境近辺において国境を越える協力を促進しており、ポーランドとドイツで2011年末救急医療サービスについて国境を越える枠組み合意がなされ、この合意にはポーランドの3地域がカバーされている。ポーランドでは、国境を越える患者の自由移動の枠組みを当初脅威としてきたが、機会ととらえる機運も高まってきている。患者の自由移動が国内の医療制度に脅威となるのか医療制度の向上や経済発展、国家間協力に資することになるのかは政策実施者、各ステークホルダーの行動にかかってくる。社会連帯が理念で終わるのではなく、実効性のあるものにしていくことが求められる。

4　オランダ

　Great-Smits 事件、Peerbooms, Multer-Faure 事件などの患者の国境を越えた移動にかかわる裁判の当事国となったオランダでは、これらの判例に対応する努力が行われた。オランダは待機リストの問題もあり、患者の国境を越える移動の主要な要因であった。オランダでは30％の人が強制加入の保険に加入していないという状況にあったため、2006年にすべての人が既存の

社会保険もしくは競争的民間保険に加入の義務を負わせる法律が施行されることとなった[44]。そこで保険制度の改革により病院などオランダ国内の医療機関は疾病金庫と契約する義務を負う必要がなくなり、すべての被保険者は直接給付か償還払いを選択できるようになった[45]。

　もし、治療費の償還払いで治療を行うことを被保険者が望めば、どこの医療提供者からも治療が受けられ、治療費の償還が行われるが[46]、オランダの医療サービスの価格に則り適切でないと判断された費用の償還を行う義務は保険者にはない[47]。直接給付を望む被保険者は保険者が契約している国内もしくは外国の医療提供者から治療を受けることとなるが、保険者と契約していない国内もしくは国外の医療提供者から治療を受ける権利も有している。この場合、保険者が全額もしくは一部を償還するか治療費の償還額を決定することとなっている。オランダではすでに2006年にこのような制度が創設されたため、ナショナルコンタクトポイントの設置以外EU指令が施行されても自国の制度変更をする必要性がなかった。オランダの医療政策は、医療サービスを国際市場に開かれたものにしていると考えられ、質と価格に関して国際的な透明性を高める努力を重ねているといえる。医療サービスの提供者とサービスの購入者である保険者の競争の増加、患者の選択を高める政策がオランダでは進められている。

　以上のようにオランダではサービスの自由移動の原則を医療制度に採り入れ、改革を進めてきた。疾病金庫などの保険者は現物給付の場合に国内の契約した病院以外に国外で契約した病院を選択するという選択肢を有し、また、患者も治療費の償還の償還額は保険者の決定にゆだねられるが、契約外の医療サービスの提供者を国内外に求め、治療を受ける権利が保障されることとなった。価格交渉による費用の抑制、患者の選択の保障という2つの目的を達するためのバランスの取れた制度設計であるといえよう。とはいえ、患者、保険者、医療サービスの提供者など各ステークホルダーがどのようにこの制度を利用していくのかによってその有効性、社会連帯に資することになるのか否かについては異なった結果となりうる。

5 イギリス

イギリスではEU司法裁判所の判例によって遅延なく治療が提供できない場合に国外での治療が認められるとされたことから、待機リストの削減が政治的圧力となった。

2002年、イギリスはNHSの患者がEU域内の病院で治療を受けることを認めたが、2004年からこの手続きで患者が他国に送られ、治療を受けることはなくなった。この制度は国内の民間医療サービスの提供者にNHSと契約する際、より安価な医療サービスを提供する圧力となったとされている[48]。

ワッツ（Watts）事件の後、保健省は他の加盟国での治療に関するアドバイスを地域保健委員に向け作成した。ガイドラインには家庭医による診療などの外来治療に関しては事前承認を必要としないこと、入院治療、高額な専門治療については事前承認を求めることは正当であることなどが記載されている。2010年保健省は新しいアドバイスを発行し、国境を越える医療サービスと患者の移動に伴う治療費の償還についてプライマリー・ケア・トラストの責務を明確化するNHS法の改正を行った。

国境を越えたサービスの移動のためにはNHS制度の下では国内の費用の算定をいかに決定するかが大きな問題となる。イギリスでは報酬や価格によってカバーされない医療サービスの60％が交渉の対象であり、地域差が大きい[49]。NHSの料金は個別の処置ごとではなく、パッケージとして設定されているため、料金が設定されていない場合に個別の処置について価格の算定が必要になる。海外からの患者の治療については、サービスの提供能力を考慮する必要があり、提供能力を越えた場合については拒否することも起こりうる。NHSに契約している医療サービスの提供者はEUの不当差別禁止原則にのっとり、NHS患者と同等に治療することが求められる。しかしながら、医療サービスの提供者はNHS患者の標準的治療に含まれない医療サービスについては付加的料金を課すことができる[50]。

EUにおける国境を越える患者の権利の法的枠組みが形成されたことでイギリスではNHSのもとでいかなる医療サービスを提供可能なのか否かを明確化することがさらに要請されるようになってきている。とはいえ、個別の患者の状況に考慮し、決定することが求められる。

第 8 章　EU の医療保障と連帯　　197

おわりに
――国境を越える患者の移動と社会連帯、地域の連帯、
国家の連帯、国際的な連帯――

　以上、国境を越える患者の移動の制度設計が国家レベル、地域レベル、国際レベルの連帯にいかなる影響を及ぼしてきたのか、また、連帯へのリスク、これは財政上のリスク、医療計画、管理上のリスクなどであるが，これらのリスクを最小化するメカニズムとして費用の償還制度、事前承認制度が採用されていることが明らかとなった。

　国境を越える患者がサービスの消費者として、自国の医療サービス提供システムから離脱（exit）[51]することは、自国の社会連帯に負の影響を及ぼす可能性が示唆される。とりわけ自国で受けられない治療を他国で受け、自国に費用の償還を求める場合、財政状態の厳しい国ではその影響は大きい。患者間の情報格差、交通費の負担、立て替え払いを行うことが可能な患者と不可能な患者との所得格差が医療格差へとつながることが懸念される。そこで各加盟国は自国の状況に応じ、治療コストが高いもしくは医療計画に影響が大きいと思われる入院治療については事前承認を求める裁量権が与えられることとなった。また、患者や医療サービスの提供者に対する情報提供機関としてナショナルコンタクトポイントを設置することで情報格差の問題、医療サービスの提供者の情報不足の問題の解決を図ることとなった。

　とはいえ、他国で行われる多くの治療に加盟国が患者に事前承認を求めれば、患者の選択の自由は形骸化してしまう。加盟国の事前承認を求める基準について透明性を高めるため、EU がリスク管理者として加盟国を支援していくことが要請される。

　他方で、患者が海外の治療を選択し、国内の医療提供体制から離脱することで医療サービスの提供者、政策決定者が危機感を持ち、サービスの質の向上に努めれば、国境を越える患者の移動の制度的枠組みは加盟国の医療サービスの向上、連帯に資することとなる。

　これは患者の声[52]が政策に反映され、加盟国の医療提供体制の改善、連帯につながる場合である。例えば待期患者が国外での治療を求めた事例が注目

を浴び、待機リストの解消のための施策を行うこととなったオランダやイギリスの事案がこれに当たる。

また、人口が少なく、専門医療を提供できない地域住民の医療アクセスの改善のための国境を越えた地域病院連携や保険者と他の加盟国の医療サービス提供者との契約など国境を越えたステークホルダー連携、地域連帯も形成されつつある。

欧州基本権憲章ではすべての欧州市民に医療へのアクセスの権利を保障すると規定されているものの、アクセス権が保障される医療サービスは各国の医療資源の分配可能な範囲内という限定がある。そこで各加盟国が給付の基準、標準的治療の基準を規定している。指令案の討議の際、EU 理事会は、国外の治療に関して事前承認を認めない根拠として当該治療が国内の治療の質や安全性、標準に合致しないことを主張した。国境を越える患者の移動の促進は、国際レベルで標準治療をとらえるきっかけ、世論圧力となる可能性を示している。

加盟国の中には成長戦略の一環として国外の患者を自国に呼び込み、医療の産業化を模索する国も出てきている。とはいえ、国外の患者の治療の報酬が高いことが医療サービス提供者のインセンティブとなり、国内の患者より優先されることにつながるのであれば、不当差別禁止の原則に反し、国内の連帯へ負の影響を及ぼしかねない。もっとも国外の患者を受け入れる場合には、言語バリアーを取り除くための医療通訳、サービスの提供者である医師、薬剤師、看護師などの外国語教育、診療録などの国境を越えた情報共有、リスクマネージメントなどさまざまな追加コストが受け入れ機関に生じることとなるため、費用負担を患者もしくは管轄国の保険当局、管轄国の権限当局に求める必要もあろう。国外患者の治療費の妥当性、算出根拠を明らかにすることが要請される。受入国の政策決定者は、自国への財政的な影響、医療環境への影響を十分に評価したうえで国外患者の受け入れ制度、海外での治療費用の償還制度、を構築する必要がある。日本においても海外療養費制度により国外での治療費の償還が行われるが、不正受給の問題も指摘されていることからこのような制度の運用については透明性、アカウンタビリティの確保が不可欠となってきている。また、国際人材の開発が喫緊の課

題となり、国内外からの留学や海外研修、企業の海外展開が進められているが、渡航による疾病リスクへの対応については十分とはいえない現状がある。このことからも国境を越えた患者の治療のフォローアップのための診療記録など情報交換、国境を越えた専門職の協力の必要性が指摘されている。これらはEUのみならず、日本の問題として捉えていくべき課題であるといえよう。

(1) 福田八寿絵「国境を越える患者の移動」『EU-国境を越える医療』文眞堂，173-202頁。
(2) Regulation (EC) No 883/2004 of the European Parliament and of The Council of 29 April 2004 on the coordination of Social Security Systems OJ L 166.304.2004.
(3) Regulation (EC) No 987/2009 of the European Parliament and of the Council of 16 September 2009 laying down the procedure for implementing Regulation (EC) No 883/2004 on the coordination of social security systems
(4) Regulation (EC) No 883/2004 art. 17-18
(5) Regulation (EC) No 883/2004 art. 19
(6) 福田八寿絵（2009）前掲論文176頁。
(7) EC条約第49条、リスボン条約第56条
(8) 福田八寿絵（2009）前掲論文、177-178頁。
(9) Case C444/05 Stamatelaki v NPDD
(10) Case C-173/09 Elchinov
(11) Case C-268/13 Elena Petru v Romanian National Health Insurance Agency
(12) den Exter A (2014), The patient mobility saga continues-Ruling of the Court of Justice of European Union in the case of Elena Petru, *Croat Med J, 441-2*
(13) Irene A. Glinos (2011), Cross-border collaboration, *Cross-border health care in the European Union, Mapping and analysing practices and policies*, European Observatory on Health Systems and Policies, p.223.
(14) Ibid.
(15) Ibid. p.224.
(16) Katharine Footman, Cécile Knai, Rita Baeten, Ketevan Glonti, Martin McKee (2014) *Cross-border health care in Europe*, European Observatory on Health Systems and Policies, Policy Summary 14, p.18
(17) Azzopardi Muscat N et al. (2006). Sharing capacities-Malta and the United Kingdom. In: Rosenmöller M, McKee M, Baeten R, eds. *Patient mobility in the European Union: learning from experience*. Copenhagen, WHO Regional Office for Europe: 119-136.

(18) Irene A. Glinos and Matthias Wismar (2013) Hospitals and Borders, Seven case studies on cross-border collaboration and health system interactions, European Observatory on Health Systems and Policies
(19) 岡伸一（2013）「医療保障をめぐる国際的連携―EUの「欧州健康保険カード」を中心に―」『明治学院大学社会学・社会福祉学研究』75-89頁。
(20) http://ec.europa.eu/employment_social/social_security_schemes/healthcare/index_en.htm
(21) European Commission (2003). High level process of reflection on patient mobility and healthcare developments in the European Union. Health and Consumer Protection Directorate-General.
(22) Willy Palm et. al (2011), Towards a renewed Community framework for safe, high-quality and efficient cross-border health care within the European Union, *Cross-border Health Care in the European Union Mapping and analysing practices and policies*, 34-43.
(23) Legido-Quigley H, et. al (2011) Cross-border healthcare in the European Union: clarifying patients' rights, *BMJ* , Volume 342, 365-366.
(24) Council of the European Union (2010). Proposal for a directive of the European Parliament and of the council on the application of patients' rights in cross-border healthcare (first reading) (LA + S)- Adoption of (a) the Council's position; (b) the statement of the Council's reasons.
(25) Legido-Quigley H, et. al (2011) op. cit, 365-366
(26) 福田八寿絵（2014），「EU 希少疾患用医薬品（オーファンドラッグ）戦略―患者の医療保障・医療財源の持続可能性と成長戦略の課題」，『日本 EU 学会年報』（34）270-292
(27) Directive 2011/24/EU of the European Parliament and of the Council of 9 March 2011 on the application of patients' rights in cross-border healthcare
(28) Rita Beaten (2012), Europeanization of national health systems National impact and EU codification of patient mobility case law, *Report in the context of the EPSU Project*, 17-18
(29) Glinos IA, Boffin N and Baeten R. (2005), Contracting Cross-border Care in Belgian Hospitals: An analysis of Belgian, Dutch and English Stakeholder Perspectives. Brussels, Observatoire social européen
(30) Elisabeth Jelfs and Rita Baeten (2012), Simulation on the EU cross-border care Directive, Brussels, 24 November 2011 FINAL REPORT http://www.ose.be/files/publication/2012/CrossBorderHealthcareSimulation_FinalRep_09052012.pdf
(31) Directive 2011/24/EU art. 7-8.
(32) Reinhard Busse et. al (2011), Access to health care services within and between countries of the European Union, *Cross-border Health Care in the European Union*

Mapping and analysing practices and policies, 47-90.
(33) Rita Baeten (2011), Past impacts of cross-border health care, *Cross-border Health Care in the European Union*, p.276
(34) INAMI Circular nr. 98/258 of 05 August 1998.
(35) De Greef, S. and Thomaes, R. (2006), Dare & Care: Internationalisering van de Belgische medische sector, VBO, Brussels
(36) De Mars B et al. (2011), Elective care for foreign patients: impact on the Belgian healthcare system, *KCE Reports* 169, p.144.
(37) Rita Beaten (2012), op. cit. p.32.
(38) Kieffer R. (2003), L'impact de la jurisprudence européenne sur la politique sanitaire et sociale au Luxembourg. *Les rendez-vous européen de la Santé transfrontalière: Libre circulation et régulation*. Lille, France, 2003.
(39) Glinos IA, Boffin N and Baeten R. (2005), Contracting Cross-border Care in Belgian Hospitals: An analysis of Belgian, Dutch and English Stakeholder Perspectives. Brussels, Observatoire social europée
(40) Rita Beaten (2012), op. cit. p.33.
(41) Ibid.
(42) Ibid. p.34.
(43) Rita Baeten (2012) op. cit, p.34.
(44) Zorgverzekeringswet of 16. June 2005.
(45) The Ministry of Health, Welfare and Sport (VWS) (2011), Health insurance in the Netherlands www.rijksoverheid.nl/zorgverzekering accessed 2016.1.25
(46) Zorgverzekeringswet of 16. June 2005.
(47) Besluit zorgverzekering, Artikel 2.2 § 2.
(48) Glinos IA, Boffin N and Baeten R. (2005), op. cit.
(49) Zanon E. (2012), Health care across borders: Implications of the EU Directive on cross-border health care for the English NHS. *Eurohealth* 17 (23): 34-36
(50) Department of Health (2014), EU Cross-Border Healthcare Directive: How the Directive affects your NHS trust How to manage payment pathways for visiting European patients（https://www.gov.uk/government/uploads/system/uploads/attachment_data/file/349219/Information_about_the_cross-border_healthcare_directive_final.pdf accessed 2016.1.25
(51) Clemens M. Rieder (2010), When Patients Exit, What Happens to Solidarity?, *Promoting Solidarity in the European Union*, Oxford University Press, pp.122-135
(52) Adelaide Ippolito (2013) Exit, Voice, and Loyalty in the Italian Public Health Service: Macroeconomic and Corporate Implications, *The ScientificWorld Journal*, 1-9.

第9章

競争政策における EU の連帯

吉 沢　　晃

はじめに

　2007年から2008年にかけて勃発した世界金融危機、そしてそれに続く欧州債務危機以降、EU にとっての主要課題として加盟国間の「連帯」問題が広く議論されるようになった。財政金融政策でいえば、ギリシャのような比較的小さな経済の債務問題が、次第に他国へ波及しユーロ圏全体の問題にまで発展したなかで、EU としてどの程度債務危機国への救済を行うべきかという連帯問題が浮上した[1]。また司法内務協力の分野でいえば、移民や難民の大量流入により第3国との国境を管理しきれなくなった加盟国がある場合、それは域内国境審査を廃止したシェンゲン領域全体の問題となり得るが、EU が金融危機後の緊縮財政のなかで当該国をどこまで支援すべきかというのは、これもまた加盟国間の連帯の問題である[2]。このような争点が昨今EU 域内外で活発に議論されるようになった一方、域内市場政策とともに1950年代以来ヨーロッパ経済統合の根幹をなしてきた競争政策（アメリカでいう反トラスト政策）の分野においてすら、ときとして連帯問題が顕在化することはあまり広く知られていない。本研究の目的は、競争政策の領域に潜在する、EU 加盟国間対立のリスクを明らかにし、そしてそのリスクを EU の超国家的な機関がどのように管理し軽減しているのかを実証分析することである。

　EU 競争政策は主に法学や経済学の視点から研究されてきた領域であり、またこの2つのディシプリンは非常に複雑な同政策の実質を理解するのに必要不可欠であるが、このことは競争政策が単に技術的で非政治的であること

を意味するわけではない。多様な資本主義が併存するヨーロッパにおいて[3]、市場競争と規制のバランスの問題を正面から取り上げ、加盟国の経済・社会政策に多大な影響を与える EU 競争政策は常に一部加盟国から批判を浴びてきた。本研究は、1958年のローマ条約発効から55年以上が経った現在でも、競争政策における加盟国間の連帯の確保は EU 内部においていまだに重要課題であり、そしてこのようなリスクの管理者として、欧州委員会や欧州裁判所を捉えることができると主張する。他方で、欧州委員会のリスク管理・軽減能力の限界についても指摘する。

　本章の構成は以下のとおりである。第1節では、まず EU 競争政策の目的と範囲を簡潔に述べる。つづいて第2節では、加盟国間の連帯問題を具体的に理解、分析するための1つの重要な例として、エネルギー（電気・ガス）部門における企業合併・買収と、加盟国の経済ナショナリズムの問題を取り上げる。第3節では、2つ目の事例として、世界金融危機後の EU 国家補助規制の変化と継続性を分析する。第4節で焦点をあてる3つ目の事例は、前の2つと比べてよりシステマチックな次元のリスクである。グローバル経済において、厳格な EU 競争政策がヨーロッパ企業の国際競争力を損ねているという認識に立つフランス政府は、同政策の緩和をたびたび要求しているが、欧州委員会がこれにどう対処しているのかがこの節のテーマである。最後に、最終節にて本研究の議論を総括し、加盟国間の連帯に対するリスクの管理者としての EU の役割と限界を述べることとする。

第1節　EU 競争政策の目的と範囲

　競争政策は、ヨーロッパ統合の中核である単一市場の維持に重要な役割を果たしており、その意味で EU の主要政策の1つである。EU は長年にわたって人、物、サービス、資本の域内自由移動を保障することで、自由な経済活動を通じた生産者・消費者厚生の増進を図ってきた。しかし、加盟国間の関税・非関税障壁の撤廃によって国際カルテルなどの国境を越えた反競争的な企業間協定の締結が促進されたり、ヨーロッパ規模の独占企業が誕生したりしてしまっては、経済統合の成果が相殺されてしまう可能性がある。

EUの前身であるEEC（欧州経済共同体）の創設者たちは、関税同盟の成立後このような公的でなく私的な経済障壁の軽減・除去がますます重要になるであろうことを見越して、超国家レベルの競争法をローマ条約（EEC設立条約）に盛り込んだ。

　以降、半世紀にわたり大きな発展を遂げたEU競争政策であるが、その主な目的は2つある。まず1つは、上記のように、域内市場統合の促進である[4]。このことは、政策発展の初期の段階において、加盟国間の貿易を阻害するような垂直的企業取り決めが特に重点的規制対象であったことに表れている。1960年代のコンスタン・グルンディッヒ事件[5]は、そのような政策志向を示す典型的事例であった。EU競争政策のもう1つの主要目標は、市場競争の維持・促進である。とくにヨーロッパ単一市場の完成以降、競争促進目標はこの政策の主要な正当化理由の一つとなった[6]。ただし、以下で述べるように、この目標が経済成長戦略というより広い文脈で2000年代以降EUが掲げている社会経済的諸目標よりも優先されるのかどうかは、多分に議論の余地がある。

　EU運営条約（TFEU）3条1項に明記されているように、競争はEUが排他的権限をもつ5つの政策のうちの1つである。政策の基本的枠組みは条約の101条から109条と、理事会規則などの2次法で規定されており、4つの主要な規制領域がある。4つの領域とはすなわち、競争制限的な共同行為（TFEU101条）、独占的地位の濫用（同102条）、国家援助（同107-109条）、そして企業結合（EU理事会規則139/2004号）であり、国家援助は加盟国の行動が、そして他の3つは企業行動が規制の対象である。競争制限的な企業間取り決めの代表例は、複数の企業が販売価格や数量を明示もしくは暗黙の協定に基づいて固定したり、あるいはお互いの縄張りを承認し市場競争を抑制する「市場分割」を行うことで余剰利益を得ようとするカルテル行為だ。独占的地位の濫用は独占企業や寡占企業による排他的行為の規制、企業結合は企業間の合併、買収、ジョイントベンチャー等のうち、企業数の（実質的）減少によって市場競争が著しく抑制される案件の規制が主な内容である。国家援助規制とは、加盟国による特定企業・産業に対しての補助金、税制優遇、低金利融資等を欧州委員会が監視し管理するシステムであり、加盟国間の補助金

競争を抑制する目的がある。

競争政策は EU 公共政策のうち最も超国家的なものの1つであり、法執行においては欧州委員会、とくに競争総局が中心的な役割を果たす[7]。個別事件の審査に関し、競争総局は立ち入り検査から聞き取り調査、市場分析、課徴金額算定や最終決定の草案作成に至るまで広範で強力な権限をもっており、その詳細は上記の企業結合規則や、共同行為と独占的地位の濫用に関する EU 理事会規則1/2003号等で定められている。欧州委員会は、総局の提案、そして加盟国代表からなる諮問委員会の意見（非拘束）に基づき、最終決定を単純多数決で行う権限を持つ。ただし、実際にはほとんどの場合全会一致で決議がなされる。企業は、欧州委員会の決定に不満があれば、欧州司法裁判所に提訴を行うことができる。

政策決定過程における EU と加盟国諸機関の役割の詳細は、多くの先行研究[8]においてすでに紹介されているので、ここでは行わない。ただし、第2節の議論に直接関連するため、EU と加盟国の権限範囲について若干の説明をしておく。共同行為や支配的地位の濫用に関する事件のうち、EU レベルで審査が行われるのは、それらの事件が加盟国間の貿易に影響をおよぼす場合のみであり、純粋に国内的なものについては加盟国の競争当局が規制の権限を持つ（TFEU 101条1項、102条）。企業結合の分野では、原則として「EU規模」（運営条約発効以前は「共同体規模」）を持つ案件のみを EU が担当し、それ以外は加盟国が扱うこととなっている[9]。ここで、ある企業結合が「EU規模」を持つかどうかという主な基準は、以下の3つである。

(1) まず、関係する全企業の世界総売上高合計が50億ユーロ以上で、
(2) そのうち少なくとも2つの企業の EU 域内総売上高が2億5,000万ユーロ以上であること。
(3) ただし、全企業が同一の一加盟国内で売上の3分の2以上をあげている場合にはこの限りでない（EU 理事会規則1/2003号1条2項）。

個々の市場（農業、漁業、交通、エネルギー等）を扱う政策とは異なり、EU 競争政策は運営条約でとくに例外として定められている一部分野を除いて[10]全ての経済部門に適用される。そして、判例の蓄積や、1989年の企業結合分野での権限獲得などをとおし、EU の競争ルールは過去半世紀の間に大きな

発展をとげた。それゆえ同政策は、近年、競争的で開放的なヨーロッパ単一市場の形成と維持を法的に保障するEUの「経済憲法」とさえ呼ばれることがある[11]。だが以下に述べるように、政治的に重要な経済部門において、加盟国が経済的ナショナリズムに基づいて意図的にEU競争法を犯したり、あるいは経済不況化において加盟国が欧州委員会に競争ルール緩和を求めて政治圧力をかけるなど、同政策の実施には重要な課題がいまだ残されている。以下では、このような局面において欧州委員会や欧州司法裁判所といった超国家的機関がどのように加盟国間の対立を抑制し、同時に競争政策の厳格な実施を追求してきたのかを分析する。なお、欧州議会は、EU競争法執行においてほとんど権限を持たないのでここでの分析対象とはしない。

第2節　経済的ナショナリズムに基づく外資排除のリスク

　競争政策においてEU加盟国間の連帯問題が顕在化する1つの具体的状況として、エネルギー産業のような政治的にセンシティブな分野において、ある加盟国が他国の企業による自国企業の買収を妨げるケースが挙げられよう。エネルギー業界は国営企業や旧国営企業が多く、加盟国がEUの市場統合の原理ではなく自国企業の保護育成の観点から企業再編に介入を行う事例が少なくない[12]。経済的なナショナリズムに基づいてこのように実質的に外資を排除するような行為をEU加盟国が行う場合、それはEUの企業結合規則や、ヨーロッパ域内の資本の自由移動の原則に反するおそれがある。このようなリスクを管理し軽減することは、EUの超国家的機関の重大な役割の1つだ。以下では、まず2000年代半ばにヨーロッパのエネルギー会社間の合併・買収が増加した背景を説明したうえで、エオン（E. ON）とエンデサ（Endesa）という2つの企業の合併計画を巡る一連の騒動を事例としてEUの連帯問題を分析する。

　多くの西欧諸国では、1970年代まで電気やガス、水道、通信などいわゆる公益に関わる事業の大部分は伝統的に公営企業が担っていた。北米や西欧を中心に新自由主義が広まり、公共事業の自由化・民営化の動きが徐々に広まったのは1980年代になってからのことである。このような動きと連動する

形で、EUは、1990年代から2000年代にかけて天然ガスや電力等の供給、輸送といったエネルギー分野の市場自由化を推し進めるために一連の立法を行ってきた[13]。長年の議論を経て、電力市場自由化に関する１次指令（96/92/EC）、２次指令（2003/54/EC）、そしてガス市場自由化に関しても１次指令（98/30/EC）、２次指令（2003/55/EC）が相次いで成立、発効。いずれの分野でも、これらの諸指令に基づく国内法整備の期限が2004年７月１日、輸送・販売事業を生産から経営上分離（子会社化など）するための国内法整備期限が2007年７月１日と設定された。さらに、2009年７月には第３次電力指令・ガス指令（2009/72/EC, 2009/73/EC）が制定され、生産と輸送・販売の所有権分離などが法的に義務付けられることとなった。このように段階的に市場自由化（新規参入の促進）が進むなかで、EU域内のエネルギー事業者間の合併・買収がとくに2000年代中頃から活発化した[14]。

当時、欧州委員会のネリー・クルース競争担当委員（任期2004年11月～2010年２月）はヨーロッパのエネルギー市場が非常に閉鎖的であり地理的に（つまり国、地域ごとに）分断されていることを憂慮し、同市場を重点規制領域の１つとして位置づけていた[15]。実際、競争総局は2005年にエネルギー部門の市場調査実施を開始し、2007年１月に詳細な報告書を発表している[16]。そして、域内市場の競争秩序維持の観点から、エネルギー分野での企業合併やそれに対する加盟国競争当局の審査に神経を尖らせていた。

このようななか、2006年３月16日、ドイツのエネルギー会社大手エオンは、スペインのエネルギー会社エンデサを公開買付により買収する計画を欧州委員会に通知した[17]。じつはこの前年の９月５日、スペインのガス事業最大手ガス・ナトゥラル（Gas Natural）がエンデサの買収を発表しスペイン競争当局の許可も得ていたのだが、エオンが巨額の買収額を提示し割り込む形となったのである。当時の状況はというと、エオンは電力やガスの生産・販売を多数のヨーロッパ諸国やアメリカで行っていたが、エンデサが本拠を置くスペインには進出していなかった。一方エンデサは、EU域内でいえばスペインやポルトガル、フランス、イタリア、ドイツ、ポーランド等で主に電力事業を行い、さらに南米や北アフリカでも活動していた。また、スペインにおいてはガス事業も行っていた[18]。

2006年4月25日、欧州委員会は同買収計画を承認する。委員会はこの買収がEU経済、とくにフランス、イタリア、ドイツ、ポーランド、スペインの5か国の経済に与えるだろう影響を検討し、おもに以下の3つの理由から、ヨーロッパ単一市場内の競争を大きく阻害することはないと判断した[19]。まず、上記5か国における両者の事業内容は、電力の分野で一部重複しているにすぎず、天然ガス市場では、全く重複がない。したがって、合併によって誕生する新企業がただちに市場支配的な地位を得ることはない。次に、市場調査の結果から、エオンがスペインの電力またはガス市場に近い将来進出する可能性は非常に低いと考えられ、よって同国での競争を大きく阻害しない。最後に、両社は異なる取引先からガスを調達しているため、合併がヨーロッパにおけるガス調達価格に重大な影響を及ぼす可能性は低い。

この欧州委員会による承認にも関わらず、スペインのエネルギー規制当局である国家エネルギー委員会（CNE）は同年7月27日、エオンによるエンデサ買収に様々な条件（一部資産売却など）を付ける決定を欧州委員会との事前協議なしに下した。9月26日、欧州委員会はこのスペイン政府の措置を、「EU規模」を持つ案件は欧州委員会の専権事項であると定めたEU企業結合規則21条違反であり、また開業の自由（TFEU 43条）、資本の自由移動（同56条）を損なうものだとして撤回を求めた[20]。10月18日にはEU条約226条（現在はTFEU 258条）に基づいてスペイン政府に対しEU法違反調査を正式に開始[21]。その後、スペイン政府が11月3日に条件の一部緩和を決定するも、欧州委員会はこの措置もEUの権限を侵害する違法なものであり、2007年1月19日までに撤回するよう要求した[22]。スペイン政府は本件を欧州司法裁判所に持ち込んだが、2008年3月6日、司法裁判所は欧州委員会決定を全面的に支持する判決を下している[23]。

この騒動は、エネルギー等自国の「戦略的」産業に外資系企業が参入することを嫌う経済ナショナリズムが一部加盟国に依然として存在すること、そして欧州委員会はこうした政治的にセンシティブな分野でさえ、加盟国によるEU競争法違反の是正を要求する能力が一定程度あることを示している。また、欧州委員会が具体的にどのようにこうした政治的リスクを管理しているかだが、本事例から抽出できる要素は、以下の3つである。

(1) まず、市場調査による事前の情報収集。とくに電気やガスなど非常に複雑でありかつ国家規制が多数存在するような市場での競争秩序確保には、これは非常に重要な要素である。
(2) 次に、競争政策と、域内市場に関するルール等それ以外の政策の連携。企業合併の分野では、上述のように、たとえば開業の自由や資本移動の自由等に関するEU法が関連してくる場合がある。
(3) そして、加盟国によるEU法違反手続きを正式に行う場合、欧州委員会にとっては当然のことながら欧州司法裁判所の支持を得ることが重要である。その際、(1)で述べた点と関係するが、市場や企業行動についての情報収集や緻密な法的・経済学的分析が鍵となる。

ただ、第1節で述べたように、EUは国境を越える企業合併の案件のうち「EU規模」を持つものの規制についてのみ規制権限が与えられていることも忘れてはならない[24]。たとえば、上記の事件が起きる以前の2001年、エオンが同じくドイツ国籍のガス会社ルールガス（Ruhrgas）の買収をドイツ連邦カルテル庁に申請したところ、ガスや電気市場での競争を著しく阻害する恐れがあるため不許可とされた[25]。しかしその後、ドイツ経済技術相はこの決定を覆し、国際競争力とエネルギー安全保障の観点からエオンのルールガス買収を承認している[26]。本件は、両社がともに総売上高の3分の2以上をドイツ一国内であげていたため、欧州委員会は介入できなかったのである[27]。この意味で、外資企業による国内企業の買収を競争政策以外の理由から阻止する加盟国が出てきて、域内市場の競争秩序に基づくEUの連帯が揺らぐ事態に発展したとしても、欧州委員会がそのような事態に対処できる範囲は限定的であるといえるだろう。

第3節　経済危機下における国家援助競争のリスク

競争政策の分野でEU加盟国間の連帯が問われるもう1つの文脈は、経済危機である。一般に、経済が不況に陥ると、企業はカルテル等の反競争的（＝競争抑制的）行為を通じて収益を維持しようとしたり、経営難を打開する方策の一つとして合併を行って市場シェアを上げようとしたりする傾向にあ

る[28]。他方、国家は業績が悪化した企業を救済し被雇用者を保護するために、補助金や優遇税率などの援助を行うことが多い[29]。実際、近年米国でのサブプライムローン問題をきっかけに世界金融危機が勃発した際には、EU加盟国の多くは金融機関や一部製造業などに対して多額の融資を行った。また、ヨーロッパでは市場競争原理一般に対しての不信感が広まり、加盟国は柔軟かつ迅速な国家援助規制を行うよう欧州委員会に要求した。さらに、多数の加盟国や企業、企業団体から、EU競争政策の緩和を求める声が高まった[30]。かくして欧州委員会、特に競争総局は、加盟国や企業の短期的利益と、EU競争政策の一貫性、実効性維持という長期的目標のバランスを取るという困難な課題に直面したのである[31]。

 そもそもEU競争政策の特徴である国家援助規制には、域内国境での関税・非関税障壁が撤廃されたEU単一市場において、加盟国が補助金を自国企業保護の代替手段として用い、結果として補助金競争が起きることを防ぐという主要目的がある。これは補助金競争というリスクを超国家的機関が管理し、EU加盟国間の連帯を確保するための仕組みであるともいえるだろう。EU運営条約108条は、加盟国が直接補助金や税制優遇などの援助を自国の特定産業、企業もしくは地域に行う場合、原則として事前に欧州委員会に通告し許可を得ることを義務付けている。つまり、包括的一括適用免除規則（General Block Exemption Regulation）[32]で定められている場合を除けば、EUの承認を得ていない国家援助は原則として違法である。しかし、経済危機下では銀行などの金融機関を含めた多くの企業が倒産危機に陥っており、救済措置が緊急を要する場合が多い。そうしたなかで、通常は考えられないような多数の援助計画案が加盟国から提出された場合、EU競争総局の審査が長引いてしまい各国経済状況を更に悪化させる可能性がある。もしくは、加盟国がEUの国家援助規制の事前承認手続きを守らず、ひいてはEU競争政策の他の分野のルールまでもがなし崩し的に形骸化してしまうおそれすらあろう。そこで、緊急事態に対処するためのいわばセーフガードとして、経済不況の場合に一時的に国家援助規制を緩和することを許容するという規定がEU運営条約107条3項（b）号に設けられている。

 では、金融危機勃発後、EUは実際どのような措置を取ったのであろう

か。大きく分けて2つのポイントがあるが、第1に、EUは柔軟な法執行の方策を取った。金融危機の影響は加盟国ごとで大きく異なり、また、それに対する対応策も各国で様々である。そのようななかで、加盟国の銀行救済策を迅速に、そして明確な基準に沿って審査するため、2008年から2009年にかけて欧州委員会は矢継ぎ早に4つのガイドラインを発表した。2008年、欧州委員会は世界金融危機下における金融機関への国家援助に関するガイドライン[33]と、資本増強に関するガイドラインを公表[34]。続いて翌年には、不良債権処理[35]と銀行の事業再生[36]それぞれに関するガイドラインを出している[37]。また、2008年12月7日に欧州委員会は国家援助に関する一時的枠組を制定し、50万ユーロ以内の国家援助を一定の条件下で一括して認めることとした[38]。それ以前は、市場競争を著しく阻害する可能性がないとして20万ユーロ以下の援助がこのように一括免除されていたが、経済危機に際して加盟国が企業の救済を迅速に行えるように基準が緩和されたのである。当初は2010年12月まで有効という条件付きであったが、その後1年間延長され、2011年12月に期限切れとなった。この「一時的枠組」は、上記のEU運営条約107条3項（b）号に従って定められたものである。

　第2に、こうした柔軟な対応を行うだけでなく、クルース前欧州委員会競争担当委員は超国家レベルの競争政策の有用性、必要性を一貫して主張し、域内市場における競争維持という規範事態が損なわれることを防止しようとした[39]。後任のホアキン・アルムニア委員（任期2010年2月〜2014年10月）も、終始同様の主張を行った[40]。また、競争総局は、「一時的」措置はあくまで時限付きのものであることを強調し、膨れ上がった国家援助を段階的に減らしていくことを目指した。実際、加盟国政府による金融機関への流動性支援額は2009年にピークである約9060億ユーロ（EU27カ国のGDPの7.7%）に達したあと、2012年には5345億ユーロにまで減少。また、2008年12月の一時的枠組のもとで許可された実質経済への援助は、同枠組が2011年に終了したこともあり、2012年に6300万ユーロにまで縮小した[41]。ある学者は、このように短期的には緩和されたルールが長期的に見れば維持されていることを、EU競争政策の「復元力（resilience）」の高さの現れだと評しており、的を射た表現であるといえよう[42]。ただし、欧州委員会の迅速な危機対応を一定程度評

価する一方で、金融危機下で申請された国家援助のほとんどが無条件あるいは条件付きで承認されていることから、上記の諸ガイドラインの運用において域内市場競争秩序の維持とそれ以外の目標のバランスがどのように取られたか判断するのは現時点では難しいとする意見もある[43]。

ここで、金融危機下において競争ルールの一時的緩和と出口戦略の両方を、欧州委員会が限られた時間と人的資源のなかで考案し実施できたのは、世界金融危機以前からの政策の積み重ねがあったからこそであるという点を指摘しておきたい。まず、国家援助規制の分野における欧州委員会の権限が、長年に渡る立法や判例の蓄積により徐々に明確化されてきた。たとえば、1973年7月21日の欧州司法裁判所の判決により、欧州委員会は不当に支払われた国家援助の回収を加盟国に要求する権利を持つことが確認された[44]。また、国家援助計画の審理手続きの明文化という意味で、1999年3月に制定されたEU理事会規則659/1999号が大きな役目を果たしたといえよう。さらに、一括適用免除規則や欧州委員会の各種ガイドラインなどにより、ヨーロッパ単一市場内の公正な競争を阻害する援助（主に、個別企業への直接的資金援助など）と、阻害しない援助（主に、産業全体に対しての水平的援助）の線引きが段階的になされてきた[45]。よりソフトな面で言えば、国家援助実施状況に関する加盟国別データの一般公開文書「国家援助スコアーボード」が2001年から定期的に発行されるようになり、透明性の確保が図られてきた。このような、とくに1990年代以降の国家援助規制の漸進的発展（法的概念の整理、手続きの明文化、援助実施状況の透明化）なくして、金融危機にいち早く対応することは非常に困難であっただろう。

なお、アルムニア委員のリーダーシップのもと、欧州委員会は2012年に「国家援助現代化（state aid modernization）」改革を提案した[46]。具体的には、国家援助手続きの簡素化や、ヨーロッパ2020プログラムで提示されている経済成長戦略に直結するような経済支援策の積極的承認などがその中心的内容である。この改革は目下進行中であり、「現代化」が総じて規制緩和につながるのか、それともより焦点を絞った規制という方向に向かうのかはいまだ不透明である。同改革の過程やその意義については今後とも注視していく必要があるだろう。

第4節　国際競争力の観点からのEU競争政策批判

　第2節と第3節では主に域内問題としてEUの連帯を分析したが、ここではグローバルな経済競争という観点から、フランスを中心とする一部加盟国がEU競争政策の根本的改革を求めていることに焦点を当てる。ここでいう根本的改革とは実質的にEU競争法の緩和であり、この是非を巡って加盟国間、そして加盟国とEU競争当局間で意見対立が起こることは珍しくない。以下では、このように政策の基本的指針に関わる次元での対立の問題に欧州委員会がどのように対処しているかの分析を行う。

　EU競争法をどの程度厳格にそして広範囲に適用すべきかという争点を巡り、大きく分けて2つの立場が存在する。1つは、市場競争こそが企業の費用削減や財・サービスの改良・イノベーションを誘引するのであり、EU域内での競争の活発化はヨーロッパ企業がグローバルな市場で域外企業と競争するための準備（いわば基礎体力づくり）になる、と考える立場である。クルース前競争担当欧州委員が2008年4月に「競争力：競争政策と産業政策の共通目標（Competitiveness-the common goal of competition and industrial policies）」[47]と題する講演を行ったが、競争こそが競争力の源であると考える彼女や競争総局の考え方が、この題目によく表れているといえよう。もう1つの見方は、企業間合意や合併吸収、国家援助などに対するEUの「過度な」規制がヨーロッパ企業の国際競争力を損ねるとする見方である。すなわち、アメリカや日本、中国などといった主要貿易相手国に比べてEUの競争法、特に国家援助規制が非常に厳格である場合、ヨーロッパ企業は不利な立場に立たされ、国際競争力が損なわれるという議論だ[48]。

　後者の立場をほぼ一貫して採っている加盟国は、フランスである。同国は政府が経済に積極的に介入するディリジズム（dirigisme）の伝統があり、加盟国の産業政策を制約するEU競争政策に対し欧州統合初期の段階から懐疑的であった[49]。アメリカや日本、そして近年では中国の企業とのグローバルな競争にヨーロッパ企業がますますさらされるようになるなかで、この意見対立が2000年代に入ってからたびたび顕在化した。2007年6月のブリュッセ

ルでの欧州理事会において、当時のフランス大統領サルコジが、交渉中であったリスボン条約から「競争」目的を削除することを要求したことは有名である。そもそも、共通市場における競争の維持は、ローマ条約3条 (f) 号で共同体の目的の1つとして規定された。リスボン条約のひな形となった欧州憲法条約（2004年署名、その後フランスとオランダの国民投票で否決）のI-3条3項もこれを踏襲する形で、「自由で歪みのない競争が行われる域内市場（an internal market where competition is free and undistorted)」を市民に提供することをEUの主要目標の1つとして掲げていた。これに対し、サルコジ大統領はEUによる市場競争の追求を「イデオロギー」もしくは「教条（dogma）」的であると批判し、条約の文言修正を求めたのである[50]。この結果、リスボン条約では実際に競争目標が本文から削除されたが、その代わりに「域内市場及び競争に関する議定書27」の中で明記された。同議定書は条約同様法的拘束力を持ち、欧州司法裁判所もそのことを認めているため[51]、この条文上の変化がただちにEU競争法の日々の執行に実質的な変化をもたらしたわけではない[52]。だが、このエピソードはEU競争法を厳格に適用すべきとする立場と、産業政策や社会政策的目標をも勘案したより包摂的な競争政策を志向する立場のせめぎ合いが、EU内で恒常的に続いていることを如実に示したといえよう。

　この火種は、2007～08年に世界金融危機が始まり、そしてその後の欧州債務危機により景気後退、企業業績と雇用状況の悪化が大多数のEU加盟国で起こったなかで再燃した。2013年秋、フランスのアルノー・モントブール前産業再生相（在任期間2012年5月～2014年8月）は、メディアの取材に応じるなかでEU競争政策を痛烈に批判したことで注目を浴びた[53]。その際の彼のおもな主張は次の3つである。(1) EU競争政策は時代遅れであり、経済がグローバル化した現代になじまない。(2) EU競争政策は、国際競争にかなう規模と競争力をもったヨーロッパ企業の台頭を阻害している。(3) とくに中国やアメリカの政府が自国企業育成のために市場介入をいとわないなかで、厳しい国家援助規制をしいているEUは「馬鹿げており非生産的（'stupid and counter-productive')」だ。この発言の後もモントブール大臣は同様の批判を公言し、同年12月から翌年1月にかけ、当時の欧州委員会アルムニア競争担

当委員と書簡で激しい応酬を繰り広げるに至った[54]。

フランス政府と欧州委員会とのこうした対立は、サルコジやモントブールが唐突に始めたものでなく、「競争（competition）」と「競争力（competitiveness）」のバランスを巡る長年の論争というより広い文脈のなかで捉えられるべきである。第1節で述べたように、EU 競争政策の元々の目的は市場統合であったが、1960年代に入り、アメリカや日本の多国籍企業とヨーロッパ企業の国際競争が高まるにつれ、域内企業の国際競争力強化の重要性も政策立案者達の間で徐々に認識されるようになった。また、とくに1980年代以降には、国際競争力の強化がアメリカや日本を含む主要先進国で重点的政策課題として取り上げられるようになる。EU 自体も、1970年代の経済停滞からの脱却と域内経済活性化を図り、人、物、サービスと資本の域内自由移動を確保するヨーロッパ単一市場を1992年に創設。そして2000年代以降はリスボン戦略やヨーロッパ2020等といった包括的経済成長戦略をもってして市場競争の維持・促進とともに競争力の強化を追求してきた。2020年までに「知識基盤型で（smart）、持続可能で（sustainable）、包括的な（inclusive）」経済成長の数値目標達成を謳うヨーロッパ2020プログラムは、域内市場、競争、そして産業政策や社会政策等広範な分野をカバーする政策パッケージであり、多面的である[55]。一部の論者は、この多面的なプログラムが全体として一貫性のある競争力強化戦略、経済成長戦略として有機的に機能する場合、産業政策的な考慮が競争政策にも反映される可能性は否定できないと指摘する[56]。他方で、こうした一連の政策は結局のところ経済自由化や競争促進に主眼をおいており、新自由主義的であるとする向きもある[57]。いずれにせよ、競争が少なくとも長期的には競争力をもたらすという論理は、ヨーロッパの政策立案者や有権者の間で必ずしも共有されていない。

現時点でいえることは、欧州企業の国際競争力強化に関するフランス政府等の要請に対し、欧州委員会が1つの（間接的な）答えとして提示しているのは EU 競争法緩和ではなく EU 競争法の対外的普及／輸出だということだ。先行研究によれば、EU は競争政策を国際的に普及することで (1) 第3国市場へのアクセスをヨーロッパ企業に保障し、(2) 域内市場に影響をあたえるような反競争的行為が第3国で行われることを抑止し、(3) ヨーロッパ

企業が正当な扱いを受けられるように公正な競争の場を域外国にも確保してもらう、といったインセンティブがある[58]。本稿の主題はあくまでEUの連帯問題であるためここで詳しく論じることはしないが、EUは実際に経済協力開発機構（OECD）や国際競争ネットワーク（ICN）といった多国間制度の場、あるいは2国間協定等を通じた競争法・政策のグローバルスタンダード策定に積極的であり[59]、上記のような理論的予測を裏付けているようにもみえる。いずれにせよ、EUの国際競争力強化戦略と、競争法の国際的な促進／政策移転の関連については今後の研究課題としたい。

おわりに

　ローマ条約発効以来半世紀以上にわたり漸進的に発展してきたEU競争政策は、今やヨーロッパの経済ガバナンスにおいて中核的な役割を果たしている。しかし近年でも、同領域で加盟国間の連帯問題が顕在化することはしばしばある。一般にEUと加盟国の競争法、競争政策が収斂する傾向があるとはいえ、競争原理に基づく経済ガバナンスが受容されている程度は加盟国により大きく異なるという事情が背景にあると考えられる。これらを踏まえ、本章はとくに2000年代以降の時期に焦点を当てながら、連帯問題を考えるために、エネルギー部門における企業合併政策、世界金融危機下の国家補助規制、そして国際競争力強化の観点からの競争法緩和圧力という3つの具体的事例を分析した。

　総じて欧州委員会と欧州司法裁判所は、超国家的な機関として、加盟国間の連帯を損ねるようなリスクへの対処において中心的な役割を担っているといえるだろう。ただし、本章で示したように、リスク管理者としてのEUには限界もある。1つは、合併規制の分野で明らかなように、EUの法的権限の問題がある。また、第3節では経済危機と国家援助規制の問題を分析したが、すでに言及した「現代化」改革がまだ現在進行中であるため、加盟国や産業界からの競争法緩和圧力に対する欧州委員会の対処を総合的に評価するのは現時点ではまだ難しい。今後、同改革がさらに進んでいくことが予想されるため、国家援助規制分野での政策発展と連帯問題について引き続き注目

していくことが肝要である。

　本研究の第4節で述べたように、競争政策におけるEUの連帯問題の背景には、競争と競争力という2つの似て非なる政策目標のどちらに比重を置くのか、競争政策とその他の経済・社会政策（例えば産業政策）の折り合いをどうつけるのか、という争点についてEUの加盟国や超国家的機関の間で意見が一致していないという問題がある。そうした意味でいえば、競争政策の厳格な執行という国際的な規範にコミットする一方で、雇用・経済成長戦略の実行と国際競争力強化を優先課題として掲げているのは決してEUだけではない。たとえば日本やアメリカといった先進国も同様の困難な選択に直面しているのであって、本章で焦点を当てた競争政策におけるEUの連帯問題は、それらの国々にとって対岸の火事とはいえないであろう。

　　［謝辞］本章は、日本国際政治学会2015年度研究大会で発表した原稿を若干修
　　正したものである。学会で討論者として大変有益なコメントを下さった臼井
　　陽一郎教授に厚くお礼申し上げます。

（1）　Jones, Erik (2012), 'The JCMS Annual Review Lecture: European Crisis, European Solidarity', *Journal of Common Market Studies*, Vol. 50 Annual Review, pp. 53-67.
（2）　Monar, Jörg (2012), 'Justice and Home Affairs', *Journal of Common Market Studies*, Vol. 50 Annual Review, pp. 116-131.
（3）　Hall, Peter A. and Soskice, David (2001), *Varieties of Capitalism: The Institutional Foundations of Comparative Advantage*, Oxford University Press; Hay, Colin and Wincott, Daniel (2012), *The Political Economy of European Welfare Capitalism*, Palgrave Macmillan.
（4）　Korah, Valentine (2007), *An Introductory Guide to EC Competition Law and Practice*, Portland, OR: Hart Publishing, pp. 13-14.
（5）　Joined cases 56 & 58-64, *Établissements Consten S.à.R.L. and Grundig-Verkaufs-GmbH v Commission of the European Economic Community*, ECLI: EU: C: 1966: 41 (13 July 1966). 本事件の解説は、例えば以下を参照。Korah, op. cit., pp. 75-76.
（6）　Wilks, Stephen and McGowan, Lee (1996), 'Competition Policy in the European Union: Creating a Federal Agency?' Doern, Bruce G. and Wilks, Stephen (eds.) *Comparative Competition Policy: National Institutions in a Global Market*, Clarendon Press, p. 255.

第 9 章　競争政策における EU の連帯　　*219*

(7)　Cini, Michelle and McGowan, Lee (2009), *Competition Policy in the European Union*, 2nd edition, Palgrave Macmillan, p. 1; Gerber, David (1994), 'The Transformation of European Community Competition Law', *Harvard International Law Journal*, Vol. 35, No. 1, pp. 105-111; Wilks and McGowan, op. cit., pp. 227-241.
(8)　Cini and McGowan, op. cit., pp. 41-62; Lorenz, Moritz (2013), *An Introduction to EU Competition Law*, Cambridge University Press, pp. 45-60.
(9)　例外として、加盟国が案件を EU に移譲する手続き（いわゆる「オランダ条項」）、逆に EU 規模を持つ案件の取り扱いを加盟国が請求する手続き（「ドイツ条項」）が企業結合規則で定められている。庄司克宏 (2014),『新 EU 法　政策篇』、岩波書店、332-334頁。
(10)　Lorenz, op. cit., pp. 36-39.
(11)　Wilks, Stephen (2010), 'Competition Policy: Towards and Economic Constitution?' Helen Wallace, Helen, Pollack, Mark A., and Young, Alasdair R. (eds.) *Policy-Making in the European Union*, 6th edition, Oxford University Press, pp. 153-154.
(12)　上田廣美（2007),「域内市場における企業再編—資本の自由移動と開業の自由の原則との関係—」『日本 EU 学会年報』、27号、148-149頁。Cini and McGowan, op. cit., pp. 152-153.
(13)　Eberlein, Burkard (2008), 'The Making of the European Energy Market: The Interplay of Governance and Government', *Journal of Public Policy*, Vol. 28, No. 1, pp. 73-92.
(14)　上田廣美前掲書、149頁。
(15)　Kroes, Neelie (2007), 'Introductory Remarks on Final Report of Energy Sector Competition Inquiry', SPEECH 07/4, 10 January 2007, available at http://europa.eu/rapid/press-release_SPEECH-07-4_en.htm?locale=en, 30 September 2015.
(16)　European Commission (2007), *Communication from the Commission-Inquiry pursuant to Article 17 of Regulation (EC) No 1/2003 into the European gas and electricity sectors (Final Report)*, COM (2006) 851 final, 10 January 2007.
(17)　Case No COMP/M.4110, *E.ON / ENDESA*, OJ C068/9, 21 March 2006.
(18)　European Commission (2006), 'Mergers: Commission approves acquisition by E.ON of Endesa', Press Release (IP/06/528), 25 April 2006, available at http://europa.eu/rapid/press-release_IP-06-528_en.htm?locale=en, accessed 30 September 2015.
(19)　Ibid.
(20)　European Commission (2006), 'Mergers: Commission rules against Spanish Energy Regulator's measures concerning E.ON's bid for Endesa', Press Release (IP/06/1265), 26 September 2006, available at http://europa.eu/rapid/press-release_IP-06-1265_en.htm, accessed 30 September

2015.
(21) European Commission (2006), 'Mergers: Commission opens infringement procedure against Spain for not lifting unlawful conditions imposed by CNE on E.ON's bid for Endesa', Press Release (IP/06/1426), 18 October 2006, available at
http://europa.eu/rapid/press-release_IP-06-1426_en.htm, accessed 30 September 2015.
(22) European Commission (2006), 'Mergers: Commission decides that Spanish measures in proposed E.ON/Endesa takeover violate EC law', Press Release (IP/06/1853), 20 December 2006, available at
http://europa.eu/rapid/press-release_IP-06-1853_en.htm, accessed 30 September 2015.
(23) Case C-196/07, *Commission v Spain*, ECLI: EU: C: 2008: 146 (6 March 2008).
(24) Green, Richard (2007), 'European Union Regulation and Competition Policy among the Energy Utilities', Vives, Xavier (ed.) *Competition Policy in the EU: Fifty Years on from the Treaty of Rome*, Oxford University Press, pp. 298-299.
(25) Cases B8-109/01 and B8-149/01.
(26) Henriksson, Eva (2005), 'Assessing the Competitive Effects of Convergence Mergers: The Case of the Gas-Electricity Industries', Licentiate Thesis, Luleå University of Technology, pp. 23-24.
(27) Ibid.
(28) Wilks, Stephen (2009), 'The impact of the recession on competition policy: amending the economic constitution', *International Journal of Economics of Business*, Vol. 16, No. 3, pp. 272-273.
(29) Ibid., p. 273.
(30) Kroes, Neelie (2010), 'Competition policy and the crisis: the Commission's approach to banking and beyond', *Competition Policy Newsletter*, 2010-1, p. 3.
(31) Aydin, Umut and Thomas, Kenneth P. (2012), 'Introduction: The Challenges and Trajectories of EU Competition Policy in the Twenty-first Century', *Journal of European Integration*, Vol. 34, No. 6, pp. 540-541.
(32) European Commission (2014), *Commission Regulation No 651/2014 of 17 June 2014 declaring certain categories of aid compatible with the internal market in the application of Articles 107 and 108 of the Treaty Text with EEA Relevance*, OJ L187/1, 26 June 2014.
(33) European Commission (2008), *Communication from the Commission – the application of State aid rules to measures taken in relation to the financial institutions in the context of the current global financial crisis*, OJ C270/8, 25 October 2008.
(34) European Commission (2009), *Communication from the Commission–the recapitalization of financial institutions in the current financial crisis: limitation of the aid*

to the minimum necessary and safeguards against undue distortions of competition, OJ C10/2, 15 January 2009.
（35）　European Commission (2009), *Communication from the Commission on the treatment of impaired assets in the Community banking sector*, OJ C72/1, 26 March 2009.
（36）　European Commission (2009), *Commission communication on the return to viability and the assessment of restructuring measures in the financial sector in the current crisis under the State aid rules*, OJ C195/9, 19 August 2009.
（37）　4つのガイドラインの内容と実施状況について、詳しくは以下を参照。多田英明（2011）、「2008年金融危機下の銀行業に対するEU国家援助規制―欧州委員会による加盟国支援措置への対応を中心として―」、RIETI Policy Discussion Paper Series, 11-P-012。
（38）　European Commission (2009), *Communication from the Commission–Temporary Community framework for State aid measures to support access to finance in the current financial and economic crisis*, OJ C16/1, 22 January 2009, p. 5.
（39）　この点は、以下で指摘されている。Cini, Michelle (2014), 'Economic Crisis and the Internationalisation of EU Competition Policy', Rodrigues, Maria J. and Xiarchogiannopoulou, Eleni (eds.) *The Eurozone Crisis and the Transformation of EU Governance*, Ashgate, pp. 33-34. また、クルース委員の発言は、例えば以下を参照。Kroes, op. cit.; Kroes, Neelie (2009), 'Lessons learned from the economic crisis', SPEECH/09/420, 29 September 2009, available at
http://europa.eu/rapid/press-release_SPEECH-09-420_en.htm?locale=en, accessed 30 September 2015.
（40）　See, for example, Almunia, Joaquín (2010), 'State aid: Commission prolongs crisis framework with stricter conditions–trend towards less and better targeted aid continues despite crisis-related spike', SPEECH/10/711, 1 December 2010, available at http://europa.eu/rapid/press-release_SPEECH-10-711_en.htm?locale=en, accessed 30 September 2015.
（41）　European Commission (2014), *Report on Competition Policy 2013*, Commission Staff Working Paper, COM (2014) 249 final, 6 May 2014, p. 5.
（42）　Cini, op. cit., pp. 34-35.
（43）　多田英明前掲書、13-15頁。
（44）　Case 70/72, *Commission v Germany*, ECLI: EU: C: 1973: 87 (12 July 1973).
（45）　Blauberger, Michael (2009), 'Of Good and Bad Subsidies: European State Aid Control through Soft and Hard Law', *West European Politics*, Vo. 32, No. 4, pp. 719-737; Wishlade, Fiona (2006), 'EU State Aid Control', Clarke, Roger and Morgan, Eleanor J. (eds.) *New Developments in UK and EU Competition Policy*, Edward Elgar, pp. 232-261.

(46) European Commission (2012), *EU State Aid Modernisation (SAM)*, COM (2012) 209 final, 8 May 2012.
(47) Kroes, Neelie (2008), 'Competitiveness-the common goal of competition and industrial policies', SPEECH/08/207, 18 April 2008, available at http://europa.eu/rapid/press-release_SPEECH-08-207_en.htm?locale=en, accessed 30 September 2015.
(48) Blauberger, Michael, and Krämer, Rike U. (2010), 'European Competition vs. Global Competitiveness: Transferring EU Rules on State Aid and Public Procurement beyond Europe', *CCP Working Paper*, 10-10, p. 7; Dewatripont, Mathias, and Legros, Patrick (2009), 'EU competition policy in a global market', Telò, Mario (ed.) *The European Union and Global Governance*, Routledge, p. 89.
(49) 和田聡子（2011），『EUとフランスの競争政策』，NTT出版，15-41頁。
(50) Wilks, Ibid., p. 274.
(51) C-52/09, *TeliaSonera Sverige*, ECLI: EU: C: 2011: 83 (17 February 2011).
(52) 庄司克宏前掲書，209-210頁。
(53) Euractiv, 24 October 2013, 'EU's competition rules "stupid and counter-productive", Montebourg says', available at http://www.euractiv.com/eu-elections-2014/europe-competitiveness-rules-stu-news-531285, accessed 30 September 2014.
(54) *Euractiv*, 27 January 2014, '"War is declared" between Montebourg and Almunia', available at http://www.euractiv.com/trade/war-french-minister-eu-competiti-news-533012, accessed 30 September 2015.
(55) European Commission (2010), *Europe 2020: A strategy for smart, sustainable and inclusive growth*, COM (2010) 2020 final, 3 March 2010. ヨーロッパ2020プログラムの対内的および対外的側面についての包括的な分析は、以下を参照。Rodrigues, Maria J. (ed.) (2009), *Europe, Globalization and the Lisbon Agenda*, Edward Elgar.
(56) Bruzzone, Ginevra, and Prosperetti, Luigi (2009), 'Market Integration and Competition Policy: The Challenges Ahead', Micossi, Stefano and Tosato, Gian L. (eds.) *The European Union in the 21st Century: Perspectives from the Lisbon Treaty*, Centre for European Policy Studies, pp. 82-83.
(57) Buch-Hansen, Hubert, and Wigger, Angela (2011), *The Politics of European Competition Regulation: a Critical Political Economy Perspective*, Routledge.
(58) Aydin, Umut (2012), 'Promoting Competition: European Union and the Global Competition Order', *Journal of European Integration*, Vol. 34, No. 6, pp. 668-669.
(59) Papadopoulos, Anestis S. (2010), *The International Dimension of EU Competition Law and Policy*, Cambridge University Press.

第10章
EUエネルギー政策とウクライナ・ロシア問題

蓮 見　　雄

はじめに

　ウクライナ危機は、EUにロシア関係のリスクを再認識させることとなった。2014年に対ロシア経済制裁が導入されているが、2015年12月の欧州理事会は、2016年7月31日まで制裁を延長することを決定した。だが、この間もロシアからEU向けのエネルギー供給は滞ってはいない。中東の不安定化を考慮すれば、EUにとって、ロシア依存に伴うリスクを軽減しつつ、その資源を安定的に確保することは、今後も重要な課題である。

　EUは、ウクライナ問題を契機として、EUレベルのエネルギー・ガバナンスを強化し、エネルギー供給リスクに対する耐性を高めている。この転換点となったのが、2006年のロシアとウクライナの第一次ガス紛争である。その後、2008年のロシア・グルジア（ジョージア）戦争、2009年の第二次ガス紛争、2014年のウクライナ危機と、ロシアと関連する問題が生じる度に、EUエネルギー政策は強化されていった。

　EU加盟各国は、エネルギーミックスも対ロシア関係も大きく異なっているが、エネルギー市場統合を進め、同時に連帯の精神に基づいてEUエネルギー政策を発展させてきた。これが、全体としてロシアに対するバイイングパワーの強化に貢献している。さらに、EUは、エネルギー同盟を目指して、域内外の送電網やパイプライン網の相互接続を強化するためのインフラ建設に着手している。

　本稿でに、まずEU各国のエネルギー事情を踏まえて、EUとロシアのエネルギー関係の変化を確認する。次いで、EUが、ガス紛争から得た教訓に

基づいて、エネルギー・ガバナンスを強化しロシア・リスクに対応してきたことを明らかにする。最後に、EU 主導で国境を越える相互接続を強化し、汎欧州エネルギー・ネットワークの構築が進められようとしている現状と課題について考察する。

第1節　EU 各国のエネルギー事情とロシア

1　EU のエネルギー輸入依存とロシア

2013年時点で、EU28は、世界のエネルギー最終消費の12.4％を占め、中国（19.9％）、米国（16.3％）に次いで、アジア諸国（中国を除き12.8％）と並ぶエネルギー大消費地である。近年、EU のエネルギー輸入依存度は上昇を続けている。1995～2013年に、輸入依存度は、石炭で29.7％から64.6％に、原油・NGL[1]で73％から88.1％に、天然ガスで43.4％から65.3％に上昇し、エネルギー全体で43％から53.2％となった[2]。

EU のエネルギー市場は、1996年の電力指令及び1998年のガス指令（第一次エネルギー・パッケージ）を起点として、2003年の電力・ガス指令改定（第二次エネルギー・パッケージ）を経て、2009年の第三次エネルギー・パッケージに至り、これによって EU のエネルギー市場は質的な変化を遂げ、2014年に提起されたエネルギー同盟によって、さらに変化しつつある。この変化は、EU の最大のエネルギー供給国であるロシアとのあいだで様々な摩擦や対立を引き起こしている[3]。とはいえ、1995～2013年の EU のエネルギー輸入に占めるロシアの割合は、天然ガスで低下している[4]ものの、石炭及び原油・NGL の輸入に占めるその割合は顕著に増加している（図1）。

今後、EU のエネルギー最終消費は減少していくが、化石燃料の域内生産が急速に減少するため、再生可能エネルギー（再エネ）が急増するとしても、その減少をカバーしきれず、輸入依存度は低下せず、むしろ上昇すると見られる。IEA（世界エネルギー機関）の予測によれば、EU のエネルギー最終消費は2040年までに2007年比で15％減少する[5]。エネルギー企業も EU のエネルギー需要は低下すると見ている。例えば BP によれば、EU の一次エネルギー消費[6]は2035年までに 6％低下し、1984年以降で最も低くなる。

第10章　EUエネルギー政策とウクライナ・ロシア問題　*225*

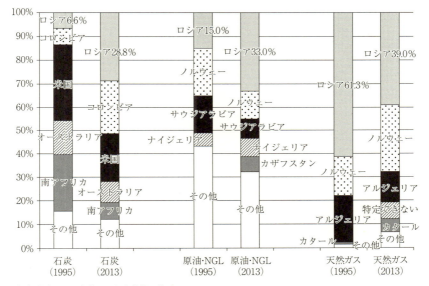

図1　EUのエネルギー輸入国の構成の変化（1995年と2013年）

（注）構成比は、価格ではなく数量に基づいている。
（出典）European Commission, *EU Energy in Figures 2015*より作成。

2013〜35年に、消費量も、再エネ136％増、ガス15％増に対して、石油23％減、石炭54％減となる。2035年時点でも、石油とガスがそれぞれEUの一次エネルギー消費の29％を占めるが、2024年に再エネが石炭を越えて18％に達する。この結果、EUは、2020年にラテンアメリカを越えて世界で最も炭素集約度が低くなり、2027年には、アフリカを越えて世界で最もエネルギー集約度の低い地域となる[7]。

　とはいえ、EUにとってエネルギーの輸入は引き続き重要である。「2050年までのEUのエネルギー、交通、温室効果ガス排出動向−2013年参照シナリオ[8]」によれば、域内エネルギー生産における再エネの割合が2010年の21％（バイオマス15％、その他6％）から2030年に39％（同22％、20％）に増加するとしても、輸入依存度は55％、2050年に57％であり、2013年よりも上昇する。最大の理由は域内における化石燃料生産の減少である。2010〜35年に固形燃料（石炭など）及び石油の生産量はいずれも46％減、天然ガスが31％減

である。

　以上から、EU のエネルギー供給におけるロシアの役割が相対的に低下するとしても、EU にとってロシアの資源を安定的に確保することは今後も重要な課題であることがわかる。BP の予測によれば、EU の天然ガス輸入は多様化し、LNG の純輸入は約3倍の30％に達するが、ロシアからパイプラインで輸入されるガス供給量は15％増加して、シェアも31％前後を維持する[9]。

　では、これはトゥスク欧州理事会常任議長がエネルギー同盟を提唱する際に述べたように「ロシアのエネルギーに過度に依存することはヨーロッパを弱める」[10]ことになるのだろうか。第二次ガス紛争が生じた2009年の BP 統計を利用しハーフィンダール・ハーシュマン指数（HHI）[11]によって欧州[12]のエネルギー供給源の集中度を示した研究[13]によれば、HHI は石油・石油製品で3,228.20、天然ガスで3,215.40である。1,800以下がエネルギー供給源の十分な多角化を示すと考えた場合、欧州のエネルギー供給源の多角化は必ずしも十分ではない。だが、石油・石油製品で7,236.10、天然ガスで5,150.70の日本よりも、欧州ははるかに多角化が進んでいる。

2　EU・ロシアエネルギー関係の変化

　欧州の石油・石油製品と天然ガスの HHI がほぼ同じ水準であるにもかかわらず、また石油換算でみて前者が後者の輸入量の倍以上であるにもかかわらず、EU のエネルギー安全保障問題として浮上したのは天然ガスであった。その契機となったのが2006、09年のガス紛争である。この背景には、少なくとも3つの変化がある。第1に、ソ連崩壊の結果、政治・経済的に不安定なウクライナ[14]が、ロシアから欧州に向かう天然ガスの8割以上が通過するパイプライン通過国となった。第2に EU の東方拡大によって、バルト諸国や中東欧諸国が EU に加盟したが、ガスパイプラインは多角化されておらず、専らロシアのパイプラインに依存していた。第3に、EU のエネルギー市場統合である。ロシアは従来通りの契約条件の維持を望んだが、EU は転売を禁じる仕向地条項の撤廃、最低支払い義務を課すテイク・オア・ペイ条項の撤廃、パイプラインへの第三者アクセスの義務化などを求めた[15]。

3 EU各国のエネルギーミックスの多様性

　加えて、EU加盟国ごとにエネルギーミックスも輸入依存度も大きく異なり、特に天然ガス輸入の対ロシア依存度の違いが、EU内で対ロシア政策をめぐって意見の相違や対立を生む原因となっている。図2は、従来のEU加盟国と2004年以降の新規EU加盟国とに分けて、それぞれ国内エネルギー消費量の規模順に並べ、1995年と2013年のエネルギーミックスを比較したものである。併せて2013年のエネルギー輸入依存度（［　］内）、天然ガス輸入に占めるロシアの割合（〈　〉内）を示している。ドイツは最大のエネルギー消費国であり、輸入依存度は63％、特にガスについてはロシアへの依存度が41％に達しているが、国内総エネルギー消費の10.3％（最終エネルギー消費の12.4％）に達した再エネを含めてエネルギーミックスを多様化し、またガスをノルウェーからも大量に輸入しながら、脱原発を進めている。原発を持たないオーストリアも、輸入依存度は62％と高く、ロシアのガスへの依存度も高い（62％）。イタリアはアルジェリアからの輸入を補うためにロシアからの輸入を増やしている。フランスは、エネルギー消費の42％を原発に依存しているが、天然ガスをほぼ全て輸入に頼る。だが、フランスのロシアへのガス依存度は21％に留まり、主にノルウェーとオランダから輸入している。また、電力輸出は、概してフランスやチェコなど原発に依存している国々にみられる特徴である[16]（図2の0％より左の部分）。イギリスは、2003年まで資源輸出国であったが、北海の資源の枯渇にともない急速に輸入を拡大し、輸入依存度は48％に達している。今のところ、ロシアから天然ガスを直接輸入してはいないが、イギリスとオランダをつなぐBBLパイプラインやイギリスとベルギーをつなぐInterconnectorパイプラインを経由して、ロシアのガスを輸入するインフラはできている。既にドイツとロシアはバルト海海底を通るノルドストリーム・パイプラインで直結されているが、ガスプロムはドイツのBASF／Wintershallやオーストリアの OMV と戦略的提携を結んでおり、ドイツ国内のパイプライン網の整備が進み、また2015年9月には、ロシアがウレンゴイ鉱床の開発権を提供する代わりに、ガスプロムがドイツのWingas等の株式を100％取得し、OMVに資本参加する資産スワップが完了している。このようにガスプロムは欧州企業との協力によって、欧州市場へ

の進出を図ろうとしている[17]。スペインやポルトガルは、輸入依存度が70％以上と高いものの、アルジェリアのガスやLNGを利用しており、ロシアのガスを輸入していない。スウェーデンは、原発と水力が多く、輸入依存度は31％と低い。

4　エネルギーミックスと対ロシア政策をめぐる意見の相違

　ロシアに対する警戒感が強い国々は、歴史的な遺制としてロシアからのパイプラインに頼り、供給源が多角化されていないという共通の特徴をもつ。フィンランド及び中東欧諸国は、天然ガスの100％あるいは大半をロシアに依存している。フィンランドは、水力を含む再エネの利用を拡大するとともに、原発新設によって輸入依存度を引き下げる選択をしている[18]。チェコ、スロヴァキア、ブルガリアなどの原発依存度が相対的に高いのも、ロシア型原発が設置されてきた歴史の遺制である。リトアニアのように、チェルノブイリ型と同型の軽水冷却黒鉛減速炉（RBMK）が閉鎖された例もあるが、その後、2012年の国民投票で否決されたものの日立・GEによる原発新設に向けた協議が再開されている[19]。またリトアニアは2015年からLNG施設を稼働させノルウェーからLNGを輸入し始めており、ポーランドとのパイプライン建設も開始され[20]、今後、ロシア依存度は低下するものと期待されている。エストニアは石炭に頼る。ラトヴィアは再生可能エネルギーの割合が国内消費量の36％と高いが、これは水力とバイオマスによるものである[21]。

　ポーランドはガスをロシアに依存しているが、元々エネルギーミックスに占めるガスの割合は低く、エネルギーの多くを国内の石炭で賄っている。また、2014年には、ドイツとの国境に位置するガス施設の拡張によってポーランドを通過してロシアからドイツが購入したガスをポーランドに再輸出することができるようになった[22]。これは、エネルギー市場統合の成果としてロシアとの契約において仕向地条項が廃止されことから可能になったものである。留意すべきは、ポーランドがロシアから欧州に向かう石油・天然ガスパイプラインの通過国だという点であるドルージバ石油パイプライン、及びウクライナ経由のガスパイプライン、ベラルーシ経由のノーザンライツ及びそれを併走するヤマル・ヨーロッパ・ガスパイプラインが、ポーランドを経由

第10章　EUエネルギー政策とウクライナ・ロシア問題　*229*

図2　EU加盟国のエネルギーミックスの多様性と変化（1995年、2013年）

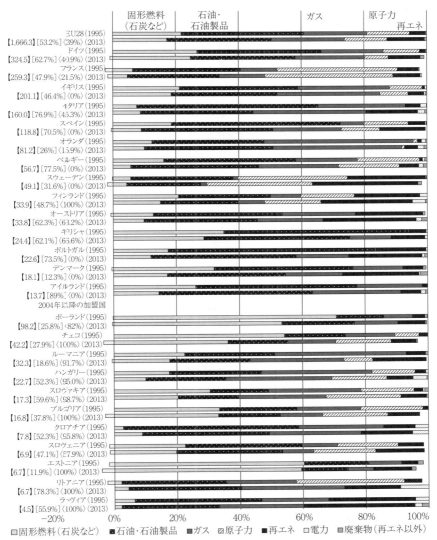

（注）【　】は、2013年の国内総エネルギー消費量（100万t石油換算）。［　］は、2013年のエネルギー輸入依存度（％）。〈　〉は、2013年の天然ガス輸入のロシア依存度（％）。ルクセンブルク、キプロス、マルタは割愛した。なお、ポーランド、クロアチアの〈　〉については2009年の数値。

（出典）European Commission, *EU Energy in Figures 2015*及びEurostatより筆者作成。

してロシアとドイツを結んでいる[23]。ポーランドが、ロシアに対して強硬な立場を取ることができ、かつてノルドストリーム建設に反対し、今再びノルドストリーム２建設に強く反発している背景には、こうした事情がある。

5　EUの共通課題と連帯

以上のように、EU 各国のエネルギー事情は大きく異なっており、しかもエネルギーミックスの選択は依然として国家主権に属している。欧州におけるエネルギー安全保障をめぐる議論は、EU 対ロシアという二項対立、あるいは脱ロシア依存という単純な議論に陥りがちであるが、現実には各国の利害が交錯しており、だからこそ対ロシア政策をめぐって EU 内で対立が生じるのである。

同時に、EU 諸国にとって共通の課題となっているのは、対ロシア交渉力を強化しつつロシアの資源を安定的に確保することである。2000年に公表された「エネルギー供給の安全保障のためのグリーンペーパー」は、こう指摘している[24]。「供給の安全保障はエネルギー自給率の最大化や依存度の最小化を目指すものではない。その目的は、そうした依存に関連するリスクを最小化することである」。後述するように、その鍵を握るのがエネルギー政策における連帯であり、それは既に成果を生んでいる。例えば、上述の国境を越えてパイプラインを相互接続するインフラの建設は、EU レベルでのインフラ整備計画の一つであるバルト・エネルギー市場相互接続計画（BEMIP）が実現に向けて動き出した最初の事例である。また、エネルギーミックスの違いにもかかわらず、各国が総じて再エネの割合を高め、EU 全体としての最終エネルギー消費に占めるその割合が15％に達し、それは化石燃料依存や輸入依存を抑制している。これが実現したのは、やはり再生可能エネルギー指令に基づいて各国別の目標値が設定されているからこそである。

第２節　ガス紛争を契機とする EU エネルギー政策の発展

1　2000年グリーン・ペーパー

EU レベルのエネルギー政策発展の転機となったのは、実は2006年のウク

ライナ・ロシアの第一次ガス紛争である。2008年のグルジア戦争、2009年の第二次ガス紛争、2014年のウクライナ危機と、ロシアと関連する問題が生じる度に、EUのエネルギー政策は急速に強化されていった。

もちろん、EUエネルギー政策を強化する動きは、それ以前からあった。1993年に批准されたマーストリヒト条約に「持続的成長と統合」が書き込まれ、1997年のアムステルダム条約には持続可能な発展のための環境統合原則が規定された[25]。1996年の電力指令、1998年のガス指令によってエネルギー市場統合も開始された。加えてEUのエネルギー輸入依存度が高まる中で石油価格が高騰し始めていた。これらの変化を背景として、欧州委員会は、2000年に「エネルギー供給の安全保障のためのグリーンペーパー」を公表したのである[26]。同文書によれば、EUのエネルギー協力を支える制度として欧州石炭鉄鋼共同体（ECSC）[27]とユーラトムが存在するが、「加盟国は、欧州経済共同体（ECC）設立条約に共通エネルギー政策の基礎を置くという選択をしなかった。後のマーストリヒト条約やアムステルダム条約の交渉においてエネルギーに関する章を加える試みも失敗に終わった。」

2　2006年グリーン・ペーパー

その後、2006年初頭のガス紛争を契機として、EUのエネルギー政策は急速に発展する。同年3月、欧州委員会は、新グリーンペーパー「持続可能で競争力ある安定したエネルギーのための欧州戦略」を公表した[28]。この文書は、次の6つの優先課題を提起した。（1）成長と雇用のための域内エネルギー市場の統合（国境を越えたエネルギー網の統合、優先的インターコネクション［国境を越える電力の相互接続容量を電力生産の10％に拡大］、自由化［アンバンドリング］、投資等）、（2）加盟国の連帯（インフラ、ネットワーク、備蓄の確保等）、（3）持続可能で効率的な多角的エネルギーミックス（エネルギーミックスの国家権限に対する明確な欧州の枠組を示す戦略的エネルギーレビュー、低炭素エネルギー源の目標値等）、（4）気候変動対策（エネルギー効率、再エネ工程表、EU-ETS［温室効果ガス排出取引制度］、CCS［二酸化炭素回収・貯留技術］等）、⑤エネルギー技術の研究・開発（SET- plan）、⑥一貫した対外エネルギー政策（主要供給国との対話、トルコ、ウクライナ、アルジェリア、カスピ海・地中海諸国を含むエネルギー共同体条

約、汎欧州エネルギー・ネットワーク等）。これを受けた同年3月の欧州理事会は、「有効な共同体政策、加盟国の結束、異なる政策分野における行動の一貫性、及び供給の安全保障、競争力、環境的持続可能性の3つの目的をバランスよく実現することを目指すヨーロッパのためのエネルギー政策を求め」、2007年から定期的に戦略的エネルギーレビューを示すとの欧州委員会の方針を歓迎した[29]。

この欧州理事会に提出された欧州委員会とソラナ共通外交安全保障政策上級代表の共同文書「ヨーロッパのエネルギー利益に奉仕する対外政策」は、「一貫した（全てのEU政策、加盟国、産業に支持された）、戦略的な（エネルギー関連の安全保障問題の地政学的側面を完全に認識した）、焦点を絞った（EUレベルの行動が明らかにその利益を促進しうる取り組みを目指す）ものでなければならない」と指摘し、「事前にEUの利益を明確にした」対外エネルギー政策の必要性を訴えた[30]。6月の欧州理事会では、同文書が承認され、「エネルギー安全保障の対外的側面が政策全体の重要な構成部分であり、行動計画に含まれなければならない」ことが確認された[31]。10月の政策文書「対外エネルギー関係－原則から行動へ」は、一方においてEUのエネルギー政策の「一貫性」、「戦略的に重要な」生産国や消費国と二者間の協力強化、国際協定の主導権の確保（近隣諸国へのEUエネルギー規制の拡大、エネルギー憲章、気候変動対策、排出取引制度等）を前提として、ロシアにパイプラインの第三者アクセス（開放）など市場や投資の「公正な競争の場」を求めている。他方において、同文書は「EUとロシアのエネルギー協力は欧州大陸におけるエネルギー安全保障にとって極めて重要」であり、「ロシアはEU市場が提供するエネルギー需要を確保する方法を求め」「EUはエネルギー安全保障のためにロシアの資源が必要」であり、「明らかな相互依存が存在する」ことを確認している[32]。10月20日、フィンランドのラハティで行われた非公式の欧州理事会は、同文書に基づきエネルギー問題を協議し、ロシアとの非公式首脳会談を行っている[33]。なお、その前日には、2020年までにエネルギー消費を20％削減する目標を設定した「エネルギー効率行動計画」が出されている[34]。

2006年7月に締結されたエネルギー共同体条約も見落としてはならない[35]。これは、EUの潜在的加盟候補国とされている南東欧諸国とのあいだ

で締結され、2009年12月にウクライナ、モルドバが参加し、ノルウェー、トルコ、アルメニアがオブザーバーとなっている。これは、対象諸国で、エネルギー分野のEU法を適用し、規制機関を立ち上げ、エネルギー市場の自由化を目指す法的拘束力をもつ多国間協定である。これは、カスピ海、中央アジア、中東地域からのパイプライン・ルートの諸国をEUのエネルギー市場に統合しようとする政策である。

3 2007年第一次戦略的エネルギーレビュー

こうした方針を踏まえて、2007年1月10日、第一次戦略的エネルギーレビュー「ヨーロッパのためのエネルギー政策[36]」と次のような一連の関連文書からなるエネルギー政策パッケージが公表された。「ガス・電力域内市場の展望[37]」、「持続可能な化石燃料発電[38]」「原子力実例プログラム[39]」、「バイオ燃料進捗報告書[40]」、「優先的相互接続計画[41]」、「ヨーロッパ戦略的エネルギー技術計画[42]」、「再エネ工程表[43]」、「再生可能電力進捗報告書[44]」。

同年3月の欧州理事会は、「加盟国のエネルギーミックスと一次エネルギー源の選択の加盟国の主権を完全に尊重しつつ、連帯の精神に支えられながら」、「欧州のためのエネルギー政策」に基づいて、ガス・電力域内市場、供給の安全保障、国際協力、エネルギー効率・再生可能エネルギー、エネルギー技術に関する2007〜09年の行動計画を推進することを決定した[45]。

以上のように、2006年初頭のガス紛争後のわずか1年間でEUのエネルギー政策の骨子は、ほぼできあがっていたのである。

その後、欧州委員会は、このエネルギー政策パッケージを具体実施していく作業を進める。9月には、「ヨーロッパにエネルギーを－安定した供給ができる本当の市場」と題して第三次エネルギー・パッケージが公表された[46]。これには次のような法令案が含まれており、修正の上2009年に採択されている[47]。電力の国境を越えた交換のためのネットワークアクセス条件（規則）、電力域内市場の共通ルール（指令）、天然ガス・トランスミッション・ネットワークアクセス条件（規則）、天然ガス域内市場の共通ルール（指令）、エネルギー規制協力機関（ACER）の設立（規則）。

4　2008年気候変動・エネルギー・パッケージ

さらに2008年1月には、2020年までに温室効果ガスを1990年比20％削減し、最終エネルギー消費に占める再エネ比率を20％に引き上げることを目指す「20 20 by 2020」[48]と関連する指令案（EU-ETS変更、EU-ETS対象外産業の目標設定、再生可能エネルギー利用促進、CO_2回収・貯留（CCS）、環境保護国家支援ガイドライン）を含む気候変動・エネルギー政策パッケージ（いわゆる「20・20・20」戦略）が公表され、12月の欧州理事会で合意に達し[49]、やはり2009年に一連の指令が発効している[50]。

5　2008年第二次戦略的エネルギーレビュー

2008年8月のグルジア（ジョージア）戦争は、EUのエネルギー政策をさらに加速する役割を果たした。グルジアは、地下資源に乏しい国であるが、カスピ海から石油を運ぶパイプラインが通過するトランジット国であったからである。アゼルバイジャンの石油は、グルジア経由で黒海に面したスプサ港に至る西ルート、バクーからグルジアのトビリシ経由でトルコのジェイハンに至るBTCパイプラインによって運ばれている。2008年11月、欧州委員会は、「第二次戦略的エネルギーレビュー：エネルギー安全保障・連帯行動計画」を公表した[51]。同文書は、次のように、連帯と相互接続の重要性を強調している。「域内エネルギー市場について、特定の国家の解決策はしばしば不十分である。リスクを共有し分散させ、世界の諸問題におけるEUの総合的な重要性を最大限利用する戦略が、国家のバラバラな行動よりも有効である」。「加盟国の多くがたった一つの供給者に圧倒的に依存しているガスについては最も懸念が大きい」。「EUは、一つの声を上げ、エネルギー安全保障にとって主要なインフラを特定し、その建設を着実に進め、重要なエネルギー供給国、通過国、消費国との協力を深めるための一貫した行動をとり、効果的な対外エネルギー政策を発展させるよう力を傾注しなければならない」。「域内市場における相互接続と連帯は、統合市場システムが自ずと持つ特徴であるばかりでなく、個々のリスクを分散し低減するためにも同様に不可欠である」。

以上のように、2006年のガス危機を契機として、EUエネルギー政策が極

めて急速に形成され、また2008年のグルジア戦争は、それを加速した。つまり、2009年の第二次ガス紛争の前には、EUエネルギー政策の方向性とその方策は明確に定まっていたのである。

6　リスボン条約194条、エネルギー2020戦略、ロシアとの協力再構築

こうしたEUレベルのエネルギー政策の強化は、基本条約に反映されることとなる。2009年末に批准されたリスボン条約194条は、「加盟国の連帯の精神」に基づいて、EUが、（1）エネルギー市場機能の確保、（2）エネルギー供給の安全保障、（3）エネルギー効率の改善と再生可能エネルギーの促進、（4）エネルギー・ネットワークの相互接続の促進を行うことを定めた。これにより、エネルギー政策は、EUと加盟国の共有権限（shared competence）となり、当該分野におけるエネルギー政策を欧州委員会が主導しうる体制が整ったのである。

2010年、一連の政策は「エネルギー2020－競争的で持続可能な安定したエネルギーのための戦略[52]」に集約され、2011年には「より広い規制の領域」を目指す「エネルギー供給の安全保障と国際協力について－『EUエネルギー戦略：域外のパートナーへの関与』[53]」が公表された。

このように、EUは、エネルギー政策の体制を整えた上で、2009年11月からノルドストリーム（ウクライナを迂回しドイツとロシアを直結するパイプライン）を「ヨーロッパの利益」プロジェクトとして建設に着手する[54]などロシアとの協力強化を進めた。EUとロシアの間では、2000年以降、エネルギー対話が継続されているが、2009年には「エネルギー分野における早期警戒メカニズム覚書」が交わされ、2011年に改訂されている。また、同年には「2050年までのEU・エネルギー協力工程表」準備覚書が交わされ、2013年に調印されている[55]。

その後、EUは、2013年の新たなグリーンペーパーを基礎に「2020～2030年の気候変動・エネルギー政策枠組[56]」を公表し、ウクライナ危機を契機に「欧州エネルギー安全保障戦略[57]」を作成し、これらに基づいてエネルギー同盟パッケージ「前向きの気候変動政策を伴った強靱なエネルギー同盟」によって、2030年までに温室効果ガスを1990年比40％削減し、最終エネルギー

図3 EUエネルギー政策の発展とウクライナ危機、ロシア問題

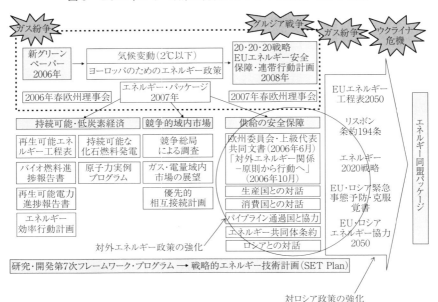

（出典）K. Kellner, Energy Policy for Europe –Action Plan 2007-2009
（www.kudemokracji.home.pl/doc/ppt/kellner.pdf）の図に大幅な加筆・修正。

消費の27％を再生可能エネルギーにし、エネルギー効率を27％改善し、国境を越える電力の相互接続容量を発電量の15％にすることを目指してガバナンスを強化し「エネルギー同盟工程表」を実現しようとしている[58]。以上のエネルギー政策の発展の経緯を簡潔にまとめたものが図3である。

第3節　ガス紛争からEUが得た教訓——相互接続の欠如——

2006年初頭のガス紛争は、ロシアが政治・外交の「武器」としてエネルギーを利用したとの言説を生んだが、その効果は実際には限定的であった[59]。ロシアのウクライナへのガス供給の制限は、1993, 94, 95年と何度も繰り返されてきたが、この時点までは安全保障問題と認識されることはなかった。ウクライナが未払いやパイプラインから欧州向けのガスを抜く（サ

イフォニング）としても、ロシアは欧州向けのガス供給を続けてきたからである。ところが、2005年末〜06年初頭のガス供給停止は安全保障問題として批判の対象となった。確かに、その背景には、2004年のオレンジ革命で欧米寄りの政権が誕生したという政治的変化とロシアの反発がある。だが、そもそもロシアがウクライナに対して50ドル/1,000m^{3}から230ドルへのガス価格の値上げを要求したのは、ロシアが「近い外国」と呼んできた国々に対する特恵価格を廃止し市場価格にするという経済的動機によるものであり、同様の紛争は、親ロシアと見なされているパイプライン通過国ベラルーシとの間でも生じている[60]。

2009年初頭、再びガス紛争が生じ、1月6日夜〜7日にかけてウクライナ経由のガス供給が全て停止され、それは20日まで続いた。特に影響が大きかったのは、中東欧や南東欧の国々であった（表1）。だが、EUの対応は冷静なものだった。例えば、欧州委員会が2009年7月16日に公表した「2009年EU向けガス供給途絶の検証」は、ガス供給「途絶はロシアのガスプロムとウクライナのナフトガスの商業上の（commercial）問題」であるが、「EUは、より商業的な基礎に移行しはじめた非EU企業間の商業上の紛争の犠牲となった」と指摘している[61]。また、同日に公表された「ガス供給安全保障指令2004/67/EC検証報告書」は、「2009年に第三国からのガス供給の途絶は20％に達したが、それが続いたのは『わずか』14日間であって8週間ではない」と述べている[62]。

では、ガス紛争から、EUはどのような教訓を引き出したのだろうか。この2つの文書は、以下のようにエネルギー政策における連帯を強調している。

―緊急事態に適切な行動をとるための需要、供給、備蓄の透明性と情報が欠けていた。ガス系統運用者ネットワーク（ENTSO-G）と協力しながら、「公共財としての供給の安全保障と危機予防・軽減」を図るべきである。
―EUは、情報センターとしての役割を担い、ガス供給確保の指令（2004/67/EC）が定めるガス調整グループを支援した。これにより、「圧力をかける加盟国があったにもかかわらず、EUは共通のアプローチを堅持することに成功した」。しかし、各国の状況が異なり、対策の一貫性が欠

表 1　2009年ガス紛争時の欧州諸国の状況

国	輸入の減少率	多角化	ガス備蓄	代替燃料
EU 加盟国				
ブルガリア	100%	なし	ガス需要の35%、2、3日	20日
スロバキア	97%	なし	ガス需要の76%、数週間	1ヵ月
ギリシャ	80%（ブルガリア経由、トルコ経由）	LNG ターミナルのみ、フル稼働、LNG 発注増加	LNG ターミナルのみ	1月末まで、ガスプラント1カ所を石油に切り替え
オーストリア	66%	ノルウェー、ドイツからの輸入増加	数週間	あり
チェコ	71%	ノルウェー、ドイツ経由でヤマルから800万 m^3	40日、国内生産15%増加	使われなくなっていた石炭、石油を利用可能
スロベニア	50%	イタリア経由のアルジェリア産ガス、オーストリアからのガス（しかし、増加せず）	月曜日までオーストリアのガス備蓄から。その後、20%供給減少	あり
ハンガリー	45%	ノルウェー産ガス 5 ％増加	45日	原油90日、燃料油30日
ポーランド	33%	減少分の半分はヤマルから調達。ノルウェーからの輸入増加。	数週間	あり
ルーマニア	34%	なし	国内生産増加（60%）、備蓄の利用	あり
ドイツ	南ドイツで60%　全土で10%	ヤマルから2,000万 m^{3}を追加、ノルウェー、オランダから増加	数週間	現状では必要なし
イタリア	25%	リビヤ、ノルウェー、オランダからの輸入増加	全体で需要の79%相当、需要の50%を供給	現状では必要なし
フランス	15%	産業に供給	全体の80%	現状では必要なし
エネルギー共同体条約締結国				
セルビア	100%	ハンガリーと再交渉して12%増加	100万 m^3、1 日分に満たない。生産で 8 ％を賄う。	3週間分の燃料油
ボスニア・ヘルツェゴビナ	100%	なし	なし	燃料油のみ20日
マケドニア	100%	なし	なし	産業用の石油備蓄のみ
クロアチア	40%	イタリアからの調達について交渉したが利用せず。	国内生産増加（43%）、備蓄された50億 m^{3}を引き出し	産業用の燃料油
モルドバ	100%	なし	なし	なし

（出典）European Commission Press Release, 9 Jan. 2009.

けていた。国内市場リスクに対するトレーダーの反応が、域内市場にガスを送る妨げとなり、危機を増幅させた。
―エネルギー効率の改善や代替エネルギーは、危機対策として有効であった。ガス備蓄も有用だが、長期に依存できるものではなく、ガス網の整備の代わりになるわけではない。
―危機直後に、ロシアは、ベラルーシ・ポーランド経由のヤマル・パイプラインやトルコ経由のブルーストリームによるガス供給を増加し、またEU側ではイギリス・ベルギー間のパイプラインの逆送、オランダ・イギリス間のパイプラインの供給量の削減などの対応がとられた。その後も、ドイツ、イタリアからクロアチアへのガス供給が増加され、チェコ・スロバキア間の逆送、ギリシャ・ブルガリア間の逆送、スペインからギリシャ、トルコへのスポットLNGの供給などの手立てがとられた。しかし、それは不十分であり、EUとしての共同行動ではなかった。
―このため、「相互接続（interconnection）欠如と物理的孤立」が生じた。ガス系統運用者（TSO）間の協力とパイプライン網アクセスを改善するには、「明確に定義され一貫性のある政治枠組」と投資が必要である。「相互に連結された市場が多くなればなるほど、ガス輸送の柔軟性が高まり、燃料代替の選択肢が増え、単一の供給者に大きく依存するリスクは低下する」。
―域内市場は、強力な対外関係によって補完されるとの認識に立ち、供給国を多角化し、主要供給国、トランジット国と早期警告や危機対応について協力関係を構築する必要がある。そのためには、EUとしての共通の対応と政治的連帯が必要である。
―特に重要なのは、中東欧や南東欧の国々のガス供給の多角化であり、インフラの整備が必要である。

　以上を一言で表現すれば、ガス域内市場の統合が不十分で「相互接続の欠如と物理的孤立」が生じたのであり、「再ガス化ターミナルとパイプラインによるガス輸入インフラへの投資が必要」であるが、「顧客に届く相互接続と下流のインフラへの投資も必要である。ガスは物理的に利用され流通しうるものであり、インフラへの投資は供給の安全保障に役立ちうる」。

第4節　相互接続強化による汎欧州エネルギー・ネットワークの構築

　こうして、連帯の精神に基づいてエネルギー政策を進めると同時に、汎欧州ネットワーク・インフラを物理的に接続することが次なる課題となった。「相互接続の欠如と物理的孤立」を根本的に解消する策として、2010年に「2020年以降のエネルギーインフラ優先課題：統合されたヨーロッパ・エネルギーネットワークの青写真[63]」が示された。同文書は、冒頭で次のように指摘している。

　「適切に統合された信頼できるエネルギー・ネットワークは、EUのエネルギー政策目標にとってばかりでなく、EUの経済戦略にとっても必須の前提条件である」。「EUは、時代遅れで十分に相互接続されていなかったエネルギーインフラの対価を支払う。2009年1月、東欧におけるガス途絶は、逆送という選択肢がなく、相互接続・備蓄のインフラが不適切であったことによって、解決を妨げられたのである。陸上、洋上ともに電力グリッドの相互接続が不十分であるために、北海とバルト海地域の洋上風力発電の急速な発展が妨げられている。EUと近隣諸国とのあいだで追加的な相互接続がなければ、南欧と北アフリカの膨大な再生可能エネルギーの潜在力は活用できないだろう。EUが、緊急課題として、知的で効率的で競争的なエネルギー・ネットワークに投資し、エネルギー効率改善のためのその潜在力を活用しなければ、途絶のリスク、コスト及び損失ははるかに大きなものとなるだろう」。「新しいEUのエネルギーインフラは、大陸規模でネットワークの発展を調和させ最適化することが求められている」。

　その上で、同文書は、2020年実現を目指す優先課題として、電力グリッド（北海洋上送電網、北欧・中欧の相互接続、南欧・西欧の相互接続、中東欧・南東欧の相互接続）、ガスネットワーク（カスピ海・中央アジア・中東からの南ガス回廊、中東欧・南東欧の相互接続、バルト海エネルギー市場の相互接続）スマートグリッド技術開発、また長期的な課題として、電力ハイウェーとCO_2輸送インフラの整備を掲げ、国境を越え、さらにはEUの境界をも越えた汎欧州エネルギー・

ネットワーク・インフラの統合計画を示している。

　国境を越えた交通、通信、エネルギーのネットワークを相互接続するために必要な優先すべき「共通の利益」プロジェクトが新たに定義され、これに投資するための予算枠組として、2011年に提案され2013年に批准されたのがコネクティング・ヨーロッパ・ファシリティ（CEF）[64]である。2014-2020年のEU予算から304億€がCEFに拠出され、そのうち240.5億€が交通に、10.4億€が通信に、そして53.5億€がエネルギー分野にして割り当てられている[65]。これにあわせて、トランス・ヨーロピアン・ネットワークのガイドラインも見直され[66]、約250の「共通の利益」プロジェクトが特定され、これらを踏まえて2010年の青写真を発展させる形で公表されたのが、「欧州とそれを越える長期インフラの展望[67]」である。同文書は、域内市場に留まらず、「エネルギー共同体条約締結国、近隣諸国、戦略的エネルギーパートナーと緊密な協力を続け、相互利益になるプロジェクトを進めるべきだ」と指摘している。2014年10月には34件のエネルギーインフラに6.47億€[68]、2015年7月に20件に1.5億€の投資を開始することが合意されている[69]。

おわりに

　EUは、日本と同様に、化石燃料の多くを輸入に依存している。ガス紛争は、EUのエネルギー・ネットワークの「相互接続の欠如と物理的孤立」を露呈させ、ロシア・リスクを再認識させた。だが、2000年のグリーンペーパーが指摘していたように、「エネルギー供給の安全保障はエネルギー自給率の最大化や依存度の最小化を目指すものではない。その目的は、そうした依存に関連するリスクを最小化することである」。EUは、2006年のガス紛争を奇貨として、連帯の精神に基づいてエネルギー市場統合を進め、EUレベルのエネルギー・ガバナンスを強化することに成功した。それは、EUのバイイングパワーを強化し、ウクライナ問題にも関わらず、ロシアを安定供給源として活用することを可能にしている。その力の源泉は、供給源の多角化と消費国協力（外交）、及び再生可能エネルギーの実用化を含めたエネル

ギーミックスの多様化（内政）を推進しうる制度構築である。さらに EU は、ウクライナ危機を契機としてエネルギー同盟を提起し、エネルギー・ネットワークのインフラを物理的に相互接続し、汎欧州エネルギー・ネットワークの構築に着手している。

同時に、EU・ロシアのエネルギー関係の変化は、ロシアの東方シフトを加速させ、アジアのエネルギー市場の重大な影響を与え始めており、アジアでもパイプライン網が広がり、消費国協力の重要性が増している[70]。ロシアの東方シフトは、ロシアの資源を開発しアジアに輸出することを目指すメジャーの利害とも一致しており[71]、油価の低迷と対ロシア経済制裁が続くとしても、長期的な趨勢は変わらないと考えられる。日本が、主体性を持ってロシアとの関係を構築するには、単に二国間に留まらず、北東アジア諸国との協力と国内エネルギー市場の自由化という二つの課題を同時に解決していかなければならない。したがって、EU の経験は、日本のエネルギー政策、とりわけ対ロシア政策に多くの示唆を与えてくれるだろう。

しかし、EU エネルギー政策には、多くの問題が残されている。ここでは、今後を占う上で重要になると考えられる 3 つの論点を指摘しておきたい。

第 1 に、投資資金である。国境を越えるインフラの整備には膨大な資金が必要であり、CFE は「共通の利益」プロジェクトに集中するとしても不十分である。鍵を握るのは、民間資本の参加である。EU は、欧州戦略投資基金を新設し融資保証を通じて、その15倍の約2,200億 € を長期投資のために調達しようとしているが、これが機能するかどうかは未知数である[72]。2015年 9 月に資本市場同盟の行動計画[73]が公表されたが、エネルギー同盟の成否は、資本市場同盟の将来とも関連していると考えられる。

第 2 に、ガスプロムと Shell、OMV、E.ON、Engie、BASF/Wintershall が協力して増設を進めようとしているノルドストリーム 2 をめぐる、ドイツ、フランス等の主要国とポーランドをはじめとする中東欧諸国の対立である。その背景には、各国ごとのエネルギー政策や対ロシア政策の違いがある。今回は、イタリアも反対しているが、その背景にはドイツとの利害対立がある。一方でサウスストリームの建設によってロシア資源を確保し欧州市

場における地歩を固めようとしていた Eni の試みがロシアの一方的なサウスストリーム建設中止によって頓挫し、他方でノルドストリームの増設は E.ON や BASF 等のドイツ系企業の競争力を強化することになり、結果としてイタリア系企業は欧州市場で劣位に立たされることになる、とイタリアは懸念している。2015年12月18日の欧州理事会後に、ポーランド出身のトゥスク欧州理事会常任議長は、「ノルドストリーム２は、多角化にもエネルギー依存の低減にも役立たない」と述べ、またイタリアに配慮して「サウスストリームが不可能で、ノルドストリーム２が可能である理由を明確にすることも重要である」と指摘している。ただし、欧州理事会の結語は、「いかなる新しいインフラも、第三次エネルギー・パッケージ、その他の EU 規則及びエネルギー同盟の目的に完全に合致しなければならない」としているものの、ドイツに配慮してノルドストリーム２の名は記載されていない[74]。協力して低炭素経済への転換を進め化石燃料への依存そのものを低減しながら、ロシア資源への「依存に伴うリスクの最小化」のために連帯できるかどうか、EU の内政が問われている。

　第３に、油価低迷と対ロシア経済制裁の EU のエネルギー安全保障への影響である。欧米の経済制裁は、金融、及び深海・北極海・シェール開発に関連する機器・技術・サービス等の提供に的を絞っている[75]。既存油田が毎年２％減産し、制裁の影響で新規開発が２年遅れると、ロシアの石油生産量の現状維持は困難だと予想されている[76]。EU の場合、ガスは制裁の対象外となっているが、資金不足からロシアのガス田の新規開発が遅れ、同時にアジアへの輸出が増加するとすれば、欧州向けのガスの確保が困難になる可能性もある[77]。これは、エネルギーの安定供給を確保するために、ロシア以外の国々との協力を強化しつつ、同時にいかにしてロシアと建設的な妥協に基づいてロシアの資源開発を促進するか、EU の外交が問われているのである。

　　［付記］脱稿後、2016年２月16日、欧州委員会は、LNG・備蓄戦略［COM (2016) 49 final］、冷暖房戦略［COM (2016) 51 final］、ガス供給の安全保障の新ルールの提案［COM (2016) 52 final］、EU 諸国と非 EU 諸国のエネルギー協定の新ルールの提案［COM (2016) 53 final］など一連の文書を公表

し、さらに連帯原則に基づいて、欧州レベルでエネルギー政策を進める方針を示している。

(1) NGL=Natural gas liquids。天然ガスから分離・回収された液体炭化水素で天然ガス液と訳されるが、油田の随伴ガスから分離回収される液体分も含めて NGL と総称される。独立行政法人石油天然ガス・金属鉱物資源機構（JOGMEC）石油・天然ガス用語辞典を参照。http://www.jogmec.go.jp/
(2) European Commission（2015a）*EU Energy in Figures 2015*及び Eurostat。以下、特に注記しない限り、これらによる。なお、ここで1995年と2013年を比較しているには理由がある。1995年は、EU のエネルギー市場統合が開始される前年であり、つまりエネルギー市場統合がもたらす影響がない段階である。また2013年は、ウクライナ危機を契機として対ロシア経済制裁が導入される2014年の前年であり、制裁の影響がない段階である。
(3) 蓮見雄（2016a）「ロシアの対欧州エネルギー戦略」杉本侃編『北東アジアのエネルギー安全保障』（日本評論社）を参照。
(4) EU の天然ガスの対ロシア輸入依存度は、近年30％前後で推移しており、前年の2012年も32％であるにもかかわらず、2013年は39％となっている。だがこれは、EU の交渉力が強まった結果である。欧州各社は、2012年の石油価格高騰時であったにもかかわらず、ロシア国営ガス会社ガスプロムに平均15％の値引きと長期契約条件の緩和を認めさせ、割高な LNG 輸入を減らし、ロシアからのパイプラインによるガス輸入を増加させた結果、対ロシア輸入依存度が高くなった。蓮見雄（2015a）「EU におけるエネルギー連帯の契機としてのウクライナ」『EU の連帯』日本 EU 学会年報第35号、有斐閣、108-109頁、121-124頁を参照。
(5) IEA (2015) *World Energy Outlook 2015*.
(6) 一次エネルギー消費＝国内総消費－非エネルギー利用
(7) BP (2015) *Regional Insights: European Union*.
http://www.bp.com/en/global/corporate/energy-economics/energy-outlook-2035/country-and-regional-insights/european-union-insights.html
(8) European Commission (2014a) *EU Energy, Transport and GHG Emissions Trends to 2050–Reference Scenario 2013*.
(9) BP (2015) *op. cit.*
(10) D. Tusk (2014) A United Europe Can End Russia's Energy Stranglehold, *Financial Times*, April 22.
(11) 当該部門に属する全経済主体の市場率の二乗和。10,000で完全独占。
(12) トルコを含む。
(13) J. Verdugo and B. Muñoz (2012) "Energy Dependence, Vulnerability and the Geopolitical Context – A Quantitative Approach to Energy Security ", -in: J. Quemada, J. Verdugo and G. Escribano eds., *Energy Security for the EU in the 21st*

Century – Markets, Geopolitics and Corridors, Routledge, pp.41-42.
(14) 詳しくは、以下を参照。蓮見雄（2014a）「デフォルト危機を招くウクライナの脆弱な経済構造」『エコノミスト』3月18日号、蓮見雄（2014b）「誰がウクライナを救うのか？－経済面から冷戦後最大の東西危機を解剖」e-World WEB新書版、時事通信社、3月26日。
(15) 蓮見（2015a）を参照。
(16) 再エネを促進しているドイツも電力輸出している。出力変動の大きい再エネを安定利用するためにも、国境を越える送電網の相互接続強化は、重要な課題である。
(17) 蓮見（2016a）を参照。
(18) 原発もウランの輸入に依存していることに留意すべきである。
(19) http://www.world-nuclear.org/info/Country-Profiles/Countries-G-N/Lithuania/
(20) European Commission (2015b), First gas interconnector Poland-Lithuania ends energy isolation of the Baltic States, 15 October 2015 press release.
(21) 蓮見雄（2016b）「地の利を生かしたエネルギー政策－再生可能エネルギー・ガス貯蔵・地域協力」志摩園子編『ラトヴィアを知るための50章』（明石書店）を参照。
(22) *The Economist*, 4 April 2014.
(23) IEA (2014) *Energy Supply Security 2014*, pp.359-373.
(24) European Commission (2000) Green Paper-Towards a European Strategy for the Security of Energy Supply, COM (2000) 0769 final.
(25) 福田耕治（2009）「グローバル・ガバナンスとEUの持続可能な発展戦略－気候変動抑制と再生可能エネルギー政策を事例として－」福田耕治編『EUとグローバル・ガバナンス』（早稲田大学出版部）を参照。
(26) European Commission (2000) *op. cit.*
(27) ECSC条約は2002年に失効している。
(28) European Commission (2006a) Green Paper-A European Strategy for Sustainable, Competitive and Secure Energy, COM (2006) 105 final.
(29) European Council (2006a) Conclusions 7775/1/06 REV1.
(30) An External Policy to Serve Europe's Energy Interests-Paper from Commission/SG/HR for the European Council, S160/06, 2006.
(31) European Council (2006b) Conclusions 10633/1/06 REV1.
(32) European Commission (2006b) External Energy Relations-from Principles to Action, COM (2006) 590 final.
(33) http://www.eu2006.fi/NEWS_AND_DOCUMENTS/OTHER_DOCUMENTS/VKO42/EN_GB/1161383205709/INDEX.HTM http://en.kremlin.ru/events/president/news/36476
(34) European Commission (2006c) Action Plan for Energy Efficiency: Realising the Potential, COM (2006) 545 final.

(35) https://www.energy-community.org/portal/page/portal/ENC_HOME
(36) European Commission (2007a) An Energy Policy for Europe, COM (2007) 1 final.
(37) European Commission (2007b) Prospects for the Internal and Electricity Market, COM (2006) 841 final.
(38) European Commission (2007c) Sustainable Power Generation from Fossil Fuels: aiming for Near-zero Emissions from Coal after 2020, COM (2006) 843 final.
(39) European Commission (2007d) Nuclear Illustrative Programme, COM (2006) 844 final.
(40) European Commission (2007e) Biofuels Progress Report, COM (2006) 845 final.
(41) European Commission (2007f) Priority Interconnection Plan, COM (2006) 846 final.
(42) European Commission (2007g) Towards a European Strategic Energy Technology Plan, COM (2006) 847 final.
(43) European Commission (2007h) Renewable Energy Road Map Renewable Energies in the 21st Century: Building a More Sustainable Future, COM (2006) 848 final.
(44) European Commission (2007i) Green Paper Follw-up Action Report on Progress in Renewable Electricity, COM (2006) 849 final.
(45) European Council (2006c) Conclusions 7224/1/07REV1。
(46) Press release IP/07/1361 Energising Europe: A Real Market with Secure Supply.
(47) 以下の2009年9月13日付けの電力・ガスに関する規則・指令及びエネルギー規制協力機関ACERに関する規則。Regulation (EC) No 714/2009 on conditions for access to the network for cross-border exchanges in electricity, Directive 2009/73/EC concerning common rules for the internal market in natural gas and repealing Directive 2003/55/EC, Regulation (EC) No 715/2009 on conditions for access to the natural gas transmission networks and repealing Regulation (EC) No 1775/2005, Directive 2009/72/EC concerning common rules for the internal market in electricity and repealing Directive 2003/54/EC, Regulation (EC) No 713/2009 establishing an Agency for the Cooperation of Energy Regulators.
(48) European Commission (2008a) 20 20 by 2020 Europe's Climate Change Opportunity, COM (2008) 30 final.
(49) European Council (2008) Conclusions 17271/1/08.
(50) 以下の2009年4月23日付け指令・決定。Directive 2009/29/EC amending Directive 2003/87/EC so as to improve and extend the greenhouse gas emission allowance trading scheme of the Community, Decision No 406/2009/EC on the effort of Member States to reduce their greenhouse gas emissions to meet the Community's greenhouse gas emission reduction commitments up to 2020 ("Effort Sharing Decision"), Directive 2009/28/EC on the promotion of the use of energy from renewable

sources and amending and subsequently repealing Directives 2001/77/EC and 2003/30/EC ("Renewable energy Directive") , Directive 2009/31/EC on the geological storage of carbon dioxide.

(51) European Commission (2008b) Second Strategic Energy Review An Energy Security and Solidarity Action Plan, COM (2008) 781 final.

(52) European Commission (2010a) Energy 2020-A Strategy for Competitive, Sustainable and Secure Energy, COM (2010) 639 final.

(53) European Commission (2011a) On Security of Energy Supply and International Cooperation-"The EU Energy Policy: Engaging with Partners beyond Our Borders", COM (2011) 539 final.

(54) Decision No.1364/2006/EC によって改訂されたトランス・ヨーロピアン・エネルギーネットワーク・ガイドラインによるもので重要度の高い順に、「ヨーロッパの利益」プロジェクト、「共通利益」プロジェクト、「優先」プロジェクトがある。後述するように、その後、ガイドラインは改正され、新たに定義された「共通利益」プロジェクトが進められている。

http://www.nord-stream.com/press-info/press-releases/nord-stream-pipeline-inaugurated-major-milestone-for-european-energy-security-388/

(55) https://ec.europa.eu/energy/en/topics/international-cooperation/russia 及び蓮見雄（2011）「EU の対外エネルギー安全保障政策とロシア」*ERINA REPORT*, No,106を参照。

(56) European Commission (2014b) A Policy Framework for Climate and Energy in the Period from 2020 to 2030, COM (2014) 15 final.

(57) European Commission (2014 c) European Energy Security Strategy, COM (2014) 330 final.

(58) European Commission (2015b) A Framework Strategy for a Resilient Energy Union with a Forward-Looking Climate Change Policy, COM (2015) 80 final 及び同付属文書 Roadmap for the Energy Union.

(59) Stegen, K. (2011) Deconstructing the "Energy Weapon": Russia's Threat to Europe as Case Study. *Energy Policy*, No. 39.

(60) 本村真澄（2006）「ロシアは信頼に足らないエネルギー供給国か～政治的に脚色・報道された対ウクライナ・ガス紛争」『石油・天然ガスレビュー』第40巻第2号。なお、2000年7月から2010年代の欧州向け平均価格とウクライナなどへの特恵価格の差額は総計758億㌦で、これをロシアが負担してきたことになる（Orttung, W and I. Øverland (2011) A Limited Toolbox: Explaining the Constraints on Russia's Foreign Energy Policy, *Journal of Eurasian Studies*, Vol., No.1.）。また、2014年4月の欧州18カ国首脳宛のプーチン大統領の書簡によれば、ロシアは過去4年間に総額354億㌦相当の対ウクライナ支援を行っている。この時点で、IMF の支援は170億㌦、EU は110億€、米国は10億㌦の債務保証であった（蓮見雄（2014c）「EU・ウク

ライナ連合協定の神話 – 事実を示す」『ロシア・ユーラシアの経済と社会』No.986)。2015年2月、IMF は当初の175億㌦を追加支援を決定した。
https://www.imf.org/external/np/sec/pr/2015/pr1550.htm

(61) European Commission (2009a) The January 2009 Gas Supply Disruption to the EU: An Assessment, SEC (2009) 977 final.

(62) European Commission (2009b) Assessment Report of Directive 2004/67/EC on Security of Supply, SEC (2009) 978 final.

(63) European Commission (2010b) Energy Infrastructure Priorities for 2020 and Beyond–A Blueprint for an Integrated European Energy Network, COM (2010) 766/4.

(64) Regulation (EU) No 1316/2012 establishing the Connecting Europe Facility, amending Regulation (EU) No913/2010 and repealing Regulation (EC) No 680/2007 and (EC) No 67/2010.

(65) https://ec.europa.eu/inea/en/connecting-europe-facility

(66) Regulation (EU) No 347/2013 on guidelines for trans-European energy infrastructure and repealing Decision No 1364/2006/EC and amending Regulations (EC) No 713/2009, (EC) No714/2009 and (EC) No715/2009.

(67) European Commission (2013) Long Term Infrastructure Vision for Europe and Beyond, COM (2013) 711 final.

(68) http://europa.eu/rapid/press-release_IP-14-1204_en.htm

(69) http://europa.eu/rapid/press-release_IP-15-5362_en.htm?locale=en

(70) 蓮見雄（2015b)「EU・ロシアのエネルギー関係の変化と日本への示唆」『日本の科学者』Vol.50, No.11（本の泉社)、及び蓮見雄（2016c)「ロシアの東方シフトと対中、対日戦略」『世界経済評論』Vol.2（通巻682号)（文眞堂)を参照。

(71) 蓮見雄（2014.6.30)「メジャーがモスクワに集う訳 – ウクライナ危機とエネルギー東方シフト」時事通信社 Janet e-world.

(72) 蓮見雄（2015.1.20)「EU の『選択と集中』と官民協力による投資プラン」三菱東京 UFJ 銀行 MUFG BizBuddy ユーラシア研究所レポート
http://yuken-jp.com/report/2015/02/23/eu-plan/

(73) European Commission (2015c) Action Plan on Building a Capital Markets Union, COM (2015) 468 final.

(74) https://euobserver.com/energy/131605

(75) 本村眞澄「ロシア：米と EU による対露経済制裁とその影響」JOGMEC, 2014年8月20日。oilgas-info.jogmec.go.jp/pdf/5/5327/1408_b04_motomura_j.pdf

(76) J.Henderson (2015) Key Determinants for the Future Russian Oil Production and Exports, OIES paper, April 2015.

(77) 安達祐子・蓮見雄（2016)「ガスプロム：政府と市場の変化に戸惑う巨大企業」杉本侃編『北東アジアのエネルギー安全保障』（日本評論社)を参照。

第11章

EU加盟諸国の合意形成に向けた協調行動

武 田　　健

はじめに[1]

　EUの加盟諸国は広範囲の政策領域において協力を進めている。EUでは常時、様々な分野で交渉が行われており、各国のEU担当の外交官、行政官は毎週のように、政府首脳や閣僚も年に何度も顔を合わせている。この環境のもと、先行研究の中には、EUの運営に日々従事する各国の行政官、外交官の間には相互理解が進み、一定の信頼、連帯意識が発達しているといわれている[2]。また、閣僚レベルの交渉でも、協調関係が安定的に築かれ、合意形成を重視する規範が作用し、立場や意見の違いがあったとしても互いに譲歩しつつ共通の解決法を模索する行動様式が広がっているといわれている[3]。

　しかしながら、各国の意見が異なる状況で、どのように合意に漕ぎ着けているのか、その具体的なプロセスについてはこれまでの研究からは充分にわかっているとは言いがたい。とくに特定案件に対して反対意見を持っている国々が、具体的にどのような協調行動をとって合意形成に貢献しているのかがわかっていない。また、反対意見を持っている国々が協調姿勢を打ち出して合意形成に向かう時もあれば、自国の立場に固執し、強硬な態度をとりつつ必死に改革に抵抗する時もあるため、なぜそのような違いが生まれるのかも先行研究では充分に理解が進んでいない。

　そこで本稿では、EUの特定の案件をめぐる交渉において、当該争点について自国の利益に必ずしもならないと判断している国々の政府の行動に焦点をあてて、具体的にどのような協調行動をみせることがあるのか、そしてそれらの協調行動は、どのような条件下で起こりやすいのかについての考察を

試みる。

　本稿の構成は以下の通りである。まず、EU の加盟国の「協調行動」として具体的にどのような行動を本稿は想定しているのかを明確に示し、そのうえで各国がその協調行動をとるために必要となると予想される 4 つの条件を提示する。その後、事例研究へと移り、協調行動が起こったと考えられる事例と、協調行動が起こらずに自国の立場に固執した事例のそれぞれを考察し、協調行動が起こりうる条件について実証的に検討する。協調行動が起こったと考えられる事例は、1999～2004 年の間の基本権憲章をめぐる交渉におけるスウェーデン政府の行動である。協調行動が起こらずに自国の立場に固執し続けた事例としては、1995～7 年のアムステルダム条約策定のための交渉での EU 法人格の問題に対するフランス政府の行動である。結論部では本稿の分析と考察の結果をまとめ、今後の研究の課題や発展の可能性について、EU 以外の文脈への応用可能性も含めて述べることとする。

第 1 節　協調行動の具体的内容

　本稿が分析の対象とするのは、EU の中の交渉において、ある特定案件をめぐって、自国の利益や考えに一致しないと考えている加盟国政府の行動である。具体的には各国の首相や大統領といった首脳、外務大臣や欧州大臣などの閣僚、あるいは、各国の交渉代表者として政府から任命を受けた者たちの行動や発言に着目する。

　協調行動として本稿が想定するのは、必ずしも自国の利益に資すると判断されず、政府として反対したい案件であっても、単に反対するのではなく、できる限り合意形成にコミットする行動である。観察可能な含意として、次の 4 つの行動様式を想定している（表 1 参照）。第 1 は、交渉の進展や妥結の妨げになる行動を控える動きである。拒否権を行使したり、反対意見を持つ国々で結集して抵抗したり、あるいは、改革を進めようとする国々を露骨に批判したりすることは控える動きである。第 2 に、合意形成に積極的に貢献すべく、自ら譲歩する行動である。第 3 は、自国の不利益を十分に埋め合わせたり、リスクを十分に保障したりする妥協案でなくとも、合意を与えると

表 1　合意形成に向けた協調行動の具体例

—合意形成に向けた協調行動—
1. 交渉の進展や妥結を妨げる行動、具体的には、拒否権行使あるいはその示唆、各国で結集しての抵抗、他国への表立った批判などを控える。
2. 合意形成に積極的に貢献すべく、自ら譲歩して合意形成を目指す。
3. 交渉では最終的に、自国が被る不利益やリスクを十分に埋め合わせる内容でなくとも合意する。
4. 自国にとって都合の悪いこと、不利益なことが起こると予想できる場合には、できる限り、自国内でその問題を解決する、あるいは自国で問題が起きないように国内で調整する。

いう行為である。ここで強調すべき点は、十分な見返りや交換条件があって合意に至った場合は本稿が想定する協調行動とは異なることである。第4は、その交渉で合意することによって、自国にとって都合の悪いこと、不利益なことが起こると予想できる場合には、できる限り、自国内でその問題を解決する、あるいは自国で問題が起きないように国内で調整する、といった行動である。EUレベルでの合意を国内で承認して、国内法として制定するか、批准する必要がある場合には、その国内承認をスムーズに行うことができるようにするための調整行動もこれに含まれる。

第2節　協調行動をとるための諸条件

　EU加盟国は、どのような条件のもとで上記の協調行動をとることができるのであろうか。国際関係論の中で発達してきた政府間協力についての様々な知見に依拠しながら考えると、上記の協力行動が起こるためには少なくとも以下の4つ条件があると考えられる。

1　死活的な利益の不在

　まずは、争点に性質によって各国は協調行動をとることができる時とそうでない時があると考えられる。とりわけ各国政府が敏感になり懸念を抱くのは、自国の経済に大きな損失を与える、自国の安全保障を脅かす、あるいは

国際政治の中で自国の発言力を大きく低減させるような案件が話し合われる時であろう。それらの案件で、国を代表して交渉にのぞむ者は、自国の利益を守ろうとするのは当然で、安易に他国に協調し、妥協することは許されない。万一妥協すれば、国会での追及、国内メディアからの批判、国内選挙での得票数の減少という事態に直面し、自分たちの政権基盤が揺らぎかねない。しかもその案件が国内で批准する必要性がある場合、国内で承認されないリスクまででてくる。

したがって、自国として反対意見を持っている案件であっても他国に協力できるのかどうかは、合意したとしても自国が被る損失の程度が甚大ではないと予測できる争点に限られると考えられる。この考えをもとに以下の条件を設定することができる。

条件1：加盟国政府は、特定の案件において、予測される損失の程度が甚大ではないと予測している場合に、合意形成を目指した協調行動をとる。

2　交渉の規範的文脈

自国の観点から反対したい案件であったとしても、EU全体の目標、規範、価値という観点から「正しい」あるいは「適切」と判断される場合には、各国政府の交渉者は合意形成に貢献すべきとの意識に駆られると想定される[4]。その判断を行う際に鍵を握ると考えられるのが、その交渉が置かれている規範的文脈である[5]。ここでいう規範的文脈とは、間主観的なもので、当該交渉において何を改革、改善すべきなのか、何を実現すべきか、といったアクター間で共有された期待から構成される。例えばEU基本条約の改正交渉に関していえば、各国やEU諸機関の代表者が、その交渉は何のための交渉なのか、その目標や実現すべき価値や理念を、共同の文書や声明で明示している。もちろんそれらは異なる立場を持つ各国の間の意見調整の結果ではあるし、具体性に乏しい内容となることもある。それでも、各国の指導者が交渉の一般目標を共有し、その達成を求める度合いが強ければ強いほど、当該交渉が置かれた文脈が持つ規範的圧力は強く働く。

各国の交渉者が、ある特定の交渉における自国の立場や利益の主張が、そ

の規範的文脈に合致しないと判断する場合、その立場に固執し反対し続けることはしにくくなる。EU全体の利益や交渉の目的を損なってしまうとの考慮が働くからである。このような考えから以下のように条件をつくることができる。

　条件2：加盟国政府は、EU全体の利益や交渉の目的という観点から、協力しなければならない文脈が存在している場合に、合意形成を目指す協調行動をとる。

3　EUの中での交渉経験

　国際組織における「社会化」の研究が徐々に進んでいる。社会化とは、諸個人が所属する集団、組織、共同体に適応することである。社会化が進めば、その個人は、所属する集団の全体的な利益や規範に即した行動をとるようになる。先行研究では国際組織において社会化が起こるためには、制度的要因がとりわけ重要になると指摘されている[6]。国際組織の中である特定の個人が協議や交渉を集中的かつ長期に渡って行った場合に社会化が起き、その構成員の間に協調関係が発生しやすくなると理論的に予測されている。

　この知見に基づけば、EUでの交渉の経験を一定程度有しているのかどうかによって、EUレベルでの行動に違いが生まれると想定される。同一の政党が政権を維持しつつ、特定の大統領や首相、外務大臣が長期に渡ってEUの交渉に携わっている場合、EUでの交渉のすすめ方や合意の仕方に慣れ、合意形成を重視する行動をとると予測される。逆に、新政権が誕生し、その政権がまだEUの中での交渉の経験に乏しい段階では、他国との交渉の進め方に慣れていないため、合意形成を積極的に重視する可能性は低くなると予測される。このような考えを以下のように条件としてまとめることができる。

　条件3：加盟国政府は、EUにおいて他の加盟国との交渉の経験を長く有する場合に、合意形成を目指す協調行動をとる。

4　欧州統合に対する態度

　連邦的、超国家的な方向へと EU 統合を進めたいと考えている政治家や政党が政権を握っている場合、交渉で協調行動を積極的にとろうとするのではないだろうか。つまり、当該案件に関して自国の利益にならないと判断していたとしても、その案件が欧州統合を進める性質のものであると認識していれば、その政治家や政党の統合志向性には合致するため、できるかぎり他国と意見調整をして合意に至ろうとする姿勢を打ち出すと考えられるのである。対照的に欧州統合に懐疑的、否定的な政党や政治家が政権を握っている場合は、EU の枠内で欧州統合をさらに進めるような案件で、協調行動をとるとは考えられない。

　条件4：加盟国政府は、その政権につく政党や政治家が欧州統合に積極的な志向性を持っている場合に、合意形成を目指す協調行動をとる。

　本稿では、これらの4つの条件が多く揃えば揃うほど協調行動が起こりやすくなるものと予測する（図1を参照）。次節以降、事例の考察に移り、協調行動が起きた事例と、協調行動が起きなかった事例、それぞれ一つずつ取り上げる。それぞれの事例の考察は次の3つの手順を踏む。はじめに、それぞれの事例における問題の背景と交渉の経緯を述べる。次に各事例において、協調行動が起きたかどうかを判断する。この点に関しては、第2節冒頭で特定した観察可能な含意に該当する事象が経験的に確認できるかどうかで把握する。最後にそれぞれの事例の協調、非協調の行動の理由について、4つの条件への合致の程度の検証を通じて考察する。これらの一連の考察は、EU 諸機関や各国の政府や議会の一次資料、関係民間団体の資料、新聞報道といった複数のデータ・ソースに依拠し、分析対象国に関する重要な先行研究も参照している。さらに、当該交渉に実際に従事した各国の行政官と欧州委員会の行政官に対して2012年に行われた一連の準構造的インタビューから得られた証言も活用している。

図 1　加盟国政府が協調行動をとりやすくなる 4 つの条件

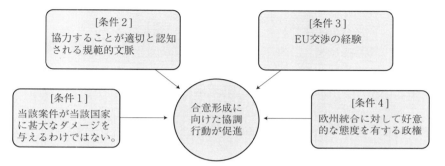

第 3 節　基本権憲章の交渉におけるスウェーデンの協調行動

　本節では、基本権憲章の作成および法的地位をめぐる交渉をとりあげ、この交渉におけるスウェーデン政府の協調行動に焦点をあてた分析を行う。

1　憲章へのスウェーデンの懸念

　EU の基本権憲章のプロジェクトは1999年12月に始まり、まず諮問会議が開催され、そこで憲章の草案についての交渉が行われた[7]。草案ができたのが2000年10月であり、その後、EU 基本条約の改正交渉の場で憲章に法的効力を与えるかどうかについて話し合いが行われた[8]。2000年のニース条約策定のための政府間会議、2002-4年の憲法条約の交渉、そして2007年のリスボン条約の交渉と長期に交渉が続き、2009年に法的効力を持つ文書として発効した。

　憲章には広範囲の権利が含まれている。伝統的な政治権、社会権だけでなく、良い行政の権利、公文書へのアクセス、オンブズマンへの請願権、高齢者の権利など、ここ数十年の間に新たに認知されてきたものも含まれる[9]。憲章には、EU の権限や政策上の任務が拡大したり、修正されたりしないことが明記されている。ただし、憲章は EU の基本条約と同等の法的地位を持

つため、EU諸機関の活動やEUの裁判所の審議と裁定に一定の影響を及ぼすと考えられる[10]。

憲章の策定が始まってから、憲章が法的地位を得るまでの交渉は難航した。その最大の理由は、イギリス政府が憲章に法的地位を与えることに強く反対していたからである[11]。同政府は、憲章に労働者の諸権利が入っているため、裁判の場で労働者側に有利となる判決が下され、国内の企業活動に大きな制約がかかるのではないかと強い懸念を抱いた。この懸念ゆえ、同国は最終的に労働者の権利保護の分野での適用除外に準ずる扱いを受けることが認められている。

実は、憲章に関するこの一連の交渉において、イギリスの他にも消極的な受け止め方をした国々が存在しており、その中にスウェーデンが含まれていた。スウェーデン政府が特に不安を覚えたのは次の2点である。第1は、憲章が自国の従来の人権保護基準に混乱をもたらすのではないかとの不安である。憲章が法的地位を獲得し、司法上の解釈の問題が問われると、その役割はEU裁判所が担うこととなる。そして、その判決を通じて、自国に馴染まない人権保護基準が自分たちに押し付けられることになるではないかとの懸念を抱いたのである[12]。

第2に、EUが憲章を策定すると、欧州審議会が欧州人権条約を軸に発展させてきた人権保護のメカニズムに混乱が生じるのではないかという点でも強い懸念を抱いた。同国では、欧州人権条約が、国内の法秩序の必要不可欠な構成要素となっている。現行のスウェーデン憲法には、欧州人権条約と矛盾するような法律を制定することを禁じる規定があり、1995年には欧州人権条約に関係する国内法化を完了させている。そして、同国の政府は1995年にEUに加盟して以降、EU自身が欧州人権条約に加入することを一貫して求めている。EUの同条約への加入により、ヨーロッパにおける基本的人権の安定的かつ一貫性のある保護を確保できるとの信念を抱いているのである。EUが独自の憲章を作ると、欧州人権条約との関連で無用な混乱が生じ、法的安定性が崩されると考えたのである。

2　スウェーデンの協調行動

　上記の懸念ゆえ、スウェーデン政府は憲章作成に対して後ろ向きにならざるをえなかった。しかもその交渉は、スウェーデンの懸念が払拭されない形で進むこととなる。当時のリンド外相（Anna Lindu）は自国の国会で、「憲章作成の交渉は、当初から、私たちにとっては不満だらけの展開だった」と述べ、「私達としてはそのような展開を全く望んでいなかった」との発言をしている[13]。それでも政府は、協調的な態度で交渉に臨んだ。諮問会議に参加したスウェーデンの政府代表者によれば、「政府として気乗りしなかったが、それでも建設的であろうと努めた」のだという[14]。

　第1に、リンド外相は国会において「スウェーデンがこの憲章の議論において拒否権を行使したりして交渉をブロックすべきだとは全く考えていない」と述べていたように、交渉の進展を阻む行動を控えていた[15]。

　第2に、スウェーデン政府は憲章策定の過程で、自国の要望を取り下げるか、あるいは要求水準を引き下げ、合意形成を重視する行動をとった。当初、同国は憲章に含める権利はEUの権限内にあるものだけにすること、憲章を守る義務があるのはEUだけに限定し、加盟国にそのような義務は課さないこと、そして、憲章を政治的宣言にとどめ、法的拘束力を与えないこと、といった一連の要望を持っていた[16]。しかし、交渉が進むにつれて、これらの要望は全て取り下げるか、要求水準を下げた。憲章にEUの立法権限の範囲外の権利も数多く含めることに合意し、憲章の規定を順守する義務を、EU諸機関だけではなく、「EU法を実施する加盟国」にも課すことも受け入れた。さらに、憲章に法的拘束力を与えることにも当初は反対していたが、後に態度を軟化させ合意を与えた。EUを欧州人権条約に加入させることも強く望んでいたのだが、憲章作成のための諮問会議およびニース政府間会議でその要求を行うことは控えた。その要求を行なってしまうと、議論が長引き、交渉の収拾がつかなくなることを危惧したからである[17]。

　第3に、同政府は充分な見返りがなくとも、協調行動をとっていた。確かに、憲章には、EUの権限や政策上の任務が変更されないことを明記する条項がある。しかしこの条項をめぐっては、賛成と反対の意見が拮抗し、この条項を挿入するかどうかは諮問会議が最終局面に差し掛かるまで結論をみて

いなかった。にもかかわらず、スウェーデン政府は諮問会議の当初から一貫して協調的な態度で交渉に臨んでいた。

また、スウェーデンはEUの欧州人権条約への加入が最優先課題と位置づけていたのだが、憲章作成の諮問会議ではこの案件は当面、先送りにされて憲章の交渉が進められた。このように自国が重視する案件が先送りにされていたにもかかわらず、スウェーデン政府は先述のように当初から協調姿勢で交渉に臨んだのである。なお、その後、EUが同条約に加入するための条文がリスボン条約におかれたが、法的に二つの異なる体系を調和させる難題が立ちはだかっており、2015年の時点でいまだに実現していない[18]。

第4に、スウェーデン政府は憲章が国内に問題を引き起こすリスクについて自力で対処しようとした[19]。政府は憲章作成のための諮問会議の政府代表者として、欧州審議会の元事務総長のターシス（Daniel Tarschys）と、与党社民党の議員で、欧州審議会の議会総会でスウェーデン国会の代表者を務めるマグヌソン（Göran Magnusson）を選出した。政府のこの人選による狙いは、憲章に対して「身内」から反発が起きることを未然に防ぐことにあった。憲章のプロジェクトが立ち上げられた当初、国会では懸念の声が多くあがっていた。そこで政府は、人権問題に関して権威的立場にあるこの2人を諮問会議に送り込めば、国内の反発の声を一定程度抑えることができると考えたのである。

3　条件への合致

このようにスウェーデン政府は、憲章に関して消極的な受け止め方をしていたにもかかわらず、EUレベルでの交渉では合意形成のための協調行動をみせた。なぜスウェーデン政府はこのような協調行動をとることができたのか。前節で予測した協調行動をとるための4つの条件が、この事例において、どれほど揃っていたのかをここで確認してみたい。

まず、条件1（死活的な利益の不在）について考察する。EU憲章には確かに、スウェーデンにとって不都合な点がある。しかし憲章によってこの国の経済的あるいは軍事的な面での国益が脅かされているわけではない。政府は自国内で高水準の人権保護が達成されているとの自負を持っており、EU憲

章が何らかの影響を及ぼすとしても、国内に何らかの大きな損失を生み出すほどの事態はほとんど起こらないと予測していたのである。

次に、条件2（社会的文脈）についてであるが、EU憲章のプロジェクトは欧州全体の利益や価値という点から正当なものとして各国に広く認識されていた。憲章作成のプロジェクトは1999年に議長国を務めたドイツ政府のイニシアチブによって立ち上げられたものであるが、その目的は次のように掲げられていた。

> 基本権の保護は、EUの基盤をなす一つの原則であり、EUの正当性にとって必要不可欠である。（中略）現在のEUの発展段階に鑑み、その重要性と意義を市民によりわかりやすい形で伝えるために、憲章を作成する必要性があると考えられる[20]。

この文書が発表された後、1999年末に始まった諮問会議では、憲章プロジェクトの規範性を強調する発言が至るところでなされていた。このことは、憲章を作成することが、EUの全体の利益や価値という観点から、正当なプロジェクトとして認知される規範的文脈が形作られたことを指し示す。また、基本権憲章はその名の通り、人権に関するプロジェクトであり、その規範的性格からあからさまに異議を唱えることが難しいという側面もあったと考えられる。

次に条件3（EU経験の長さ）について検証する。スウェーデンでは1994年に社民党を中心とする連立政権が誕生し、その政権下で1995年にEU加盟を果たしている。首相の座にあったのは1996年からはペーション（Göran Persson）、外相は1998年まではイエルム・ヴァレン（Lena Hjelm-Wallén）、1998年からはリンドである。これらの政治指導者は憲章の諮問会議が始まる頃には、EU交渉の場数を踏んでおり、EU中期予算計画（アジェンダ2000）やEUの安保防衛能力の向上といった重要交渉も既に経験していた。基本権憲章のプロジェクトは1999年に開始されたが、それは政府としてEU交渉の経験を重ねた上で始まったのである。

最後に、条件4（政治指導者の欧州統合の志向性）に目を向ける。広く知られているようにスウェーデンでは国民一般に欧州統合に対して懐疑的な態度が

根強くある[21]。しかし、当時の与党第1党の社民党では、農業分野を例外として欧州統合に積極的な政治家が中枢を占めていた。1990年にスウェーデンの政府と議会はEU加盟へと思い切って舵を切り、その際にリーダーシップを発揮したのもこの社民党である。しかも基本権交渉におけるスウェーデンの立場形成で重要な役割を果たしたのは、EU統合を積極的に評価しているペーション首相とリンド外相である。この二人はスウェーデンのユーロ加盟に向けた運動（2003年、国民投票でユーロ加入は否決に終わったが）や、EUの域外紛争地域での危機管理活動における文民派遣の道筋を切り開く上で主導的な役割を果たした人物でもある。

このようにみてみると、基本権憲章の問題におけるスウェーデン政府にとっては、協調行動をとることのできる4つの条件が全て揃っていたといえる。憲章の問題はスウェーデンにとって死活的な損失を生み出すものではないという点で条件1は満たされていたと考えられる。基本権憲章を策定することが適切、妥当とみなす文脈が存在していた点で、条件2も満たされていた。条件3も存在しており、当時のスウェーデン政府がEU交渉の経験を既に有している中でその交渉が始まった。ペーションやリンドというEU統合に積極的な政治家が政権に就いていたという点において、条件4も満たされている。これら4つの条件が揃っていたために、スウェーデンは協調行動をとることができたと考えられるのである。

第4節　EUへの法人格付与に対するフランス政府の行動

次に、協調行動が起こらなかった事例として、1995－7年のアムステルダム条約の策定交渉における、EU法人格の問題をめぐるフランス政府の行動をとりあげる。

1　一連の交渉の経緯

EUでは、国際政治の舞台においてその強大な経済力、市場力に見合うだけの影響力を発揮できていないのではないかとの認識が長年にわたって根付いている。その認識を踏まえ、EUでは「共通外交安保政策（以下、CFSP、

Common Foreign & Security Policy)」の発足以来、その意思決定手続き、組織、任務・活動範囲、遂行能力といった諸側面での改革が重ねられてきた。

　その一連の改革の中に、EUへの国際法人格の付与がある[22]。国際法人格とは、EUが域外国や他の国際組織と協定を結び、法的な権利・義務関係を構築するために必要な資格である[23]。1993年にマーストリヒト条約が発効し、EUが誕生したのだが、第1の柱の欧州共同体には法人格を有するとの明文規定があったのだが、第2の柱のCFSP、および第3の柱の司法内務協力の分野にはなかった。そこで90年半ば以降の一連のEU基本条約の改正交渉では、第2、第3の柱で行動するEUに明示的に法人格を与えるかどうかをめぐって議論されることとなった[24]。まず、1996-7年のアムステルダム条約策定のための政府間会議では、欧州委員会、欧州議会と多くの加盟国が、EUに法人格を与えることに賛成の立場をとった[25]。これらの賛成派は、法人格の規定が無いため、EUとして一丸となって積極的に対外活動を行おうとする意欲が削がれていると指摘し、法人格の付与がEUの国際政治上の存在感および発言力を高めるのに寄与すると主張した。

　賛成派がとくに不満をあらわにしたのが、EUが法人格についての明文規定を持たないがゆえに、域外諸国または他の国際組織と何らかの協力関係を築く上で、その場しのぎの手段を使わざるをえない点であった[26]。例えば、EUとして相手国の同意が不要な独自措置をとるか、あるいは「覚え書き」や「行動計画」を相手方と取り交わすというやりかたである。しかしこれらはあくまで臨時措置であって少なからず問題があった[27]。それらの取り決めが誰にどのような法的効力を及ぼすのかが判然としないことと、そして、相手方がEU側の誰と合意を結ぶのか、加盟国なのか、それともEU全体なのか、それとも特定のEU機関なのか、わかりにくい状況を生み出していたからである。

　イギリスとフランスはEUへの法人格付与に反対した。この両国はCFSPに関して政府間協力の枠組みを崩さないことを重視していた。EU法人格の問題をCFSP全般の性質を決める一要素になると考えており、法人格を与えるとCFSPの協力形態が超国家型に向かう恐れがあると考えたのである。

　この条約交渉では、反対の姿勢を一切崩さなかった英仏に対して次々と妥

協案が提示される展開となり、最終的にこの両国が充分に納得できる形で妥結が図られることとなった。EUに法人格を与えるとする明文規定はおかれず、かわりに、国際協定締結の手続きのみが条約に挿入されることとなったのである。その手続きによれば、まず、理事会が全会一致で合意できた場合にのみ国際交渉が開始される。交渉を行う主体は理事会の議長国であり、必要な場合に限って、欧州委員会の補佐を受けることができる。協定締結に際しても、理事会が全会一致によって承認する。さらに、自国の憲法上の要件に従う必要があると表明した国に限っては、当該協定に拘束されることはない。またアムステルダム条約に付帯された宣言には、これらの条約規定によってEUの権限に変更が加えられないことも記載されている。

　この規定には、英仏の意向がいたる所に反映されている。まず、理事会の意思決定上の要件を全会一致とし、自国が望まない決定を阻止できる仕組みとなった[28]。また、交渉主体が理事会議長国となったことも英仏の要求を受け入れたものである。交渉中、多数派が支持していたのは、欧州委員会を交渉主体とする案である。しかし英仏は、欧州委員会が常に自分たちの意向に忠実に沿って対外交渉を行うのかを疑問視しており、理事会議長国を交渉主体とすることを要求し、受け入れられたのである[29]。

　これに続く2000年に開催されたニース条約の政府間会議[30]では、法人格の問題については多くの時間が費やされることはなかった。ただし、国際協定手続きに関しては短い時間ながら議論され、ある一つの変更がなされた[31]。第2、第3の柱の領域での国際協定の締結手続きに関して、それまでは理事会における全会一致が必要とされていたのだが、部分的に特定多数決制へ移行することで合意されたのである。これが可能になった理由は、以前は全会一致にこだわっていた英仏が反対しなかったからである。

　続く2002年から2004年にかけて行われた憲法条約の交渉は、EU法人格の問題に決着をつける機会となった。この交渉では、EUに単一の法人格を与えることでスムーズに合意が得られた。その最大の理由は、これまで法人格の付与に反対の立場をとってきた英仏両政府が賛成へと立場を転じたからである。憲法条約は2005年に批准に失敗したため、それに代わるリスボン条約が2007年に締結された。リスボン条約は憲法条約の内容を実質的に踏襲して

いる面が多く、EU に単一の法人格を与える規定も異論なく、そのまま残ることとなった。このリスボン条約は各国での批准を経て、2009年12月に発効し、ようやく EU が国際法人格を持つことが明文化されることとなった[32]。

上記の一連の交渉を振り返ると、英仏の両政府の動向が、それぞれの交渉ラウンドの行方を大きく左右していたことがわかる。アムステルダム条約の交渉では、両政府は EU に法人格を与えることを断固として認めなかったため、極めて制限的な形でのみ EU に国際条約締結権を与えるにとどまった。しかし、それ以降の交渉ではこの両国は態度を変え、最終的に EU に明示的に法人格を与える合意に達することが可能になった。

それではなぜ、この両政府は徐々に態度を軟化させていったのか。この点を説明する上で重要なポイントとなるのが、1998年12月に英仏の2国間で結ばれた『サン・マロ（Saint-Malo）宣言』である。この宣言で、フランスのシラク大統領（Jacques Chirac）とイギリスのブレア首相（Tony Blair）は、国際的な危機に EU として軍事的に対応するための能力を発展させると明言した[33]。この宣言が契機となり、その後の EU は紛争の予防と危機管理を目的とした、軍事、文民の両面での欧州安全保障防衛政策[34]（後の共通安保防衛政策）の拡充へと一気に動き出すこととなる[35]。

英仏がこのように EU の危機管理能力の発展を目指すようになった背景には、1990年代の一連のユーゴスラヴィア紛争の経験を通じて、危機に対応するための自分たちの能力不足を痛感したことがあったといわれている。しかも『サン・マロ宣言』が発表される1998年12月とはまさに、コソヴォでの内戦が深刻化の一途をたどっていた時期にあたる。英仏両政府は、EU として一定の自立的な危機管理能力を備える必要があると認識し、EU の安保・防衛政策の拡充へと大きく舵を切ったのである。

このように危機管理能力の拡充を進めていく上で、EU 法人格に対する英仏の方針も反対から賛成へと転換する。危機管理活動を行うためには、その部隊や組織の派遣先となる国々や、共に活動を展開する国々と、国際協定を結び、協力関係を法的に明確にする必要が出てきたからである。実際、EUは2001年に EU 条約24条（当時）に基づいて、西バルカンでの危機管理活動にあたるために、二つの国際協定を EU の名の下に締結し2002年にはその活

動を開始した。続いて2003年には欧州安全保障防衛政策を正式に発足させ、同24条を根拠として数多くの国際協定を締結し、2003年から2015年の間に、100以上の協定を結び、35の危機管理活動にあたっている[36]。英仏の両政府は、自分たちが先導して着手したEUの危機管理活動にとって必要と認識するようになり、EUに法人格を与えることに賛成するように立場を転じたのである。

2 EU法人格の問題に対するフランス政府の非協調的な行動

この一連の経緯の中で本稿が以下、着目するのは、1995年から1997年にかけて開催されたアムステルダム条約の交渉の際のフランス政府の行動である[37]。この交渉では、上述の通り、フランス政府がイギリス政府とともに反対したため、第2、3の柱で活動するEUに法人格は明示的に与えられることはなく、そのかわりに国際協定締結手続きのみが条約内に明記されることとなった。この交渉におけるフランス政府の行動からは、本稿が想定している協調行動は垣間みることはできず、むしろ以下の点で「非協調的」であったと特徴付けられる。

まず、フランス政府は基本条約にEU法人格の明文規定を置くことに反対し続けた。国際協定の手続きを挿入することには合意したが、その手続き内容について一切の妥協を排し、逆に他の国々に自分たちの要求を受け入れるよう一方的に譲歩を迫った。同政府の要求は、国際協定の締結にあたって、理事会において全会一致を課すこと、そして交渉主体を理事会議長国とすることであった。これらの要求から一歩も引かず、自国の要求を次々と手続きの内容に反映させたのである。

さらに、フランス政府が行使した交渉戦術の面にも非協調的な側面があらわれていた。フランス政府は、新たに結ばれるEU基本条約（アムステルダム条約）の国内承認には、フランス国会だけではなく、国民投票にもかける用意があると明言した[38]。他の国々に対して、フランス政府が望まない交渉結果になった場合、国内で承認されない可能性があると牽制し、相手国に妥協を迫ったのである。

3　なぜ協調行動がとられなかったのか

　なぜフランス政府はアムステルダム条約の交渉時、EU の法人格の問題に関して協調行動をとることはなく、あくまで自国の主張を通すことに固執したのか。協調行動をとることのできる（裏を返せば、できなくなる）条件として設定した4つの条件がどの程度、揃っていたのかをここで確認しつつ、この問題を検証してみたい。

　まず条件1（死活的な利益の不在）についてであるが、フランス政府は先述の通り、EU 法人格の問題に関して一定の警戒心を抱いていた。フランスは、CFSP を政府間協力の枠内にとどめておくことが重要と考えていた。法人格の付与は政府間協力を超えて超国家型の協力に向う一要素となりえると捉えていたからである。しかし、それでもこの法人格の問題がフランスに対し、直接かつ甚大なダメージを与える争点であったとは考えにくい。というのも、フランス政府にとって自国の利益を十分に守ることができる国際協定手続きになっていたからである。その手続きは、交渉開始時・締結時点で全会一致が要件となっており、法人格の有無に関係なく、自国の利益と食い違う協定が結ばれようとする場合には、フランス政府はそれを阻止できる手続きとなっていたからである。

　次に条件2（規範的文脈）についてである。アムステルダム条約策定のための交渉では、CFSP のよりいっそうの強化を図ることが交渉上の目標の一つとして掲げられていた[39]。確かに、交渉では、どのように CFSP を強化させるのか、各国が描く構想には大きな違いがあった。しかし大多数のアクターが1993年の発足以来の約2年間におよぶ CFSP の活動成果は全般的に限定的で、当初の期待には応えることが出来なかったとの評価を共有していた[40]。この評価にとくに大きな影を落としたのが、旧ユーゴスラヴィアにおける紛争であった[41]。この紛争を通じ、欧州内外で広く問題視されたのは、EC/EU 各国の意見の相違から統一的な対応をとることができなかったことである。また、ヨーロッパ諸国はこのような国際的危機を収束させるためには、アメリカの意思と軍事能力に頼らざるをえないことも痛感することとなった。

　この苦い経験を踏まえ、EU 内には CFSP を強化する必要性があるとの認

識が広く浸透し、そのなかで、とりわけ次の2点において意見の共有があった。第1に、EUとして危機管理活動に着手すべきとの認識が広く共有されていた[42]。集団防衛や国際的危機への軍事的介入に関しては、NATOとアメリカを中心に展開する以外に選択肢はないと多くのアクターが認識していた。そこで、NATOが重点的に行わない側面を補完する活動をEUが担うべきとの考えが浸透し、そこで域外の危機に際して、人道的な救援や平和維持活動を行うことのできる能力を持つべきとの考えに多くの賛同の声が集まったのである。その流れで、アムステルダム条約の交渉では、従来WEU(西欧同盟)のもとで展開されてきたペータースベルグの任務をEUに編入することで合意されている。

　第2に、EUの対外政策の一貫性を向上させるべきとの意見も多くのアクターから寄せられていた[43]。EUの対外政策には様々な政策が含まれるのだが、列柱構造ゆえに経済分野と外交安保分野に分離した状態となっていた。共通通商政策、開発援助、EU新規加盟、気候変動の国際交渉などは第1の柱に属し、外交安保政策は第2の柱に属していた。第1の柱と第2の柱では統治構造が大きく異なり、意思決定手続き、参加主体、決定の性質と法的拘束力、裁判上の管轄権の有無などの点で違いがあった。その違いによって、EUでは一貫性のある対外政策を行うことが難しくなっていると認識されていたのである。

　このような文脈では、EUに法人格を与えることは一つの適切な措置と位置づけられることになる。まず、EUが危機管理活動を実施していくためには、部隊の派遣先となる国々と協定を結び、法的関係を明確にすることが必要となる。EUに法人格がなければ、従来のように迂回手段を使うこととなり、様々な法的な障壁がのこることとなる。さらに、EUへの法人格付与は対外政策の一貫性の向上に寄与することにも繋がる。第1の柱には法人格があり、第2、3の柱には法人格が不在となっていたのだが、単一の法人格を与えることで、柱の間で異なる法的側面の一つが解消されることとなるからである。

　このようにEUに法人格を認めることが適切な措置とみなされる文脈が存在していた。にもかかわらず、フランス政府はEUの法人格の付与に対して

は反対の姿勢を崩さなかったのである。

　次に条件3（EU経験の長さ）についてである。フランスでは95年5月、共和国連合のシラクが大統領に就任する。アムステルダム条約の政府間会議を準備する「再検討グループ」が開催されたのは新政権誕生のほんの2ヶ月後である。フランス政府のアムステルダム条約策定に向けた交渉チームには、シラク大統領の指揮下、デ・シャレット外相（Hervé de Charette）とバルニエ欧州担当大臣（Michel Barnier）を中核とし、大統領府と外務省の少人数の外交官、行政官が参加した[44]。

　ここで注目されるのは、その中核の3人の政治家はいずれもEUの交渉の経験がほとんどなく、アムステルダム条約交渉が自分たちのEU政策の方針を定める実質的に初めての機会となったことである。アムステルダム条約交渉に向けての政府の優先項目や交渉上の立場の策定にはやや時間がかかり、政府の交渉上の基本方針が定まったのが1996年2月である。このように政府の立場形成に時間がかかった理由の一つとして、デ・シャレット外相は記者会見の場において「それまでEU政策について、念入りに考えてこなかった」からだと正直に吐露している[45]。

　最後に条件4（欧州統合の志向性）についてであるが、ここで検討されるのは、当時のシラク政権が積極的に欧州統合を志向していたかどうかである。この点に関してまず確認すべき点は、当時のシラクはド・ゴール主義[46]の路線を受け継ぐ政治家として自負していた点である。そもそも、シラク自身が1976年に発足させた政党「共和国連合」はド・ゴール主義を引き継ぐこと党是とし、欧州統合が連邦的な方向性に発展することに反対の立場を取っている[47]。その路線を受け継ぐシラクは、フランスの国益に充分に資すると判断できる案件においては統合を認めるのだが、原則として、できる限り自国の自律性と主権を守ることに価値を置いていた。

　その彼の信条がわかりやすく表現されていたのは、1996年2月に発表された彼の欧州統合構想である。その冒頭、彼は次のように語っている。

　　今日、全ての人々が連邦主義的なモデルに基づくことができない独特の構造にEUがなっていると理解、認識している。（中略）。私たちはド・ゴール将

軍やジョルジュ・ポンピドゥーの教えに忠実に従ってゆきたい。EU拡大を進める上で、ヨーロッパは強化しなければならないが、それは各国の主権を尊重しつつである(48)。

　条件4として想定しているのは、典型的な統合主義的な志向性であり、EUの政策範囲の拡大や超国家的統合に積極的な姿勢である。しかしシラク大統領の統合志向性は、それとは異なり、欧州統合の重要性やメリットを一定程度受け入れてはいるものの、超国家的統合には一般的に否定的で、国家の主権や自律性に制限のかかる統合に対しては原則反対であるため、条件4に合致しないと判断される。

　まとめると、この法人格の問題をめぐるフランス政府の事例では4つの条件のうち、2つの条件しか満たされていなかったと判断される。合致していたのは、条件1と条件2である。条件1では、死活的問題の不在が条件として掲げられており、法人格の問題は、フランスに対して直接かつ甚大なダメージをもたらす争点ではなかったと判断される。条件2に関しては、EUに法人格を与えることが適切と捉えられる規範的文脈が存在していた。しかしこの2つの条件が揃っていたにもかかわらず、フランス政府は協調行動をとることはなかった。その理由としてここでの分析が示唆するのは、他の二つの条件が満たされていなかったことである。すなわち、フランス政府の政治指導者にEU交渉の経験がほとんどなかっこと（条件3）、および、当時のシラク大統領がド・ゴール主義の路線を受け継ぐ政府間主義的な理念の持ち主であったこと（条件4）である。この事例が示唆するのは、たとえ、自国にとって死活的な問題ではなく、しかも、当該争点に対して合意すべきとの交渉文脈が存在していたとしても、政権の座につき、交渉に参加する政治指導者たちのEU交渉経験が浅く、それらの人物が欧州統合を積極的に支持していなければ、合意形成に協力する行動はでてこないことである。

おわりに

　EUの交渉において、各国は自国にとってリスクや不利益があったとして

も、できる限り合意形成を目指す協調行動をとることがある。しかし、各国は一定の条件下でなければ、そのような協調行動をとることができない。本稿では、(1) 死活的な利益の不在、(2) 規範的文脈、(3) EU 経験、(4) 欧州統合の志向性、という4つの条件を設定し、その4つの条件への合致の程度を、協調行動が起きた事例と起きなかった事例の双方を取り上げて考察した（表2参照）。考察の結果、協調行動をとったスウェーデン政府の事例では、それら4つの条件が全て満たされており、協調行動をとらなかったフランス政府の事例では、4つのうち2つの条件しか満たされていなかった。

本稿はこの分析結果を踏まえ、4つの条件が揃えば揃うほど協調行動が起きやすくなり、満たされない条件が多くなるほど、協調行動は起きなくなるのではないかと推論する。ただし、本稿では協調事例と非協調事例を一つずつとりあげただけであり、一般化した結論を下すことは控えなければならない。今後の研究課題として重要なのは、協調、非協調ともに多くの事例研究を積み重ねていき、協調行動のための諸条件についての考察をより洗練させることである。そして、今後、事例研究を積み重ねていく上でさらに突きつめて考えていかなければならない点も複数ある。第1に、本稿の考察では上記の4つの条件が重要であると示唆するにとどまるため、今後の研究ではそれぞれの条件がどの程度相対的に重要なのかといった点にも考察の範囲を広げる必要がある。第2に、本稿が指摘した4つの条件以外にも、潜在的に重要と思われる条件がある。たとえば、その国の規模である。本稿で扱ったの

表2 事例分析の結果

	事例1：基本権憲章の交渉でのスウェーデン政府の行動	事例2：アムステルダム条約の策定交渉でのEU法人格をめぐるフランス政府の行動
条件1：死活的利益の不在	＋	＋
条件2：規範的文脈	＋	＋
条件3：EU経験の長さ	＋	－
条件4：欧州統合志向性	＋	－
結果	協調行動	協調せず

は相対的に小さい規模の国のスウェーデンと大きい規模のフランスである。しかし本稿では「大国」と「小国」とでは協調行動をとるかどうかで何らかの違いがあるのかについて踏み込んだ考察を行っていないため、この点に関して今後、考察を進めていく必要がある。

本稿では、長期に渡って複数の政策分野で協力関係を強固に築いている諸国家の間の交渉においてみられる協調行動について、EUに焦点を絞った分析を行ったが、EU以外の文脈にも本稿が提示した知見が適用できる可能性を考える必要もある。東南アジアの諸国間の協力関係や、米英、米加といった2国間関係は、EUに匹敵するほどではないものの、協力関係が様々な領域で安定的に築かれている。日本に関していえば、やはり各種領域におけるアメリカとの協力関係がある。協力関係は依存関係にもなることがあるため、その関係の性質についても勘案する必要があるが、本稿の協調関係に関する問題意識をこれらの多国間あるいは2国間の事例にも広げ、上記の4つの条件が揃えば、協調行動が起こりえるのではないか、この点でも今後の研究課題として追求していく意義があろう。

　　[付記] 本稿は、早稲田大学特定課題（2015B-015）の助成を受けた研究成果の一部である。

(1) 本稿は次の拙論で論じた考察を発展させたものである。武田健（2015）『EUの一員としての協力行動』『早稲田政治経済学雑誌』第386号、16-33頁。
(2) Aus, J. (2010) 'The Mechanism of Consensus: Coming to Agreement on Community Asylum Policy', in Naurin, D. & Wallace, H. (eds.) *Unveiling the Council of the European Union*, Palgrave Macmillan. pp.99-120. Hayes-Renshaw, F. and Wallace, H. (2006) *The Council of Ministers*, Palgrave Macmillan, pp.278-9.
(3) Lewis, J. (2005) 'The Janus Faces of Brussels: Socialization and Everyday Decision Making in the European Union', *International Organization*, 59 (4): 937-971.
(4) 高度に制度化が進んだEUにおいては、共有された規範や価値が域内・対外政治上、様々な影響を及ぼす可能性があり、先行研究ではとりわけ構成主義の立場からこの点に関する考察が進められている。例えば、臼井陽一郎（2013）『環境のEU、規範の政治』ナカニシヤ出版。東野篤子（2015）「コンストラクティヴィズムのヨーロッパ統合研究—EUにおける規範への視角」臼井陽一郎（編）『EUの規範政治：グローバル・ヨーロッパの理想と現実』ナカニシヤ出版。

(5) Christiansen, T. and Reh, C. (2009) *Constitutionalizing the European Union*, Palgrave Macmillan, pp.132-6.
(6) Lewis, J. (2010) 'How Institutional Environments Facilitate Co-operative Negotiation Styles in EU Decision-Making', *Journal of European Public Policy*, 17 (5): 648-664.
(7) 基本権憲章の意義については、伊藤洋一（2003）「EU 基本権憲章の背景と意義」『法律時報』74巻 4 号、21-28頁。大藤紀子（2003）「EU 基本権憲章の位置づけ」『貿易と関税』2003年 5 月号、65-79頁。庄司克宏（2000）「EU 基本権憲章（草案）に関する序論的考察」『横浜国際経済法学』第 9 巻 2 号、1-23頁。安江則子（2002）「EU 基本権憲章の起草とその意義」『同志社法学』第53巻 6 号、455-478頁。
(8) 中西優美子（2003）「欧州憲法条約草案における EU 基本権憲章」『海外事情』51巻10号、28-51頁。
(9) 福田耕治（2012）「欧州オンブズマン制度と EU 行政の適正化—リスボン条約および EU 基本権憲章による改革」『季刊行政管理研究』第139巻、4-19頁。
(10) 中村民雄（2012）「EU 共通難民規則の EU 基本権憲章適合的な解釈」『貿易と関税』第60巻 6 号、82-91頁。
(11) 山本直（2008）「EU 基本権憲章の起草とイギリス」福田耕治（編）『EU とグローバル・ガバナンス』早稲田大学出版部。
(12) 憲章作成の諮問会議におけるスウェーデンの政府代表者へのインタビューによる（2012年 4 月 3 日、ストックホルム）。
(13) Sveriges Riksdag, EU-nämndens stenografiska uppteckningar 1999/2000:26, 19 maj 2000, Allmänna frågor Utrikesminister Anna Lindh, Rapport från informellt ministermöte den 5-7 maj 2000, para. 32&37.
(14) スウェーデン政府代表者へのインタビュー（前掲）
(15) Sveriges Riksdag, EU-nämndens stenografiska uppteckningar 1999/2000:4, 8 oktober 2000, Rapport från ministerrådsmöte den 13 september, para. 34.
(16) CHARTE 4108/00, 28 March 2000. CHARTE 4408/00, 7 July 2000.
(17) Sveriges Riksdag, EU-nämndens stenografiska uppteckningar, 1999/2000:16, 11 februari 2000, para. 35 & 39.
(18) EU 司法裁判所は2014年、EU の欧州人権条約への加入について否定的意見を提示している。Opinion 2/13, the Court of Justice, 18 December 2014.
(19) スウェーデン政府代表者へのインタビュー（前掲）。
(20) The Presidency Conclusions, Cologne European Council. 3-4 June 1999, SN 150/99, Annex IV.
(21) 五月女律子（2013）『欧州統合とスウェーデン政治』日本経済評論社、第 6 章参照。
(22) EC と EU の国際法人格の発生および発展の経緯については、中村民雄「法的基盤」植田隆子編『対外関係』勁草書房、2007年、16-9頁。

(23) 須網隆夫（2000）「EU 対外関係の法的基礎」長部重康・田中友義（編）『ヨーロッパ対外政策の焦点』ジェトロ、34-6頁。

(24) EU 法人格については、ベルギーの政府代表者としてアムステルダム条約の改正交渉に参加した者が共同執筆者となっている次の論稿も参考となる。De Schoutheete, P. & Andoura, S. (2007) 'The Legal Personality of the European Union', *Studia Diplomatica*, 15 (1): 1-9.

(25) European Parliament Task Force on the Intergovernmental Conference ,'Briefing on the Legal Personality and External Representation of the Union', 9 October 1995, JF/bo/167/95.

(26) Document of IGC 1996-7: 'The European Union today and tomorrow: Adapting the European Union for the Benefit of its Peoples and Preparing it for the Future', Chapter 13 [Legal Personality of the Union], CONF 2500/96, 5 December 1996; 'Presidency Note: Legal Personality of the Union', CONF/3871/96, 16 July 1996, pp.1-2.

(27) European Commission, 'Personnalité Juridique Internationale de l'Union', 10 Octobre 1996, SN631/96 (C23). Document of IGC 1996-7, 'Note de la Presidence: Une Capacité d'Action Extériure Renforcée', CONF/3850/96, 24 Mai 1996, p.10; 'Presidency Note: Legal Personality of the Union', CONF 3979/96, 12 November 1996.

(28) Document of IGC 1996-7, 'Non paper: Personnalité Juridique de l'Union', CONF/3829/97, IGC Secretariat, 26 Février 2007, Annexe I.

(29) 欧州委員会法務局の職員へのインタビュー、2012年 6 月23日、ブリュッセル。

(30) EU 法人格の問題について、ニース条約までの段階を論じたものとして、庄司克宏（2003）「国際機構の国際法人格と欧州連合（EU）をめぐる論争」横田洋三・山村恒雄（編）『現代国際法と国連・人権・裁判』国際書院。

(31) 該当条文は EU 条約24条および38条（ニース条約）である。

(32) 該当条文は EU 条約47条（リスボン条約）である。

(33) Joint Declaration on European Defense, 4 December 1998, Heads of State and Government of France and the United Kingdom, Saint Malo.

(34) EU の安全保障・防衛政策の展開については我が国においても考察が進んでいる。例えば、鶴岡路人（2005）「国際政治におけるパワーとしての EU」『国際政治』第142号127-144頁。中村英俊（2006）「「外交・安全保障アクター」としての EU」福田耕治（編）『欧州憲法条約と EU 統合の行方』早稲田大学出版部。広瀬佳一（2005）「欧州安全保障・防衛政策の可能性」『国際政治』第142号、48-62頁。

(35) EU の危機管理活動については、植田隆子（2003）「欧州連合（EU）の軍事的・非軍事的危機管理－欧州の地域的国際組織による国際平和維持活動の構造変動」『国際法外交雑誌』第102巻 3 号、92－110頁。文民面については、小林正英（2015）「EU の文民的危機管理政策－ソーセージと EU の文民的危機管理政策がどう作られるのかを知る人は、もはやぐっすりと眠ることはできない」臼井（編）前掲書。

第 11 章　EU 加盟諸国の合意形成に向けた協調行動　*273*

(36)　EU のこれまでの危機管理活動については、EU の対外活動庁のウェブサイトで確認できる。(http://www.eeas.europa.eu/csdp/missions-and-operations/)（2015年10月アクセス）

(37)　1996年の政府間会議に向けた仏政府の交渉方針がフィガロ紙上で発表されている。Les Orientations de la France pour la Conférence Intergouvernementale de 1996, *Le Figaro*, 20 Février 1996.

(38)　Menon, A. (1996) 'France and the IGC of 1996', *Journal of European Public Policy*, 3 (2): 231-252, see p.242.

(39)　Reflection Group preparing the IGC 1996-7, *Final Report*, SN520/95EN, December 1995, See Part III.

(40)　Smith, M. (1997) 'What's Wrong with the Common Foreign and Security Policy?', Laurent, P-H. & Maresceau, M. (eds.) *The State of the European Union: vol. 4*, Lynne Rienner.

(41)　Kintis, A. (1997) 'The EU's Foreign Policy and the War in Former Yugoslavia', in Holland, M. (ed) *Common Foreign and Security Policy*, Pinter, pp. 148-173.

(42)　Reflection Group, *op.cit.*, Part III.

(43)　EU ではその対外政策の一貫性向上が長年の課題と位置づけられている。岩野智(2013)「EU における対外政策の一貫性と開発協力の自立性」『日本 EU 学会年報』第33号, 33-50頁。Duke, S. (1999) 'Consistency as an Issue in EU External Activities', *EIPA working paper*, 99/w/06.

(44)　Cohen-Tanugi, L. (1995) 'The French Debate', in Stubb, A. et al (eds.) *The 1996 IGC: National Debates vol.1*, The Royal Institute of International Affairs, pp.25-8.

(45)　Menon, *op. cit.*, p.243.

(46)　ド・ゴールの欧州統合政策に関しては、川嶋周一「フランスのヨーロッパ政策を求めて─ド・ゴール政権の10余年と「フランス」の再定義」吉田徹（編）『ヨーロッパ統合とフランス』法律文化社。

(47)　共和国連合の当時の欧州統合に関する立場を示すものとして、Quelles Réformes pour l'Europe de Demain ?-Rapport d'Information sur les Réformes Institutionnelles de l'Union Européenne, nr. 1939, l'Assemblée Nationale pour l'Union Européenne, 17 Janvier 1995.

(48)　*Libération*, 25 Mars 1996.

あとがき

　本書『EU の連帯とリスクガバナンス』では、グローバルな金融市場経済を背景に、新自由主義的性格を強めてきた EU・欧州統合の現状を把握しようと試みた。そこで「連帯とリスクガバナンス」という視点から、欧州統合の現状分析と考察を行った。欧州諸国はまず戦争を永久になくすためにジャン・モネの「不戦共同体」構想に従って ECSC を創設した。その後、オスヴァルト・シュペングラーが『西洋の没落』（五月書房、1972）で指摘した「国民国家の没落」を回避する手段として EU/欧州統合が60年以上にわたって推進されてきた。西欧の6加盟国から始まった共同体が、北欧、南欧、地中海、中欧・東欧へと拡大し、28加盟国となった現在、多文化、多言語、多宗教、多民族が共存する欧州地域空間において、多様で複合的な対外的リスク、域内的リスクに直面し、欧州社会は揺れ動いている。EU という共通の理念、社会的価値、アイデンティティを維持しつつ、連帯によるリスクガバナンスを行うこと、「欧州公共圏」を構築することの重要性は十分認識しつつも、実現することの困難さに EU／欧州社会は喘いでいるようにも見える。

　本書『EU の連帯とリスクガバナンス』（早稲田大学現代政治経済研究所叢書44号）は、早稲田大学 EU 研究所設立15周年記念論文集でもある。2000年代初頭に、早稲田大学総合研究機構内のプロジェクト研究所として発足した EU 研究所は、日本 EU 学会理事の福田耕治（政治経済学術院）、須網隆夫（法学学術院）、中村民雄（法学学術院）の3名が中心となって創設した。またオープン教育センター（現グローバル・エデュケーション・センター）の全学共通科目として「EU・欧州統合研究」副専攻を立ち上げ、早稲田大学を日本における EU 教育・研究拠点とすることを目指して活動を続けてきた。その後、中村英俊（政治経済学術院）、ポール・ベーコン（国際学術院）の協力を得て、2009年以降「EUIJ 早稲田」（第1期・第2期）を設置してその活動範囲を、人文・社会科学分野のほかに自然科学分野にまで広げ、現在に至っている。早稲田大学日欧研究機構、そして現在の地域・地域間研究機構のプロジェクト

研究所へと変遷し、現在の EU 研究所に発展してきた。この間に、政治経済学部の付置研究所である現代政治経済研究所 EU 研究部会、および法学部の付置研究所である比較法研究所の EU 法部会、COE、科研費プロジェクトなどと連携・協力して学際的な国際共同研究を重ねてきた。

　EU 研究所のメンバーによる研究成果としては、以下のような著作が上梓されている。*European Governance After Nice*（Koji Fukuda, HIroya Akiba, eds. Routledge Curzon, 2003）の刊行を皮切りに、堀口健治・福田耕治編『EU 政治経済統合の新展開』（早稲田大学出版部、2004）、福田耕治編『欧州憲法条約と EU 統合の行方』（早稲田大学出版部、2006）、中村民雄編『EU 研究の新地平』（ミネルヴァ書房、2007）、COE の成果の一部である藪下史郎・清水和巳編『地域統合の政治経済学』（東洋経済新報社、2007）、眞柄秀子・井戸正伸『拒否権プレーヤーと政策転換』（早稲田大学出版部、2007）、中村民雄・須網隆夫編『EU 法基本判例集（第 1 版・第 2 版）』（日本評論社、2007、2010）、福田耕治編『EU とグローバル・ガバナンス』（早稲田大学出版部、2009）、福田耕治・福田八寿絵『EU・国境を越える医療』（文眞堂、2009）、福田耕治編『EU・欧州統合研究』（成文堂、2009）、*Envisioning Reform*（S. Kuyama, M. Ross Fowler, eds., UNU Press, 2009）、眞柄秀子編『デモクラシーとアカウンタビリティ』（風行社、2010）、福田耕治編『EU・欧州公共圏の形成と国際協力』（成文堂、2010）、福田耕治編『多元化する EU ガバナンス』（早稲田大学出版部、2011）、福田耕治『国際行政学・新版』（有斐閣、2012）、*New Challenger Parties in Western Europe: A Comparative Analysis*（Airo Hino ed. Routledge., 2012）、*The Politics of Structural Reforms*（Hideko, Magara & Sacchi eds, 2013）、*The EU's Foreign Policy*（M.Terò & F. Ponjaert, 2013）、*Economic Crises and Policy Regime*（Hideko, Magara ed., Edward Elgar, 2013）、*The European Union and Japan*（P. Bacon. H. Mayer, & Hidetoshi Nakamura, eds. Ashgate, 2014.）岡山　茂『ハムレットの大学』（新評論、2014）、中村民雄『EU とは何か』（信山社、2015）、久保慶一・末近浩太・高橋百合子『比較政治学の考え方』（有斐閣、2016）などの図書のほか、内外の様々なジャーナル、学会誌等に EU 研究所の研究員による EU に関する先端的な論稿が数多く発表されている。これらの研究成果と国際共同研究のための人的ネットワークを基礎に、EU 教育・

研究をさらに充実させ、発展させていくために、本書刊行もその一助となれば幸いである。

2016年4月

編　者
福 田 耕 治

執筆者紹介（掲載順、＊は編者）

＊福田耕治（ふくだ　こうじ）　はしがき、第1章、第2章、あとがき
早稲田大学政治経済学術院教授・日本 EU 学会理事長
・福田耕治編『EU・欧州統合研究・改訂版』（成文堂、2016）
・福田耕治編『多元化する EU ガバナンス』（早稲田大学出版部、2011）
・福田耕治編『EU・欧州公共圏の形成と国際協力』（成文堂、2010）　ほか

阿部　望（あべ　のぞむ）　第3章
明治学院大学国際学部教授
・阿部　望「EU と北欧経済」（岡澤憲芙編『北欧学のフロンティア―その到達点と可能性』、ミネルヴァ書房、2015、第18章）
・阿部　望「グローバル化時代におけるスウェーデンの地域産業政策」（『国際学研究（明治学院大学）』第45号、2014、103-126）
・阿部　望『現代イギリスの産業競争力政策』（東海大学出版会、1999）　ほか

眞柄秀子（まがら　ひでこ）　第4章
早稲田大学政治経済学術院教授
・Hideko Magara, ed. *Policy Change under New Democratic Capitalism*, (Routledge, forthcoming.)
・Hideko Magara, ed., *Economic Crises and Policy Regimes: The Dynamics of Policy Innovation and Paradigmatic Change*, (Cheltenham：Edward Elgar, 2014)
・Hideko Magara and Stefano Sacchi, eds., *The Politics of Structural Reforms: Social and Industrial Policy Change in Italy and Japan*, (Cheltenham：Edward Elgar, 2014)　ほか

中村民雄（なかむら　たみお）　第5章
早稲田大学法学学術院教授・日本 EU 学会理事
・中村民雄『EU とは何か―国家ではない未来の形―』（信山社、2015）
・中村民雄・山元一編『ヨーロッパ「憲法」の形成と各国憲法の変化』（信山社、2012）
・Tamio Nakamura ed., *East Asian Regionalism from a Legal Perspective: Current Features and a Vision for the Future* (Routledge, 2009)　ほか

渡邉啓貴（わたなべ　ひろたか）　第 6 章
東京外国語大学大学院総合国際学研究院教授・日本 EU 学会理事
- 渡邉啓貴『現代フランス』（岩波書店、2015）
- 渡邉啓貴『シャルル・ドゴール』（慶応大学出版会、2013）
- 渡邉啓貴『フランス文化外交戦略に学ぶ』（大修館、2013）　ほか

土谷岳史（つちや　たけし）　第 7 章
高崎経済大学経済学部准教授
- 土谷岳史「「ノマド」という罪：EU シティズンシップのポリシング」（『高崎経済大学論集』第56巻第 4 号、2014、59-73）
- 土谷岳史「EU 政体における領域性とデモス：デモイクラシーと市民の境界」（『日本 EU 学会年報』第33号、2013、143-162）
- 土谷岳史「EU における文化間対話とデモクラシー」（『インターカルチュラル』第 9 号、2011、50-67）　ほか

福田八寿絵（ふくだ　やすえ）　第 8 章
帝京大学医療共通教育センター准教授
- Yasue Fukuda, 'Global Governance of Dual Use in Biomedical Research', (P. Bacon, et. al., eds. *The European Union and Japan*, Ashgate, 2014, 213-222)
- 福田耕治編『EU・欧州公共圏の形成と国際協力』（成文堂、2010）
- 福田耕治・福田八寿絵『EU・国境を越える医療―医療専門職と患者の自由移動』（文眞堂、2009）　ほか

吉沢　晃（よしざわ　ひかる）　第 9 章
早稲田大学 EUIJ 早稲田研究助手
- Hikaru Yoshizawa, "The International Dimension of EU Competition Policy: Does Regional Supranational Regulation Hinder Protectionism?" (2016、ULB・ジュネーブ大学大学院・博論)
- Hikaru Yoshizawa, 'Strategic or Stringent? Understanding the Nationality Blindness of EU Competition Policy from the Regulatory State Perspective'（『日本 EU 学会年報』35号、2015、204-225）
- Hikaru Yoshizawa, 'How does the ICN accommodate its increasing diversity? Putting benchmarking into practice', GR:EEN-GEM Doctoral Working Papers Series, Vol. 4, 2012.　ほか

蓮見　雄（はすみ　ゆう）　第10章
立正大学経済学部教授・日本EU学会理事
・蓮見　雄「ロシアの対エネルギー戦略」（杉本侃編『北東アジアのエネルギー安全保障―東をめざすロシアと日本の将来』、日本評論社、2016）
・蓮見　雄編著『拡大するEUとバルト経済圏の胎動』（昭和堂、2009）
・蓮見　雄『琥珀の都カリーニングラード―ロシア・EU協力の試金石』（（東洋書店、2007）　ほか

武田　健（たけだ　けん）　第11章
東海大学政治経済学部講師
・「EUによる対外的な規範普及のための手段と成功条件」（臼井陽一郎編『EUの規範政治―グローバルヨーロッパの理想と現実』ナカニシヤ出版、2015, 155-172）
・「EU政府間交渉における威圧的な脅し」（『国際政治』第177号、2014, 127-141）
・Resolving the Impasse through Creative Solutions: The Role of Supranational Legal Experts in the Process of EU Treaty Reform', Japanese *Journal of European Studies*, vol.2, 2014, 76-93.　ほか

EUの連帯とリスクガバナンス
早稲田大学現代政治経済研究所研究叢書44

2016年5月15日　初版第1刷発行

編著者　福田耕治

企画・監修　早稲田大学現代政治経済研究所

発行者　阿部成一

〒162-0041　東京都新宿区早稲田鶴巻町514番地
発行所　株式会社成文堂
電話 03(3203)9201代　Fax 03(3203)9206
http://www.seibundoh.co.jp

印刷・製本　藤原印刷　　検印省略
☆乱丁・落丁本はおとりかえいたします☆
Ⓒ 2016 K. Fukuda　　Printed in Japan
ISBN978-4-7923-3350-8　C3031

定価(本体3700円+税)